영유아 사회교육

영유아 사회교육

SOCIAL STUDIES FOR YOUNG CHILDREN

임진경 · 김희준 · 이승복 · 정슬기 공저

동문사

머리말

인간은 관계를 맺고 사회적으로 참여하고 싶어 합니다. 그래서 어떻게 하면 사회적 관계를 원만하게 만들어 갈지는 주양육자와의 애착을 바탕으로 합니다. 생후 초기에 주양육자와 애착형성이 안정된 이들은 자신에 대해 긍정적인 자아개념을 형성합니다. 다른 사람과의 관계에서도 수용적이고, 원만한 태도를 보이므로 관계를 만드는 데 중요한 변수가 됩니다. 주양육자와의 애착관계가 잘 형성되면 정서적 안정감, 사회적 성숙, 주변과의 협력적인 상호작용, 의사소통 능력, 성취 지향적인 태도를 보이게 됩니다. 그러므로 어려서부터 긍정적인 자아정체감, 대인관계 능력, 공감과 배려, 도덕성 같은 가치와 행동을 배워야 합니다. 특히, 영유아기는 사회정서발달과 관련된 기본적인 태도와 행동을 발달시키기에 최적의 시기입니다. 영유아기 사회정서발달에 도움이 될 수 있는 방법들을 본 서를 통해 살펴보면서, 영유아들이 바른 인격체로 성장할 수 있도록 적절한 환경을 제공할 수 있길 바랍니다.

「영유아 사회교육」은 총 12장으로 구성되어 있습니다. 제 1장은 영유아 사회교육의 이해의 기초로서 영유아 사회교육의 의미, 영유아 사회교육의 목적 및 목표, 영유아 사회교육의 내용, 영유아 사회교육의 중요성 등을 다루었습니다. 제 2장에서는 사회성 발달의 기초이론을 알아보고자, 성숙이론, 정신분석이론, 학습이론, 인지발달이론을 다루었습니다. 제 3장에선 영유아기 사회성 발달 특성에 대해 서술하였으며, 제 4장에서는 영유아기 사회성 발달에 영향을 주는 요인인 가정, 교사와 또래관계에 대해 살펴보았습니다. 제 5장은 애착, 제 6장은 자아개념, 제 7장은 친사회성, 제 8장은 성역할, 제 9장은 도덕성, 제 10장은 공격성에 관해 수록하였습니다. 제 11장은 국가수준 교육과정을 사회관계 중심으로 살펴보았으며, 제 12장에서 영유아 사회교육을 위한 교수학습 방법 및 평가를 담아, 본 서를 활용하는 이들로 하여금 다양한 도움이 되도록 노력하였습니다. 특히, 본 서는 참고할 수 있는 영상을 제시하여 본 서를 유용하게 활용할 수 있도록 지원하였습니다.

종래의 수많은 영유아 사회교육 관련 서적과의 차별화를 위해, 본 서는 다년간의

현장(영유아교육기관, 대학교육기관) 경험이 있는 저자들이 현장중심적인 교수학습방법 및 평가에 대해 저술하였습니다. 또한, 영유아 사회교육의 내용을 가능한 알기 쉽게 설명하고자 노력하였으므로 현직교사나 예비교사들에게 많은 도움이 될 것이라 기대합니다.

이 책이 출판되기까지는 여러 분들의 도움이 적지 않았습니다. 늘 격려와 지원을 아끼지 않는 사랑하는 가족들, 오랜 시간 학술적인 교류와 협력을 지원해 주신 허혜경 한국영유아교육지원학회장님, 그리고 필자들의 작업으로 인해 많은 불편이 있음에도 불구하고 언제나 도움을 주신 김영목 이사장님께 진심으로 감사드립니다. 아울러 본 서의 출간을 맡아 주신 동문사 출판부 관계자분들께 심심한 감사의 인사를 드립니다.

2023년 7월

연구소에서

임진경, 김희준, 이승복, 정슬기

차례

Chapter 10 공격성

Chapter 11 국가수준 교육과정 -사회관계를 중심으로-

Chapter 12 교수·학습 방법 및 평가 -영유아 사회교육을 중심으로-

Chapter 01

영유아 사회교육의 이해

1 영유아 사회교육의 의미

사람은 세상에 태어나자마자 가정이라는 구성원에 소속됨으로써 첫 사회관계를 맺는다. 이후 영유아는 성장하면서 영유아교육기관, 또래, 지역사회 등과 관계를 형성하게 되고, 신체적·정신적·사회적으로 건강한 사람이라면 전 생애에 걸쳐 다양한 사회집단에 구성원으로 소속된다. 사회집단에 소속된 이후에는 바람직한 관계를 유지하기 위해 필요한 지식, 기술, 태도가 있으며, 사회에 대한 지식과 이해를 통해 세상과 교류할 수 있는 능력을 함양하기 위한 교육이 사회교육이다.

사회교육은 나를 중심으로 가족, 지역사회, 우리나라, 세계 여러 나라의 인적·물적인 환경에 관심을 가지고 사회구성원으로서 필요한 지식과 기술, 태도를 형성하도록 하는 교과영역이다. 미클리스(Michaelis, 1985)는 사회교육을 다음과 같이 5가지로 정의하였는데, 첫째, 역사와 다문화적 유산의 전달체로서의 사회교육. 둘째, 사회과학과 관련 학문의 내용과 방법을 근원으로 하는 사회교육. 셋째, 사회적 문화 해결을 위한 사고와 의사결정능력 발달로서의 사회교육. 넷째, 사회적 비판과 행동능력 발달로서의 사회교육. 다섯째, 집단활동에 자발적으로 참여할 수 있는 능력개발로서의 사회교육이다(황해익·최미현·천희영·서현아·최혜진·오경녀, 2017). 시펠트(Seefeldt, 2005)는 사회교육을 인간이 가정과 학교, 사회에 참여하고 미래사회의 시민으로서 기능하는 데 필요한 지식, 기술, 태도, 가치를 얻을 수 있는 교육이라 정의하였다(최현정·이금구·우혜진, 2018).

우리나라의 경우 교육인적자원부(2007)에서 사회교육의 목표를 민주시민의 육성으로 설정하면서 사회교육을 다음과 같이 4가지로 정의하고 있다. 첫째, 21세기 세계에서 공동체에 능동적으로 참여하는 데 필요한 지식, 기능, 시민적 덕목을 갖추도록 하기 위해 사회과학 내용을 포함하는 교과교육. 둘째, 시민으로서의 능력을 촉진시키기 위한 사회과학과 인문과학의 통합된 학문. 셋째, 사람과 사람들이 하는 것을 다루는 학문. 넷째, 사람 간의 관계와 상호작용뿐만 아니라 인간의 다면적인 활동을 포함하여 유능한 시민으로서의 개인을 개발하기 위한 교육으로 정의한다.

최근 국가수준 교육과정인 「2022 개정 교육과정」에서는 사회교육을 '사회생활에 필요한 지식과 기능을 익혀 이를 토대로 시·공간 속의 인간과 사회현상을 인식하고, 민주사회의 구성원에게 요구되는 가치와 태도를 지님으로써 시민으로서의 자질을 갖추도록 하는 교과'로 정의하였으며(교육부, 2022), 이러한 정의를 바탕으로 구성된 교육과정의 내용은 그림 1-1과 같다. 이 그림에서도 알 수 있듯이 사회교육은 단순히 사람 간의 관계를 위한 교육만 이루어지는 것이 아니라 사회현상의 인식을 바탕으로 내가 속한 국가의 역사, 지리, 정치, 법, 경제, 사회문화 등의 내용도 포함된다.

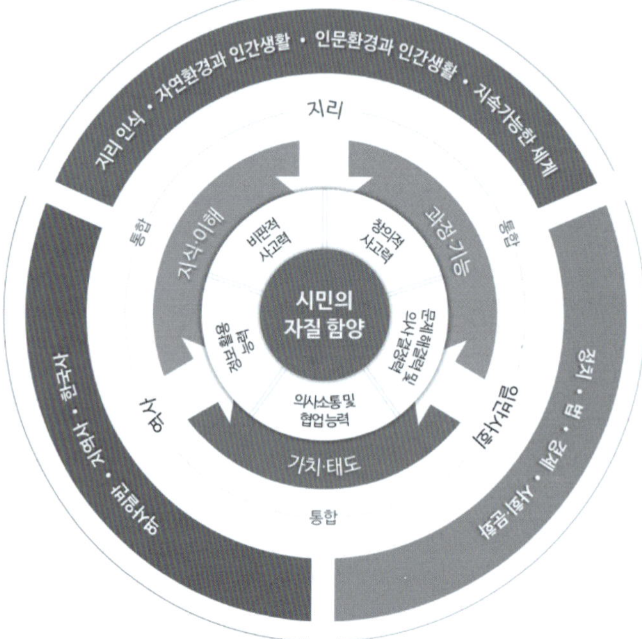

그림 1-1 사회과 교육과정 설계의 개요(교육부, 2022)

사회교육에 대한 정의는 학자별로 다양하게 정의되고 있지만, 대부분은 미국사회교육협회 NCSS(National Council for the Social Studies)에서 규정한 정의를 따르고 있다(이영미·임민정·윤재희·이승하, 2021). NCSS(2000)는 사회교육을 "시민의 유능함을 증진시키기 위하여 사회과학과 인문학을 통합하는 학문으로, 사회교육의 일차적 목적은 상호 의존하는 세계에서 문화적으로 다양한 민주적 사회의 시민으로서 공익을 위하여 합리적인 결정을 할 수 있는 능력을 발달시키도록 도와주는 것이다"라고 정의하였다.

영유아 사회교육은 영유아를 대상으로 하는 사회과 교육(social studies)이라 할 수 있다. 이영자, 유효순, 이정욱(2001)은 영유아 사회교육을 영유아가 바람직한 민주사회 구성원으로 살아가기 위해 필요한 사회적 지식, 사회적 기술 및 가치와 태도의 형성을 보다 중점적으로 다루는 영역이라 하였으며, 이은화, 김영옥(2008)은 영유아 사회교육을 영유아로 하여금 자신과 주변 세계와의 관계를 알도록 하는 활동적인 경험과 가치판단을 통하여 지식에 도달하도록 돕는 영역이라 하였다. 이효림, 박소윤, 배주현, 이지연(2019)은 유아의 사회적 적응인 사회화(socialization)와 민주시민의 자질을 함양하기 위한 지식, 기술, 태도 및 가치를 교육하는 것이 영유아 사회교육이라 하였고, 박찬옥, 서동미, 엄은나(2020)는 유아가 자신과 주변 세계와의 관계를 탐구하고 판단하는 일상적 경험을 통하여 사회적 지식, 기술, 태도를 익히고 활용함으로써 유능한 민주시민으로 성장하도록 돕는 교육이라 정의하였다.

사회교육과 영유아 사회교육의 정의를 살펴보면, 현대 지구촌 사회에서 유능하고 필요로 하는 사람이란 민주시민을 가리키는 것을 알 수 있다. 그것은 민주주의가 인류의 오랜 공동체 생활에서 다양한 시행착오를 겪으며 바람직한 삶의 원리와 지혜로 성숙된 제도라는 점에서 민주시민의 필요성을 찾을 수 있다(박찬옥 · 서동미 · 엄은나, 2020). 이에 현대사회의 요구와 다양한 사회적 변화에 비추어, 오늘날 영유아를 단순히 어리다는 이유로 사회교육의 시기를 늦추거나 사회화가 저절로 이루어질 것이라는 기대로 사회교육의 중요한 시기를 놓쳐서는 안 된다. 이에 영유아를 대상으로 한 사회교육의 기초가 바르게 확립되어야 하며, 영유아교사는 사회교육에 대한 이해가 앞서야 할 것이다(문혁준 · 이희경 · 권희경 · 김정희 · 김혜연 · 이성복 · 강인숙, 2016).

2 영유아 사회교육의 목적 및 목표

영유아기는 자신을 존중하며 다른 사람과 더불어 생활하는 능력과 태도를 기르고, 사회구성원으로서 올바르게 성장할 수 있도록 하기 위한 기초를 마련해야 하는 중요한 시기이다. 만일 영유아가 중요한 시기에 사회교육을 통해 지식, 기술, 태도의 기초를 형성하지 못한다면 민주시민은 물론이거니와 세계시민으로도 성장하지 못할 것이다. 이처럼 21세기 사회에서 요구되는 태도 중 하나는 공동체적 삶의 중요성을 알고, 관계중심의 인간관계를 형성하는 것이다. 그러기 위해서는 영유아기부터 사회교육을 통해 나와 주변세계와의 관계를 이해하면서, 사회와 환경에 대한 관심을 넓히고, 자신이 속한 사회에서 책임감 있는 구성원이 되는 데 필요한 삶의 태도 및 가치, 기술을 형성함으로써 유능한 민주시민의 역량을 함양해야 한다(교육인적자원부, 2007; 김영옥·엄정애·최윤정·박경희·2000; 박찬옥·서동미·엄은나, 2020).

유능한 민주시민의 자질을 함양하기 위해 샤핀과 메식(Chapin & Messick, 1999)은 사회적 기술과 민주적 태도와 가치, 사회적 참여 그리고 사회과학적 지식을 갖추는 것이 필요하다고 하였으며(박찬옥·서동미·엄은나, 2020), 구체적인 목표는 아래와 같다.

첫째, 과거, 현재, 미래에 인간이 경험하거나 경험하게 될 지식들을 획득한다.
둘째, 사회생활에 필요한 정보를 생각하거나 처리하는 기술을 발달시킨다.
셋째, 민주적 태도와 가치를 발달시킨다.
넷째, 사회적 참여를 위한 기회를 갖는다.

사회교육의 목표가 단순히 현재 자신이 살고 있는 시·공간에 대한 경험과 지식을 획득하는 것뿐만 아니라, 과거와 현재, 그리고 미래까지 고민하고 생각하며 우리 사회가 나아가야 할 방향성을 계획해야 한다. 이러한 지식은 사회관계의 경험과 사회교육을 통해 적절한 사회적 기술을 습득하게 되며, 기술의 습득은 태도와 가치를 발달시키고, 민주시민으로서 사회에 대한 자신의 참여권을 행사할 수 있는 것이다.

교육인적자원부(2007)에서는 NCSS와 DAP(Developmentally Appropriate Practice) 관점에 기초하여 영유아 사회교육의 목표를 개인적 발달, 사회적 시민능력, 사회적 지식 습득, 다양성 이해 및 존중, 세계시민의식으로 제시하였다(Melendez, Beck, & Fletcher, 2000). 첫째, 영유아 사회교육은 '개인의 발달'을 돕는 것이다. 영유아는 독특한 개인으로서의 긍정적인 발달을 이루도록 하고 이러한 경험을 통해 효율적인 의사결정 능력이 촉진되도록 하는 것이다. 둘째, '사회적 시민능력'을 기르는 것이다. 영유아가 사회생활을 성공적으로 해나가기 위해 필요한 지식, 기술, 태도를 발달시켜 나가도록 돕는 것이다. 셋째, '사회적 지식의 습득'이다. 영유아들이 일상생활에 대한 아이디어를 습득하고 발달시켜 나갈 기회를 제공하여 사람과 그들의 행동을 다양한 시각에서 바라보고 평가하며 이해하는 것을 돕는 것이다. 넷째, '사회적 다양성에 대한 이해와 존중'이다. 영유아들이 서로 다른 특성임에도 불구하고 모두 존중되어야 한다는 평등감을 갖도록 하는 것이다. 또한 영유아기부터 다양한 사회교육의 놀이와 활동을 통해 사회적·문화적으로 다양한 사회에서 어울려 살 수 있는 태도를 기르는 것이다. 다섯째, '세계적 시민 의식을 기르는 것'이다. 유아들이 세계 시민으로서의 감각을 발달시켜 나갈 수 있도록 돕고, 유아가 자신의 행동에 대한 책임감과 타인에게 미치는 영향을 습득하도록 하는 것이다. 위 내용을 표로 정리하면 다음과 같다.

표 1-1 유아 사회교육의 목표

구분	내용
개인적 발달	유아가 독특한 한 개인으로서 긍정적인 발달 촉진
사회적 시민능력	유아가 사회생활을 성공적으로 해 나가기 위해 필요한 지식, 기술, 태도 발달
사회적 지식 습득	유아가 사회 현실에 대한 아이디어를 습득하고 발달시켜 나갈 기회 제공
다양성 이해 및 존중	유아가 사회적·문화적으로 다양한 사회에서 어울려 살 수 있는 태도를 기르고 서로 다른 생각, 신체적 차이, 다른 행동 등에 대한 이해 증진
세계시민의식	유아가 세계시민으로서의 감각을 발달시켜 나갈 수 있도록 도움으로써 자신의 행동과 그 행동이 타인에게 미치는 영향에 대한 책임감 습득

출처: 교육인적자원부(2007).

종합해 보면, 영유아 사회교육의 목표는 영유아의 독특한 개인으로서의 발달뿐만 아니라 사회의 구성원, 나아가 세계의 일원으로서 살아갈 수 있는 있는 능력을 기르는 것이다. 궁극적으로는 '민주시민을 양성하는 것'이라고 할 수 있다. 나아가 제4차 표준보육과정과 2019 개정 누리과정에는 추구하는 인간상을 건강한 사람, 자주적인 사람, 창의적인 사람, 감성이 풍부한 사람, 더불어 사는 사람으로 제시하고 있으며, 국가수준 교육과정의 목적은 영유아가 놀이를 통해 심신의 건강과 조화로운 발달을 이루고, 바른 인성과 민주시민의 기초를 형성하는 데 있다. 이는 영유아 사회교육이 유아교육과정에서 중요하게 다루어지는 분야라 할 수 있으며, 신체운동·건강(기본생활, 신체운동), 의사소통, 사회관계, 예술경험, 자연탐구 5개 영역에서 통합적 경험과 놀이, 활동을 통해 영유아 사회교육이 이루어질 수 있음을 의미한다.

3 영유아 사회교육의 내용

영유아 사회교육의 내용과 범위는 사회문화에 따라 영향을 받으므로 상당히 광범위하다. 따라서 사회교육의 범위를 어디까지 포함시키는가에 따라 일관된 분류체계를 제시하기가 어렵다(문혁준·이희경·권희경 외, 2016; 최혜순, 2007). 그럼에도 학자에 따라 사회교육의 내용과 범위는 정의되었지만, 일반적으로 기본생활습관 및 사회·정서적 발달을 포함하는 '사회화'와 역사, 지리, 경제, 다문화 등을 포함하는 '사회과학'의 내용을 범위로 한다(이경실·엄정애, 2012; 이은화·김영옥, 2000). 이후 사회문화의 영향에 따라 영유아교사들은 역사, 지리, 경제교육의 필요성을 인식하였고(김미경, 2006; 서현아·고은미·지은주·신경미, 2005; 이명희, 2006; 전하윤, 2009), 유아사회교육의 내용이 사회성 발달과 사회과학의 내용을 포함한다는 것에는 대체로 합의하고 있다고 할 수 있다(이경실·엄정애, 2012). 이는 NCSS(1994)에서 제시하고 있는 사회교육에서 다루어야 할 10가지 주제(문화, 시간/연속성, 변화/민족, 지역, 환경/개인적 발달과 정체성/개인, 단체, 기관/힘, 권력, 지배/생산, 분배, 소비/과학, 기술, 사회/지구의 연계/시민의 의식과 실천)와 일맥상통하다고 볼 수 있다.

인간은 자신의 경험을 통해 자기 고유의 사회성을 발휘하면서 점차 사회화가 되어 가는데, 사회화(socialization)란, 자신의 사회성이 외부로 표현되는 점진적인 과정을 의미한다. 즉, 한 개인이 사회집단 속에 태어나, 그 집단이 갖고 있는 가치관, 규범, 행동양식 등을 습득하여 그 사회의 구성원으로 자격을 갖추어 가는 과정을 뜻한다(유아교육사전, 1997). 결국 인간은 태어나서 생을 마칠 때까지 전 생애에 걸쳐 사회화를 경험하는 것이다(문혁준·이희경·권희경 외, 2016).

그동안 영유아 사회교육의 내용은 주로 사회화를 중점으로 구성되었다. 즉, 영유아에게 친사회적인 기술을 함양하는 것이 목적이다. 예를 들어, 선생님과 친구들에게 반갑게 인사하기, 친구와 놀잇감을 나누어 놀기, 싸우지 않고 사이좋게 놀이하기 등 친사회적인 사회적 기술을 함양하는 교육을 중점으로 사회교육이 이루어진 것이다.

그러나 오늘날에는 사회적 기술뿐 아니라 사회과학의 접근방법을 이용하여 서로의 감정을 알고 이해하며, 타인과 함께하는 관계를 바람직하게 유지하도록 강조하고 있다. 사회과학은 사회현상을 탐구의 대상으로 하는 학문으로 인간이 만든 도덕, 종교, 예술, 법, 정치, 경제, 교육 등을 대상으로 한다(유아교육사전, 1997). 학자들에 의해 영유아 사회교육의 사회과학 내용을 제시하였는데, 씨펠트(Seefeldt, 2005)는 역사, 지리, 경제를 포함하였고, 이은화와 김영옥(2000)은 사회, 경제, 환경, 문화, 전통, 정치, 지리, 인류, 국제이해를 포함하였다. 이기숙(2000)은 환경과 생태에 대한 내용을 포함하여 영유아 사회과학의 내용을 지리, 공공질서, 경제, 보존, 역사, 국제적 이해, 인류학, 사회학, 환경교육, 생태학으로 제시하였다.

따라서 영유아 사회교육은 영유아를 위한 기본생활습관이나 사회성 발달만을 의미하는 것이 아니라 기초생활훈련과 사회·정서적 발달 측면에서의 영유아의 사회화와 역사·지리·경제·다문화·생태 등의 사회과학의 기본 개념을 포괄적으로 내포한다(황해익·최미현·천희영, 2017).

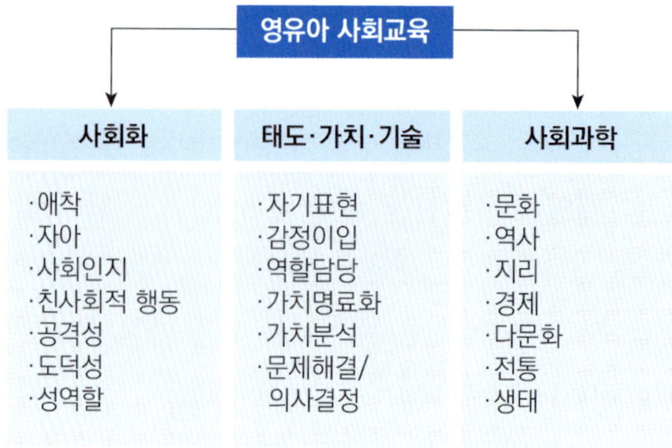

그림 1-2 영유아 사회교육의 내용

4 영유아 사회교육의 중요성

사회는 서로 다른 배경과 개성, 다양한 가치관을 가진 사람들이 모여 만들어진 집단이므로 그 구성원들은 상호 간에 서로 배려하고 그가 속한 집단의 가치나 규범을 존중하며, 준수해야 한다. 이러한 태도는 사회를 유지하고 보다 나은 삶의 터전을 건설할 수 있게 되는데(최혜순, 2007), 그러기 위해서는 영유아기부터 다양한 경험과 사회교육을 민주시민으로서의 지식, 기술 및 태도를 함양하도록 해야 한다.

영유아 사회교육의 중요성을 정리해 보면 다음과 같다(최현정·이금구·우혜진, 2018).

첫째, 영유아 사회교육은 영유아가 자신과 타인에 대해 긍정적인 태도를 가질 수 있도록 돕는다. 영유아는 교육기관에서의 다양한 경험과 또래와의 관계를 통해 긍정적인 자아존중감과 유능성을 확립할 수 있다. 또한 국가수준 교육과정의 사회관계 영역의 내용범주를 살펴보면 '나를 알고 존중하기', '더불어 생활하기', '사회에 관심가지기' 순으로 제시되어 있다. 이처럼 사회교육의 시작은 영유아가 자기 자신을 알고 소중히 하는 태도를 바탕으로 자아존중감이 형성될 수 있도록 도우며, 이는 가족, 또래, 다양한 사람들에 대한 긍정적인 태도를 형성한다.

둘째, 영유아 사회교육은 협력적 태도를 증진할 수 있다. 인간은 자신이 속한 사회집단에서 타인과 함께 관계를 맺으며 살아간다. 이에 영유아 사회교육은 영유아가 공동체의 필요성과 소중함을 알고, 자기 또한 공동체의 일원임을 인식하며, 타인과 협력하는 태도와 기술을 습득할 수 있도록 도모한다.

셋째, 영유아 사회교육을 통해 사회에 대한 관심을 갖고 문제해결능력을 기를 수 있다. 사회구성원들은 사회환경과 문화에 대한 변화에 관심을 가지고, 보다 나은 사회를 유지하고 발전시키기 위해 노력해야 한다. 그러므로 영유아기부터 사회교육을 통해 다양한 사회현상에 관심을 가지고, 현재의 상황뿐만 아니라 내가 속한 사회의 과거와 현재 그리고 미래까지 생각할 수 있는 교육이 필요하다. 그래야만 사회환경의 변화를 이해하며, 비판적인 사고를 통한 문제해결능력을 기를 수 있다.

넷째, 영유아 사회교육을 통해 민주시민의 자질과 역량을 기를 수 있다. 영유아기는 개인의 사회적 지식, 기술, 태도를 형성하는 매우 중요한 시기이다. 따라서 사회에 대한 다양한 현상에 관심을 갖고 민주시민으로서 필요한 역량을 증진시킬 수 있는 교육이 이루어져야 한다.

이처럼 영유아기의 사회교육은 영유아가 긍정적인 자아를 확립하고 사회적인 관계를 발전시킬 수 있도록 돕는 등 개인의 행복한 삶과 사회의 유지 및 발전을 위한 중요한 역할을 한다. 특히 모든 발달의 기초를 형성하게 되는 영유아기는 사회성 발달을 통해 유아는 주변 사람들과 긍정적인 관계를 맺는 데 필요한 다양한 가치와 전략을 경험하면서 사람과의 관계와 소통의 중요성을 인식한다. 또한 유아는 가정, 유아교육기관에서 소속감과 공동체 의식을 느끼게 되며, 사회의 구성원으로서 자신이 할 수 있는 일을 알고 실천하면서 성장한다. 유아가 '자신은 누구이고, 어떤 사람인지에 대해 생각하고', '다른 사람은 어떻게 느끼고 생각하고 행동하는지 알고', '여러 사람이 어떻게 관계를 맺고 어떻게 갈등을 해결해 나가는지 통찰하는' 경험이 필요하다. 즉, 자신과 타인과의 관계 형성 경험은 상호 영향력을 인식하는 데 도움을 준다. 그러므로 영유아기에 사회관계와 관련하여 적절한 사회적 경험과 교육을 받는 것은 매우 중요하다.

Chapter 02

사회성 발달의 기초이론

발달이란 인간의 생명이 시작되는 수정의 순간부터 죽음에 이르기까지 전 생애를 통해서 일어나는 유기체의 체계적인 연속성과 변화를 의미한다. 즉, 발달은 수태부터 죽음까지 시간이 경과함에 따라 지속적으로 일어나는 일련의 양적(quantitative) 또는 질적(qualitative) 변화로 정의할 수 있다.

발달은 성장, 성숙, 학습이라는 세 가지 기제에 의해 이루어지며, 각 기제는 인간의 발달에 대해 서로 다른 측면을 설명해 준다. 첫째, 성장(growth)은 신체적인 측면에서 양적 변화로서, 경험이나 환경적 조건에 상대적으로 영향을 적게 받는다. 예를 들어, 일정한 시기가 되면 키나 몸무게가 변화하는 것 같은 생득적 요인에 의한 양적 변화를 뜻한다. 둘째, 성숙(maturation)은 시간의 흐름에 따라 전개되는 질적 변화로서, 유전적 기제의 작용에 의해 일정한 양상으로 진행된다. 예를 들어, 뇌기능 분화나 영구치 돌출, 사춘기 이차적 성징 출현 등 환경으로부터 영향을 받지 않아도 이루어지는 신체적이고 심리적인 질적 변화이다. 셋째, 학습(learning)은 직·간접적 경험이나 연습, 훈련 등의 결과로 얻어지는 행동의 변화를 의미하며, 개인의 노력뿐만 아니라 타인이나 환경의 영향을 받아 이루어진다. 예를 들어, 사회적 상호작용을 통해 사회적 지식, 기술, 태도, 정서, 신념, 가치, 사고방식 등을 배우는 것을 뜻한다.

여러 이론들이 영유아의 발달에 대해 설명하고 있으며, 영유아발달 관련 이론은 인간에 대해 이해하기 위한 필요한 정보를 알 수 있게 한다. 영유아의 사회성 발달에 관해 이해하려면 여러 기초 이론을 살펴보아야 하는데, 이러한 이론들 전부가 제각기 영유아의 발달과정을 이해하는 데 기여하는 바가 다르다. 이 장에서는 성숙이론, 정신분석이론, 학습이론, 인지발달이론에 관해 살펴보고자 한다.

표 2-1 발달이론

관점	기본 가정	세부 이론과 강조점	정서발달에 관한 이론적 관점
생물학적	발달은 생물학적 힘에 의해 결정	• 성숙이론: 생물학적 계획의 자연스러운 전개 과정으로서 영유아발달 • 동물행동학: 특정 환경의 도전에 대처하기 위해 진화론적 과정을 통해서 세대에 걸쳐 채택된 영유아의 행동과 부모의 행동	• 정서를 유전인자 속에 각인된 속성으로 간주하며, 유기체가 환경에 적응하기 위한 필수적인 부분 • 정서란 생물학적인 구조 내에 이미 계획되어 타고나는 것으로 정서의 발달은 정서와 관련되어 있는 대뇌피질이 분화되고 시상하부가 발달하면서 이루어지는 것
정신 분석적	발달은 영유아가 여러 연령에서 갈등을 해결하는 방식에 의해 결정	• 프로이트(Freud)의 심리성적 발달이론: 원초적인 생물학적 힘과 옳고 그름에 대한 사회적 기준 간의 갈등 • 에릭슨(Erikson)의 심리사회적 발달이론: 신뢰감, 자율성, 주도성, 근면성, 정체성이 형성되는 과정에서 발생하는 도전	
학습 이론적	발달은 영유아의 환경에 의해 결정	• 스키너(Skinner)의 조작적 조건형성: 강화와 벌의 역할 • 반두라(Bandura)의 사회학습이론: 강화와 벌, 그리고 타인의 행동을 모방하여 자신의 세상을 이해하고자 하는 영유아의 노력	• 정서 발달과정에서 사회화 역할을 강조하는 입장으로 정서발달이 양육과정에서의 모방 및 강화와 사회문화의 영향을 바탕으로 이루어지는 것 • 영아가 성장과정에서 자주 경험하는 얼굴표정에 담긴 정서가 어떤 것이었느냐에 따라 학습하는 정서가 달라진다고 하여 모방을 통한 정서의 사회화를 강조 • 양육과정에서 양육자가 영아에게 제공하는 강화 역시 정서의 사회화에 기여하게 됨. 양육자는 영아가 자신과 비슷한 표정을 짓거나 기쁜 표정을 보일 때 긍정적인 반응으로 강화해 줌

관점	기본 가정	세부 이론과 강조점	정서발달에 관한 이론적 관점
인지 발달적	발달은 세상을 이해하고자 하는 영유아의 노력을 반영	• 피아제(Piaget) 이론: 세상에 대한 영유아의 이론이 변화한 결과가 이루어지는 별개의 사고 단계들 • 정보처리이론: 정신적 하드웨어와 소프트웨어에서의 변화를 반영하는 사고의 변화	• 정서와 인지는 상호의존적이며 서로 영향을 미치는 것 • 한 사람이 기쁨, 슬픔, 분노, 두려움과 같은 정서를 느꼈을 때 각각의 정서가 뇌로 신호를 전달하면 얼굴이 창백해진다든지, 가슴이 뛰는 것과 같은 신체적 반응이 나타나고 이것이 다시 미소, 울기와 같은 표현적 반응으로 이어져 과거의 경험이나 목표에 기초하여 현재 경험하고 있는 정서에 대한 인지적 해석을 하게 된다는 것 • 두려움은 낯선 사람을 구별하는 인지적 지각 능력의 발달과 함께 출현하며, 낯가림이나 양육자와의 분리에 대한 불안은 대상영속성의 개념을 습득하는 시기 이후에 나타나는 현상으로 정서발달과 인지적 성장의 관련성을 보여주는 예
맥락적	발달은 직접적인 환경과 간접적인 환경의 영향을 받는데, 이 환경들은 서로 영향을 줌.	• 비고츠키(Vygotsky) 이론: 문화를 다음 세대로 전달하는 부모와 그 밖의 성인들의 역할 • 브론펜브레너(Bronfenbrenner) 이론: 미시체계, 중간체계, 외체계, 거시체계, 시간체계의 영향	

출처: 이동건(2022).

표 2-2 발달이론

이론	이론가	발달이론	발달개념	발달근원	시사점
성숙이론	• 게젤 • 몬테소리	• 성숙이론	• 민감기 • 성숙론적 관점	• 유기체 내부에서 자연스럽게 일어남을 강조	• 환경의 역할은 극히 제한됨
정신분석 이론	• 프로이트 • 에릭슨	• 심리성적 발달 • 심리사회적 발달	• 무의식 • 자아정체감	• id, ego, super-ego • 심리사회적 발달과업 해결	• 부모와의 초기 경험 강조
학습이론	• 파블로프 • 왓슨 • 스키너 • 반두라	• 고전적 조건형성 • 조작적 조건형성 • 사회학습이론	• 환경요인 강조	• 자극과 반응 • 환경적 자극	• 자극과 반응 간의 관계 연구 • 발달단계 설정 안 함
동물행동 이론	• 로렌츠 • 보울비	• 각인이론 • 애착이론	• 동물의 발달과정은 인간의 발달과정과 유사	• 생물학적, 유전적 결정력 • 진화론적 관점	• 생물학적 역할 • 결정적 시기
인지이론	• 피아제 • 비고츠키	• 인지발달이론 • 사회문화적 인지이론 • 정보처리이론	• 정신구조	• 문제해결 상황과 정신적 잠재력 간의 상호작용	• 환경과의 상호작용 강조
생태학적 이론	• 브론펜브레너	• 생태학적 체계이론	• 사회문화적 환경의 영향	• 사회문화적 맥락	• 발달이 여러 환경 속에서 이루어짐을 강조

출처: 이동건(2022), 강인언 외(2016).

그림 2-1 주요 발달이론의 연대표

출처: Santrock(2004); 허혜경·임진경(2018)에서 재인용.

1 성숙주의 이론

성숙주의 이론(maturation theory)의 토대는 루소의 자연주의 사상이다. 루소는 "발달이란 정해진 스케줄에 따라서 전개된다."고 하였으며, 어린이가 지니고 있는 유전적 성향을 자연스럽게 펼쳐갈 수 있도록 자연의 원리에 따르는 교육이 필요함을 주장하였다(허혜경·임진경, 2018). 이후 20세기 초 아동연구 운동의 중심에 있었던 발달연구를 새로운 학문 분야로 성립시킨 홀(G. S. Hall)이 다윈의 진화론을 기초로 생물학적인 영유아의 발달 특성을 연구하였고, 그의 제자인 게젤(A. Gesell)에게 영향을 주었으며, 이 과정에서 성숙주의 이론이 정립되었다.

성숙주의 이론은 인간의 발달은 타고난 유전적 특징에 의해 자연스럽게 이루어지며 발달을 좌우하는 결정적인 힘은 개체의 유전적 요인에 전적으로 의존한다고 본다(이동건, 2022). 성숙이란 외부환경의 영향보다는 내적인 힘에 의해 발달이 이루어지는 것을 의미하며, 유기체의 발달과정을 방향 짓는 유전적 기제이다. 모든 유기체는 성장하는 데 있어 이미 성장의 방향이 결정되어 있는 성장모형을 가지고 있어, 이미 결정된 유전적 요소들이 성장모형의 지시에 따라 정해진 순서대로 진행된다고 보았다(이동건, 2022). 이때 환경적 요인은 유전과 성장모형을 일부 지지하거나 수정할 뿐이지, 발달을 이끌지는 못한다고 보았다(이동건, 2022). 즉, 성장을 교육을 통해 인위적으로 앞당기거나 늦추려 하는 것은 의미가 없다고 보았다. 오히려 이러한 노력은 영유아로 하여금 자기 신뢰감을 감소시키고 무력하게 만들 수도 있다고 보았다(허혜경·임진경, 2018).

홀
(Granville Stanley Hall, 1844~1924)

홀은 20세기 초 가장 영향력 있는 미국의 심리학자이자 아동연구운동(child study movement)의 창시자이다. 그는 질문지법, 관찰법, 일화기록법 등을 통해 보다 객관적이고 과학적인 연구 방법을 제시하였다. 홀의 관점은 다윈의 진화론을 반영하며 개인의 발달은 예정된 단계를 거치며 반복된다는 것으로 '개체 발생론'이라고 표현된다.

홀은 영유아가 무엇이 되느냐 하는 것은 영유아의 유전적인 특성과 관련된다고 보았으며, 따라서 교육은 영유아중심적이며, 영유아의 발달적 특성에 반응해야 한다는 관점을 취하였다(Strickland & Burgess, 1965; 허혜경·임진경, 2018 재인용).

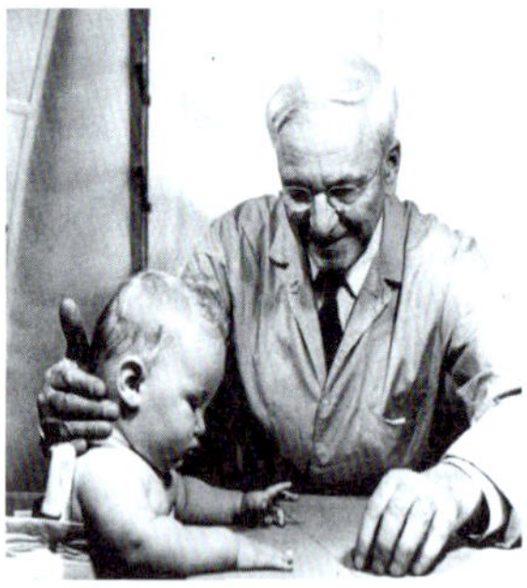

게젤
(Arnold Lucius Gesell, 1890~1961)

게젤은 아동 발달연구에 발생학적 모델을 적용한 사람으로 발달과정을 방향 짓는 가장 중요한 기제를 '성숙'으로 보았다(허혜경·임진경, 2018). 게젤은 객관적이고 과학적인 관찰 및 종단적인 자료 수집을 통하여 출생에서 청년기까지의 성장과 발달을 나이별로 상세히 제시한 표준행동목록(behavior norms)을 고안하여, 영유아가 어떻게 성장하고 발달하는지의 기준을 제시하였다. 표준행동목록에는 영유아의 행동이 발달 영역과 연령별로 분류되어 특정 연령 수준에서 대부분의 영유아가 할 수 있는 능력이 기술되어 있다(허혜경·임진경, 2018). 이는 영유아 개인의 발달을 평가하는 데 사용할 수 있다.

게젤은 유전적으로 프로그램화된 내적 성장의 힘에 따라 발달이 이루어진다는 사전 결정론의 입장을 취하였다(이동건, 2022). 게젤의 연구결과 성숙 이전에 이루어지는 조기교육은 거의 효과가 없었으며, 주로 성숙 요인에 의해 발달이 이루어짐을 밝혀냈다(이동건, 2022). 즉, 앉거나 걷고, 말을 하게 되는 과정은 관련된 신경계가 충분히 성숙되면서 가능하기 때문에 이를 앞당기기 위해 앉거나 걷거나 말하기를 서둘러 연습시킬 필요 없이 준비될 때까지 기다려야 한다는 것이다.

이러한 성숙주의적 관점은 학교교육에 있어서도 어떠한 교육을 실시할 수 있는 준비도(readiness)를 중시하며, 영유아의 능력 및 성장의 속도에는 개인차가 있음을 강조한다(허혜경·임진경, 2018). 준비도란 신경조직이 성숙하여 학습 제시가 가능한 현재의 지적·신체적·사회적 측면 등의 능력 또는 특성의 준비 상태이다. 이러한 성숙주의 관점은 인간은 태어나는 순간부터 이미 무엇에 대해서 준비가 되어 있고, 무엇에 대해서는 준비가 되어 있지 않은지 누구보다 스스로 잘 알고 있으니, 부모와 교사 등 성인의 역할은 영유아의 신호와 단서에 따르며 자연스러운 성장과정을 지원해 주어야 한다고 하였다. 즉, 학교교육에 있어서도 어떠한 교육을 실시할 수 있는 준비도(readiness)를 중시하며 영유아의 능력 및 성장의 속도에는 개인차가 있음을 강조하였다(허혜경·임진경, 2018). 그러므로 교사의 역할은 영유아의 발달적 성숙과 교육적 개입 사이에서 합리적인 균형을 유지하는 것이다. 이는 영유아가 성장하는 나름의 방식을 존중하면서 사회적 구성원으로서 필요한 기술과 습관을 가르치는 일 사이에서 균형을 이루는 것을 의미한다. 영유아가 보이는 행동은 그와 관련된 학습을 위한 준비가 되었음을 나타내 주는 것이며, 따라서 성장과 활동의 주도권은 영유아 자신에게 있다고 본다. 교사는 영유아의 준비도에 따라 적절히 반응함으로써 영유아의 성장을 지지하는 교육적 모델을 제시하여야 하고, 만약 영유아가 무엇을 배울 준비가 안 되었다고 교사의 입장에서 판단되면 영유아가 좀 더 성숙할 때까지 기다려 주어야 한다(허혜경·임진경, 2018).

성숙이론은 인간의 성장 및 발달에 대하여 내적인 성장 시간표를 중시하며, 교육을 통해 보다 빨리 성장하도록 기대하고 재촉하는 것이 아니라 스스로 성장할 기회를 주는 것이 바람직하다는 견해를 주장한다(이동건, 2022; 허혜경·임진경, 2018). 영유아가 보이는 행동은 그와 관련된 학습을 위한 준비가 되었음을 나타내 주는 것이기에 성장과 활동의 주도권은 영유아 자신에게 있다. 교사는 영유아의 준비도에 따라 적절히 반응함으로써 영유아의 성장을 지지하는 교육적 모델을 제시해야 한다. 또한, 교사는 영유아의 단계적 성장에 따른 흥미와 욕구에 대한 주의 깊은 관찰과 통찰력을 통해 영유아에게 적절한 환경을 구성해 줄 수 있어야 한다.

2 정신분석이론

전통적인 정신분석이론은 정신(psyche)의 근원적인 과정을 이해함으로써 인간행동을 설명하는 데 관심을 두었다. '정신분석학의 아버지'라 불리는 프로이트(Sigmund Freud, 1856~1939)의 이론적 가정은 인간에 대한 개념을 극적으로 변화시켰으며, 정신분석학에 지대한 영향을 미치게 된다. 또한, 그의 심리성적이론(psycho-sexual theory)은 인간의 내면적 욕구를 성과 관련지어 성적인 본능이 충족되는 방식에 따라 설명하였다. 영유아교육현장에서 그의 영향력은 줄어들고 있지만, 그의 이론을 수정한 신프로이트학파인 에릭슨(Erik Erikson, 1902~1994)의 심리사회적 이론(psychosocial theory)은 사회관계에서 발생하는 갈등과 이를 극복해 나가는 방식으로 현재까지 많은 영향을 주고 있다. 이러한 심리사회적 생활을 강조하는 정신분석학 이론은 영유아는 학교 상황에서 자신의 감정을 표현하고 사회·정서적 지지를 받을 수 있어야 건강한 사회생활을 할 수 있다고 하였다.

1) 프로이트의 심리성적이론

프로이트
(Sigmund Freud
1856~1939)

프로이트에 의하면 인간의 모든 생각이나 행동에는 원인이 있다고 보았다. 즉, 현재의 사고와 행동이 그 이전의 경험에 의해 결정된다고 보았다. 인간의 생각이나 행동이 의식뿐만 아니라 무의식에 의하여 지배된다고 보았으며, 개인의 본능적 성적 충동, 즉 리비도(libido)가 성격발달의 기본이 된다고 보았다.

프로이트는 성격을 그 기능에 따라 원초아(id), 자아(ego), 초자아(super-ego)로 구성되어 있다고 하였다. 이 세 가지 구성요소는 각기 고유한 특성과 기능, 기제 및 역동성을 지니며, 발달단계를 거쳐 통합되어 간다고 보았다.

표 2-3 구조적 체계: 성격의 구조

요소	내용
원초아(id)	• 본능적이고 즉각적인 쾌락 원리에 지배 • 원초아는 기본적인 욕구의 즉각적인 충족을 통해 쾌락을 추구. 고통스러운 것은 회피. 비현실적이고 비합리적인 방식으로 욕구를 충족. 이러한 과정에서 원초아가 현실과 부딪히게 되면서 자아가 발달
자아(ego)	• 원초아와 초자아의 욕구를 중재하는 현실 원리에 지배 • 현실 상황을 고려하여 원초아의 본능적인 욕구를 충족시키거나 단념시킴. 욕구충족을 위해 현실적·논리적으로 적합한 계획과 실행을 하고, 현실에서의 실현 가능성을 검증하고자 함. 즉각적인 충동을 연기시키고 현실을 고려하도록 하는 주관체 • 자아는 원초아의 욕구를 현실에서 이룰 수 있도록 끊임없이 현실과 접촉하고 타협해 나가면서 원초아를 통제하는 힘을 지니게 됨. 강한 자아는 스트레스를 효과적으로 처리 및 현실과 사회의 요구를 합리적으로 처리. 약한 자아는 융통성이 없고 완고하며 반복적인 방어기제를 사용
초자아 (super-ego)	• 도덕적 원리에 의해 지배 • 양심(conscience)과 자아이상(ego ideal)으로 구성 • '양심'은 자신의 행동이 잘못되지 않도록 규정하고 있는 것이고, 잘못된 행동에 대해 스스로 죄책감을 느끼게 되는 것 • '자아이상'은 보다 너그럽거나, 용기 있다거나, 혹은 정의와 자유의 원리에 헌신하는 사람이 되고 싶다는 등의 자신의 행동이 이상적 기준에 부합하기를 요구하며, 긍정적인 열망과 이상을 의미. 잘한 행동에 대해 자부심을 갖게 되는 것

프로이트는 온전하고 건강한 인격을 갖추기 위해서는 원초아, 자아, 초자아 이 세 가지의 관계가 조화롭게 상호 역학관계를 이뤄야 한다고 설명하였다.

프로이트는 발달은 특정한 성숙목표를 가지는 일련의 단계에 따라 이루어진다고 보았다. 다시 말해, 정신분석이론가들은 모든 인간이 발달과정에서 연령과 관계되는 일련의 단계를 거치게 되며, 각 단계는 이전 단계에서 개인과 환경 간의 상호작용의 결과에 의해 영향을 받는다고 보았다. 프로이트는 영유아가 성장하면서 일정한 단계에 따라 성격이 형성된다고 보고, 심리성적(psychosexual) 발달단계를 제안하였다. 인격발달단계로 성숙에 의하여 고정된 순서로 나타나게 되는 심리성적 발달단계는 **표 2-4**와 같다.

표 2-4 프로이트(Freud)의 심리성적 발달단계

단계	연령	리비도	특징	주요 발달과업	고착 시
구강기	0~1세	구강	• 원초아만 존재 • 빨기, 먹기 등 입과 관련된 행동에서 만족	젖을 떼는 것	손톱 물어뜯기, 무는 행동, 수다, 과식, 과음, 과도한 흡연
항문기	1~3세	항문	• 자아 형성 • 항문적 활동(이완, 수축)을 통해 쾌락을 얻음	배변 훈련	결벽증, 인색 혹은 반대 성향(지저분함), 낭비벽
남근기	3~6세	생식기	• 초자아 형성 • 성기를 자각하고 성기에 자극을 가해 쾌감을 느낌	• 오이디푸스 콤플렉스 • 엘렉트라 콤플렉스	• 남아: 과시적, 남성다움 강조 • 여아: 겉보기에는 순진하고 결백하지만 유혹적이고 경박
잠복기	6~12세	없음	• 초자아 발달 • 성적에너지가 무의식 속으로 잠복	방어기제의 발달	이성과의 성적·사회적 관계를 원만하게 형성하지 못함
생식기	12~20세	생식기	• 자기애착적 경향 → 이성애착적 경향	성숙한 성적 친밀	성적 에너지를 잘 처리하지 못하고, 권위에 적대적

각 단계는 리비도가 집중되는 신체 부위에 따라 구분되며, 영유아가 각 단계를 거치는 동안 욕구를 적절하게 충족하면 잘 적응된 성인으로 자라게 되는 반면, 각 단계에서의 욕구충족이 지나치거나 만족하지 않으면 보다 성숙한 다음 단계로 가지 못하고 그 단계에 고착(fixation)되거나 퇴행(regression)되는 현상이 나타나 성인기 성격발달에 직접적인 영향을 주게 된다. 프로이트의 심리성적이론은 영유아발달에서 양육자와의 초기의 경험을 강조한 최초의 이론으로서 성인기의 비정상적인 행동의 근원을 영유아기의 욕구충족 경험에서 찾을 수 있다고 본다.

고착이란 쾌락의 추구가 좌절되거나 지나친 쾌락으로 인해 다음 단계로의 진행이 방해 받으면 특정 단계에 고착하거나 이전의 발달단계로 퇴행하게 된다. 예를 들어, 구강기에 고착되었다면 손톱을 물어뜯는 등 구강적 쾌락을 추구하는 행동을 보인다.

프로이트의 이론은 인간의 내면세계인 무의식 속에 담겨 있는 갈등과 욕구를 이해하고 인간에게서 나타날 수 있는 정서적 문제를 보다 깊이 있게 이해할 수 있는 근거를 마련하여 주었다는 점에서 의미를 갖지만, 발달의 과정을 지나치게 성적인 측면에 초점을 맞추었다는 점에서 비판을 받는다(허혜경·박인숙, 2017). 또한, 심리성적이론은 인간의 성격발달에 초점을 두고, 적절한 만족과 좌절의 경험이 영유아발달에 미치는 중요성을 강조하고 있다. 적절한 만족, 쾌락, 좌절, 갈등의 경험은 영유아의 정상적 발달을 가능하게 하는 반면, 지나치게 편중되면 문제행동이나 부적응 행동이 나타날 수 있다고 보았다. 따라서 심리성적이론은 각 발달단계마다 영유아가 본능적 욕구를 적절히 충족할 수 있도록 부모의 관심과 배려가 필요함을 강조하였다(이동건, 2022).

참고영상 [다큐 플렉스] 오은영 박사와 함께 알아보는 프로이트의 심리성적 발달이론

2) 에릭슨의 심리사회적 발달이론

에릭슨
(Erik Homberger Erikson, 1902~1994)

에릭슨(Erik Erikson, 1902~1994)은 프로이트의 기본적 개념과 많은 공통점이 있지만, 프로이트가 내적 본능을 강조한 반면에 에릭슨은 내적 본능과 사회적 요구 간의 상호작용을 통하여 발달이 이루어진다고 보았다. 또한, 프로이트가 성적인 욕구충족에 초점을 둔 반면에 에릭슨은 자아의 능동적인 역할을 강조하였다. 이에 에릭슨은 모든 사람은 자아발달 시기에 따라 발달적 위기를 경험하며, 각 시기에는 해결해야 할 발달과업들이 있다고 보았다. 일생의 과정 속에 나타나는 심리사회적(psychosocial) 발달단계는 표 2-5와 같다.

심리사회적 이론은 발달의 생물학적 측면에 치중된 프로이트의 이론과는 다르게 사회문화적 측면을 강조한다. 즉, 영유아발달에 영향을 주는 사회문화적 환경의 중요성에 관심을 갖고 발달의 사회적 맥락을 강조한 것이다. 에릭슨은 인간의 내적 욕구와 사회문화적 요구 간의 갈등에 의한 심리사회적 위기를 극복함으로써 발달

이 전 생애를 통해 계속적으로 이루어진다고 하였다. 에릭슨은 자아의 발달에 따른 건강한 정체감 형성을 강조하였으며, 정체감은 신체적 성장이나 문화적 영향에 기인한 심리사회적 위기를 통해 발달하는 것으로 보았다. 심리사회적 위기를 잘 극복했을 경우 긍정적 성향의 성격이 형성되고, 극복하지 못할 경우 부정적 성향의 성격이 형성된다고 보았다.

표 2-5 에릭슨(Erikson)의 심리사회적 발달단계

단계	연령	특징	발달 과업 / 덕목 · 관계	프로이트의 심리성적단계
신뢰감 대 불신감	신생아기 0~1세	양육자의 따뜻한 보살핌과 애정을 통해 자신과 세상에 대한 가치감과 신뢰감을 형성. 잘 돌보아지지 못하거나 방치되면 불신감이 형성	• 나는 이 세상을 신뢰할 수 있는가? • 희망 · 어머니	구강기
자율성 대 수치심	걸음마기 1~3세	운동능력과 지능의 발달로 스스로 하고자 하는 욕구가 생김. 이를 잘 격려 받고 성공적으로 수행하는 과정을 통해 자율성을 형성하나 그렇지 못하면 자신의 능력에 대해 수치감과 회의감을 가짐	• 나는 내 자신의 행동을 통제할 수 있는가? • 의지 · 부모	항문기
주도성 대 죄의식	유아기 3~6세	가상놀이 등을 통해 자신이 지향하는 모습을 수행하고 열망과 책임감들을 발달시킴. 부모가 지나치게 자기 통제적이 되도록 요구하면 억압적이거나 죄의식을 갖게 됨	• 나는 부모로부터 독립하고, 나의 한계를 아는가? • 목적 · 가족	남근기
근면성 대 열등감	학령기 6~12세	학교생활을 성공적으로 해 나가고 다른 사람과 잘 어울리며 근면성을 형성함. 가정, 학교, 또래와의 부적절한 경험들은 열등감을 갖게 함	• 나는 생존과 적응에 필요한 기술을 숙달할 수 있는가? • 능숙함 · 학교, 친구, 이웃	잠복기
정체감 대 역할혼동	청소년기 ~20세	자신이 누구이며 무엇을 하고 살 것인가 등에 대해 고민하고 가치를 선택하며 개인적 정체감을 형성함. 그렇지 않으면 미래의 성인 역할에 대한 혼란을 느끼게 됨	• 나는 누구인가? 나의 신념, 감정, 태도는 어떤 것인가? • 충실함 · 또래	생식기

단계	연령	특징	발달 과업 / 덕목 · 관계	프로이트의 심리성적단계
친밀감 대 고립감	청년기 20~30대	다른 사람, 특히 이성과의 친밀한 관계를 통해 친밀감을 형성하나 그렇지 못하면 관계를 맺지 못하고 고립감을 느낌	• 나는 타인에게 내 자신을 아낌없이 줄 수 있는가? • 사랑 · 연인, 동료	
생산성 대 침체감	중년기, 성인기 40~50대	자녀를 낳아 기르는 과정에서 생산성을 형성하나 그렇지 못한 경우 의미 있는 성취를 하지 못한다고 생각하고 침체감을 느낌	• 나는 다음 세대에게 무엇을 해줄 수 있는가? • 보살핌 · 지역사회	
자아통정 대 절망감	성숙기, 노년기 60대 이후	생의 마지막 단계로서 자신의 삶을 돌아보고 삶이 가치 있는 것이었다고 느끼면 자아통정감을 느끼나 그렇지 못한 경우 죽음에 대한 두려움으로 불만족감과 절망감에 빠짐	• 내 평생 한 일과 역할에 대해 만족할 수 있는가? • 지혜 · 세계	

출처: 이동건(2022).

정신분석이론은 인간의 인격, 특히 내면세계를 이해하는 데 많은 도움을 준다. 인간은 성장하는 과정에서 다양한 형태의 갈등구조를 경험하게 되며, 이러한 위기를 극복하는 가운데 건전한 인격을 형성하게 된다고 보았다. 특히 정신적으로 건강하고 성숙한 성인이 되기 위해서는 어린 시절의 경험이 매우 큰 영향을 준다고 보았다.

정신분석이론이 가지는 교육적 시사점으로는 첫째, 인간의 정신구조에 대한 학문적이고 체계적인 이해의 틀을 제공한다. 특히, 인간에게 잠재되어 있는 무의식 세계에 대한 깊이 있는 통찰을 통해 인간행동의 심리학적 근거를 이해하는 데 많은 도움을 주었다. 또한, 인생에서 사회성의 기초가 형성되는 영유아기가 얼마나 중요한 시기인지, 그리고 그것이 인간의 무의식 세계와 어떤 관련성을 갖는지 등을 보여준다. 둘째, 영유아를 둘러싼 주변 환경으로서의 성인의 역할을 강조한다. 성인의 적절한 보호와 보살핌을 통한 욕구의 충족과 신뢰적인 관계의 형성과 관계에서 경험하는 갈등은 영유아로 하여금 각 단계의 과업을 이루고 다음 단계의 새로운 도전을 받아들일 수 있도록 해준다. 따라서 영유아를 돌보는 성인은 각 단계의 특성을 이해하고 이에 요구되는 적절한 성인의 역할을 수행함으로써 영유아의 건강한 성장을 지원할 수 있을 것이다. 셋째, 프로이트의 심리성적이론은 우리의 의식으로 지각할 수는 없지만 인간의 행동에 많은 영향을 주는 무의식의 세계를 다루며 이를 통해 겉으로 보이는 행위 이면에 얼마나 복잡하고 다양한 정서적 의미가 담겨 있는지에 대한 이해를 도와준다. 심리치료나 놀이요법 등에서는 문제행동을 보이는 영유아의 무의식 속에 잠재된 적대감이나 공격적 성향을 이러한 관점에서 해석하여 영유아가 놀이를 통해 잠재된 욕구와 불만족감을 표출하고, 이를 보다 긍정적 방법으로 해결하도록 지원하고 있다. 영유아교육기관에서 이루어지는 역할놀이나 미술활동, 목공놀이 등은 영유아가 자신의 내적인 갈등을 자연스럽게 분출하고 사회에서 인정받는 방식으로 해소할 수 있도록 돕는 좋은 활동의 예이다(허혜경·박인숙, 2017).

참고영상: [EBS부모] 3~5살 아이들에게 발달시기인 주도성 알고 계셨나요?
벤자민 버튼의 시간은 거꾸로 간다와 에릭슨의 심리학
[EBS육아학교] 아이의 발달에 따른 양육태도

3 학습이론

생물학적 요인보다 환경적 요인을 강조한 학습이론가들은 개인의 인생에서 얻게 되는 학습경험이 인간발달에서 변화의 근원이라고 하였다. 또한, 영유아발달을 이해함에 있어 정신분석이론에서처럼 내면의 감정을 연구하거나, 인지발달이론에서처럼 인지적 사고를 연구하는 것보다 직접 관찰하고 측정할 수 있는 행동을 연구하는 것을 강조하였다. 이런 의미에서 학습이론을 행동주의이론이라고 하며, 학습이론은 인간발달에서 단계를 설정하지 않는다. 학습이론의 기본 원리는 자극과 반응 간의 관계연구이며, 이 장에서는 파블로프의 고전적 조건형성이론, 스키너의 조작적 조건형성이론, 반두라의 인지적 사회학습이론에 대해 살펴보기로 한다.

1) 고전적 조건형성

러시아의 생리학자인 파블로프는 동물을 대상으로 고전적 조건형성(classical conditioning) 과정을 소개하였다. 그는 개에게 여러 번에 걸쳐 음식을 주면서 종소리를 함께 들려주고, 나중에는 종소리만 들어도 침을 흘릴 수 있도록 훈련하였다(허혜경 · 임진경, 2018). 이 실험과정은 고전적인 조건형성의 원리를 제시하였으며, 동물에게 원래는 반응을 유발하지 못하는 어떤 자극을 반응을 일으키는 자극과 연합시킴으로써 그에 대한 반응을 학습하게 하였다. 다시 말해, 조건자극(조건형성 후 종소리)을 준 후 무조건 자극(음식)을 주면 조건반응을 일으킬 가능성이 증가되어 강화되지만, 조건자극만 준 후 무조건 자극을 주지 않으면 학습된 조건반응이 점차 사라지게 되어 결국 소거된다는 것이다.

파블로프
(Ivan Petrovich Pavlov, 1849~1936)

왓슨은 파블로프의 자극과 반응의 원리(S-R 학습이론)를 영유아의 행동에 적용하여 정서적 행동 발달을 연구하였다. 11개월 된 아기 앨버트를 놀라게 하는 큰 소리와 공포와는 무관한 흰 쥐를 같이 제시하였더니, 처음에는 흰 쥐를 만지려 했던 아기가 흰 쥐를 보면 무서워하며 울기 시작하였다. 이러한 연구결과로 왓슨은 영유아의 발달은 환경에 의존하므로, 영유아의 환경을 통제함으로써 영유아를 어떤 방향으로든 키울 수 있다고 주장하였다(허혜경 · 임진경, 2018). 즉, 왓슨은 영유아의 학습과 발달에서 환경의 영향력을 매우 강조한 학자로, 영유아의 모든 성격과 행동이 선천적이고 유전적인 것이 아니라 완전하게 환경과 경험의 산물이라는 점을 강조하였다.

왓슨
(John Broadus Watson, 1878~1958)

참고영상 : 파블로프의 개, Pavlovs Dogs
(실험)아기 앨버트 실험_Baby albert experiment, The Little Albert Experiment

2) 조작적 조건형성

스키너
(Burrhus Frederic Skinner, 1904~1990)

스키너는 환경결정론의 입장을 취하면서 고전적 조건 이론과는 다른 조작적 조건형성(operant conditioning)의 이론을 제창하였다. 고전적 조건형성 원리는 최초에는 반응을 일으키지 않던 자극이 조건형성을 통해 비자발적으로 반응을 일으키게 되는 과정을 다룬 반면에, 조작적 조건형성 원리는 자발적으로 반응을 일으키게 되는 과정을 설명하고 있다. 스키너 상자라는 특수한 상자를 만들어 동물에게 자발적으로 조건화된 반응을 일으키는 실험을 하였다. 실험상자 안의 배고픈 쥐가 우연히 지렛대를 누르게 되고, 그 대가로 먹을 것이 나오게 되면 쥐의 지렛대를 누르는 횟수가 증가하게 된다. 즉, 상자 안의 쥐가 우연히 지렛대를 누르자 먹이가 나와 먹게 되고 쥐는 강화를 받는다. 몇 번의 우연히 누르는 행동과 그에 따른 먹이의 강화물로 인하여 우연히 하던 쥐의 지렛대 누르는 행동은 이제 의도적으로 하게 된다(허혜경·임진경, 2018).

이러한 원리는 영유아의 행동을 조절 및 수정하는 학습원리로 적용되고 있다. 즉, 영유아는 만족스러운 결과를 가져다준 행동은 반복해서 하고, 만족스럽지 못한 결과가 따르는 행동은 하지 않으려고 한다는 것이다. 영유아의 행동은 뒤따르는 여러 종류의 강화물, 즉 음식이나 장난감 혹은 칭찬, 미소 등에 의해 증가될 수 있고, 야단을 맞거나 특권을 빼앗기거나 부모가 인정해 주지 않는 것 혹은 자기 방에 혼자 남겨지는 것 등의 벌을 받는 것으로 바람직하지 않은 영유아의 행동을 감소시킬 수 있다고 보았다. 즉, 모든 행동은 학습되는 것으로, 우리가 원하는 행동을 새롭게 형성할 수도 있고, 원하지 않는 행동을 수정 및 소거시킬 수도 있다고 보았다(허혜경·임진경, 2018).

이 이론적 입장에서 어린이에게 바람직한 행동을 조형(shaping)하기 위해 조작적 조건형성 원리를 단계적으로 실시한다. 이러한 조작적 조건형성 과정을 행동수정이라고 부르기도 하며, 특수한 요구가 있는 장애아는 물론 정상아에게도 광범위하게 적용되고 있다(허혜경·임진경, 2018).

조작적 조건형성의 원리를 이용한 행동수정기법은 영유아의 문제행동을 수정하고 바람직한 행동을 학습시키는 데 유용하게 활용되고 있다. 행동수정 전문가들에 의하면 영유아의 정서적 문제 중 대부분은 영유아의 바람직하지 못한 행동이 우연히 강화되었기 때문이라고 본다. 따라서 적절한 강화와 함께 바람직한 행동이 학습되게 함으로써 행동수정이 가능하다. 특히, 어린 연령에게는 칭찬과 같은 정적 강화를 사용하는 것이 벌이나 비판을 사용하는 것에 비해 행동수정의 효과가 매우 크므로 벌의 사용을 최소화하고 정적 강화를 최대화하여야 한다(이동건, 2022).

참고영상: Dr. B. F. Skinner and Operant Conditioning
BF Skinner Foundation - Pigeon Turn
Psychology Study: Baby in a Skinner Box (1960) | Behavior Modification of Toddlers

3) 인지적 사회학습이론

반두라
(Albert Bandura, 1925~2021)

캐나다의 사회학습이론가 반두라는 자극이나 강화 없이 행동의 관찰만으로도 학습이 일어날 수 있다고 보았다. 인간은 능동적이며 사고할 줄 아는 인지적 능력을 지닌 존재로서, 사회적 환경 속에서 인간의 인지능력이 인간의 학습과 발달에 주는 영향에 주목하였다. 따라서 학습은 스스로 체험하는 직접적인 경험을 통해서도 이루어지지만 사회적 환경 속에서 다른 사람의 행동을 관찰하는 것만으로도 이루어질 수 있다. 즉, 사회학습이론은 학습이 사회적 맥락에서 타인을 관찰하고 모방함으로써 이루어진다고 주장한다. 영유아의 행동에서 나타나는 변화는 다른 사람의 행동을 관찰함으로써 학습된 결과라고 말한다. 이 이론은 직접 보상도 중요하지만 절대시할 수 없고, 대리보상과 학생들의 자기효능감, 자기조절 능력, 성취기대감도 중요시하였다. 또한, 이 이론은 행동뿐만 아니라 행동의 결과로 나타나는 보상이나 처벌을 관찰하는 것에 의해서도 학습이 이루어지며, 동기나 태도, 가치관 같은 심리적 특성도 대인관계를 통해 학습된다고 한다. 그래서 이 이론은 사회적 관계가 인간의 심리적 특성에 주는 영향뿐만 아니라 인간의 심리적 특성이 사회적 관계에 주는 영향에 관심을 가진다. 사회학습이론은 행동을 인지적·행동적·환경적 영향 사이의 끊임없는 상호작용의 결과로 본다(이동건, 2022).

학습이론에 의하면 성인(양육자, 교사 등)은 영유아의 행동을 보다 쉽게 변화시킬 수 있다. 즉, 영유아의 문제행동은 수정될 수 있다. 성인에게 지나치게 의존하고 매달리는 영유아는 독립적인 행동이 보다 강화되면 매달리는 행동이 사라진다. 반면에 정신분석이론은 의존적 혹은 매달리는 행동은 어린 시기에 형성된 인성 특성의 한 면으로 보기 때문에 변화하기 매우 어려운 것으로 생각하는 경향이 있다(허혜경·임진경, 2018).

학습이론은 영유아의 행동을 이해하는 데 많은 도움을 주지만, 영유아의 모든 행동을 기본적인 단위나 단순한 요소들로 나누어서 이해하려 하기 때문에 발달의 총체적인 모습을 파악하기 힘들다는 문제점을 갖는다. 특히 환경의 영향을 지나치게 강조한 나머지 내적인 동기요인이나 인지적인 요소는 소홀히 하였다는 지적을 받고 있다. 전통적인 학습이론인 행동주의의 이러한 제한점을 개선하여 사회학습이론은 학습이 일어나는 사회적인 상황을 강조하고 영유아가 자신의 발달에 능동적인 영향을 미친다는 것을 인정하고 있다(허혜경·임진경, 2018).

참고영상 : Bandura's Bobo Doll Experiment

4 인지발달이론

정신분석이론이 영유아의 무의식적 사고의 중요성을 강조했다면, 인지발달이론은 영유아의 의식적 사고를 강조하였다. 인지발달이론에서는 정신구조의 합리적인 사고과정을 강조하였으며, 이 장에서는 피아제의 인지적 구성주의 접근, 비고츠키의 사회문화적 구성주의 접근에 대해 살펴보기로 한다.

1) 인지적 구성주의 접근

피아제의 이론으로부터 비롯된 구성주의(constructivism)는 영유아가 자신의 경험으로부터 의미 있는 지식을 능동적으로 구성한다는 것을 의미한다(Gallenstein, 2003; 허혜경·임진경, 2018 재인용). '구성주의'라는 용어는 1976년 포만(George Forman)이 『구성놀이(Constructive Play)』라는 그의 저서에서 쓰기 시작한 것에서 비롯된다(허혜경·임진경, 2018).

구성주의 이론에서는 '지식은 인식 주체의 능동적 활동에 의해 스스로 내면의 세계에서 구성해 가는 과정을 통해 획득되는 것이고, 외부적 자극이나 전달에 의해서는 결코 획득될 수 없다는 것'을 강조한다. 구성주의적 접근에서 반성적 추상(reflective abstraction)은 영유아를 지시적으로 가르칠 경우에는 일어나지 않으며, 영유아가 능동적으로 지식을 구성할 때 촉진될 수 있다는 것을 강조한다(Bevevino, Dengel, & Adams, 1999; 허혜경·임진경, 2018 재인용).

구성주의는 어디에 더 강조점을 두느냐에 따라, 즉 개인의 인지적 발달에 영향을 미치는 사회적 상호작용에 얼마나 중점을 두느냐에 따라 인지적 구성주의와 사회적 구성주의로 구분할 수 있다(허혜경·임진경, 2018).

피아제
(Jean Piaget, 1896~1980)

피아제는 인간의 인지발달이 환경과의 상호작용을 통해 정해진 단계를 거쳐 이루어진다고 주장하였다. 인지란 인간이 지식을 획득하여 사물을 알게 되는 과정과 이 지식을 활용해서 문제를 해결하는 정신적 활동을 가리킨다. 피아제의 주된 관심은 인간의 지적능력의 획득과정이다. 여기서 지적능력이란 개인이 주어진 환경에 효과적으로 적응할 수 있는 능력을 의미한다(허혜경·임진경, 2018).

인지발달이론은 인간의 사고과정과 지적 구조의 특성을 이해하기 위해 영유아가 어떻게 환경을 인식하고 이를 자신의 사고체계 안에 지식의 영역으로 구축시켜 가는지에 많은 관심을 갖는다.

피아제에 의하면 인간을 비롯한 모든 유기체는 환경의 요구에 적응하려는 성향을 타고난다고 보고, 유기체의 기본적인 기능은 조직(organization)과 적응(adaptation)이며, 이것이 곧 인지가 발달하는 원리라고 주장하였다. 피아제는 그의 이론과 관련된 중요한 개념들로 인지구조의 기본 단위인 도식, 인지발달의 원리로서 동화와 조절 및 평형의 개념을 제시하였다. 이러한 개념들은 지적 발달이 질적으로 다른 단계들을 거쳐 일어난다고 주장한 그의 이론을 이해하는 데 필수적인 요소들이다(허혜경·임진경, 2018).

(1) 도식(schema 또는 scheme)

도식은 인지구조의 기본 단위로서 유기체가 외계의 사물을 인지하기 위해서 사용하는 이해의 틀이다. 영아는 환경의 요구에 적응하려는 성향을 타고나기 때문에 태어나면서부터 반사적 감각 또는 운동능력을 기초로 주변 환경에 대한 지식을 능동적으로 구성해 간다. 유기체가 환경의 탐색을 통해 형성하게 된 기본적인 인지구조를 도식이라고 한다. 이러한 도식은 영아의 경우 정신적인 사고과정에 쓰이기보다는 활동적 또는 행동적인 유형으로 나타난다. 예를 들어, 영아들은 엄마의 젖을 빠는 경험을 통해 빠는 도식, 손으로 쥐는 도식, 보는 도식을 갖게 된다. 도식은 여러 가지 경험을 통해 점점 분화되기 때문에 발달과 더불어 환경과 상호작용하는 데 수많은 도식이 이용된다. 또한, 사고능력이 발달함에 따라 조직적인 행동 유형은 조직적인 사고 유형으로 바뀌어 간다(허혜경·임진경, 2018).

(2) 적응(adaptation)

적응은 인지구조가 외부환경에 맞게 조절되면서 변화하는 것으로, 동화(assimilation)와 조절(accommodation)의 두 가지 과정을 통해 일어난다. 동화란 현재 가지고 있는 인지구조에 새로운 정보를 맞추려는 시도로, 영유아가 기존의 이해 방식의 틀(도식) 속에서 새로운 사물, 경험, 개념을 해석하고 받아들이는 사고과정을 말한다. 반면에 조절이란 새로운 정보에 맞추어 기존의 인지구조를 수정하는 것으로, 영유아가 지니고 있는 기존 도식으로 새로운 자극이 이해되지 않았을 때 새로운 자극에 맞춰 기존의 도식을 수정 및 변형하거나 새로운 도식을 수립하는 과정이다. 이러한 동화와 조절의 보완적 과정은 또 다른 타고난 기능적 성향인 평형의 원리에 의해 유도된다고 할 수 있으며, 이러한 과정을 통해 어린이는 환경을 이해하고 환경에 대처하는 방법으로서의 인지적 발달을 이루게 된다(허혜경 · 임진경, 2018).

(3) 평형화(equilibration)

평형화는 유기체와 외부환경 또는 유기체 내에서 인지적인 요소 간에 균형 상태를 유지하려는 성향을 말한다. 평형의 원리로 인해 인지적인 불균형을 경험하는 영유아는 새로운 정보를 기존의 인지구조에 동화하는 대신 새로운 정보에 맞추어 기존의 인지구조를 바꾸는 조절을 하게 된다. 다시 말하면, 평형의 원리에 의해 동화와 조절이 일어난다고 할 수 있다. 예를 들어, 집에서 강아지와 즐겁게 놀았던 경험만을 갖고 있는 영유아는 강아지는 귀엽다는 인지구조, 즉 도식을 갖고 있다. 그러나 어느 날, 이 영유아는 다른 강아지를 보자 귀여운 강아지에 대한 생각을 갖고 그 강아지에게 다가가고(동화), 갑자기 짖어 대는 강아지 모습에 놀라는 경험을 한다고 하자. 이때 영유아는 인지적인 혼란 또는 불균형을 경험하며 '강아지는 귀엽다'라는 생각을 바꾸어 '강아지는 무섭다'라는 인지구조를 갖게 된다(조절)(허혜경 · 임진경, 2018).

피아제는 영유아가 세상을 이해하는 과정에서 인지적 갈등, 즉 불평형을 경험함으로써 한 단계에서 다음 단계로의 전환이 일어난다고 하였다(Santrock, 2007; 이동건, 2022 재인용). 결국 영유아가 현재 가지고 있는 인지구조가 새로운 경험을 처리할 수 없을 때, 영유아는 환경의 요구에 맞출 수 있는 새로운 정신적 유형을 조직함으로써 평형을 찾게 되고 인지적 진보가 일어난다는 것이다.

피아제 이론은 영유아들이 연령이 증가함에 따라 얼마나 많이 알고 정확하게 아는가 하는 지적능력의 양적인 문제를 다루는 것이 아니라, 영유아들의 생각하는 방법에서의 질적인 차이를 설명하고자 한다. 그에 의하면, 인지발달은 크게 4개의 단계, 즉 감각운동 단계, 전조작 단계, 구체적 조작 단계, 그리고 형식적 조작 단계로 나뉘며, 이 각각의 단계는 질적으로 다른 특성을 지닌다. 또한, 그 단계는 일정하며 불변의 순서로 일어난다. 즉, 모든 영유아가 그 속도에 있어서는 다소 차이가 있으나 같은 발달단계를 거쳐 간다고 본다. 표 2-6에 각 단계의 특징이 간략하게 나타나 있다(허혜경 · 임진경, 2018).

표 2-6 피아제(Piaget) 이론의 각 단계별 특징

단계	연령	특성
감각운동기	0~2세	• 영아는 자신의 감각과 운동 행위를 통해 외부 세계를 지각 • 중요한 지적 성취: 지연모방, 대상영속성 개념
전조작기	2~7세	• 정신적 표상에 의한 사고를 할 수 있지만 아직 개념적 조작능력은 부족. 비체계적, 비논리적임 • 상징과 내적 이미지 사용, 표상 능력 발달 • 상징적 사고의 증가, 직관적 사고, 자아중심성, 물환론적 사고, 도덕적 판단, 꿈의 실재론
구체적 조작기	7~11세	• 구체적 사물과 구체적 행위에 대해서만 체계적 사고 가능 • 논리적이고 구체적인 문제해결 능력 발달 • 탈자기중심적 사고, 보존개념 획득, 탈중심화, 조망수용능력 획득, 유목화와 서열화 가능, 가역적인 조작 가능
형식적 조작기	11세+	• 추상적이고 가설적인 수준에서도 사고할 수 있는 능력 발달 • 과학적 사고 가능 • 복잡한 언어과제 및 가설적 과제에 대한 문제해결 가능, 조합적 사고, 연역적 사고, 가상적 사고, 명제적 사고

참고영상: [EBS부모] 감각운동기의 아이들의 특성
[EBS부모] 전조작기 아이들의 특징

피아제의 인지발달이론은 1960년대 이후 오늘날까지 교육에 지대한 영향을 주었다. 피아제의 지능 발달 단계론, 즉 세계, 시간, 공간에 대한 영유아들의 개념과 영유아기의 능력을 기술한 피아제의 연구는, 사회교육을 계획하고 운영하는 교사들에게 통찰력을 제공하였다. 피아제 이론에서 가장 중요한 것은 인지구조의 평형

과 인지적 갈등을 교육에 적용하는 것이다. 이는 영유아가 일상생활에서 자발적으로 환경을 탐색하면서 유발될 수도 있고, 또래나 교사와의 상호작용을 통해서도 일어날 수 있다. 최적의 인지적 갈등상태(optimum discrepancy)는 최대의 교육적 효과를 이끌 수 있다는 점에서 중요한 의미를 갖는다(허혜경 · 임진경, 2018).

또한, 영유아들은 학습과정에서 그들의 흥미를 끌고 지적 수준을 자극하는 것에 흥미를 느끼며, 이때가 학습의 효과가 높게 나타날 수 있는 민감한 상태임을 알 수 있다. 즉, 영유아의 학습에 대한 준비도를 이해하고 이에 적절한 교육환경이 제공되었을 때 능동적인 학습자로서 교육활동에 참여하게 된다(허혜경 · 임진경, 2018).

따라서 교사는 교육활동을 계획하고 전개하는 데 있어서 영유아의 개별적인 발달수준을 파악하고, 이에 적절한 환경을 제공하여 영유아가 흥미를 느끼고 활동할 수 있도록 배려해야 한다(허혜경 · 임진경, 2018).

아울러 영유아들 간의 개별적 차이를 인정하고 이를 교육에서 수용하도록 제시하였다. 여기서 영유아의 개별적 차이란 연령에 따른 차이라기보다는 각 영유아의 인지적 능력에 있어서의 차이를 의미한다. 피아제는 발달은 일련의 단계를 순차적으로 밟으며 진행되어 가지만 그 속도에 있어서는 개인적인 차이가 있음을 지적하였다. 따라서 교사는 같은 연령대라 할지라도 각 영유아의 인지 수준을 개별적으로 파악하고 이해하는 일이 필요하며, 교육활동에 있어서도 대그룹 활동보다는 개별적, 혹은 소그룹으로 진행되는 활동이 더욱 적합하다고 보았다(허혜경 · 임진경, 2018).

1980년대로 들어오면서 피아제 이론에 대한 재평가를 중심으로 점차 그의 이론의 문제점과 한계점도 함께 나타나기 시작했는데, 피아제의 인지발달에 대한 이론을 수용하면서 그의 이론을 수정하여 제시하고, 단순히 적용하고 반복하여 검증하는 것을 넘어서서 좀 더 설득력 있는 이론을 모색하는 방법을 찾는 학자들이 나타나게 되었다(신은수 외, 2018). 이러한 학자들을 후기 피아제 학파(post-Piagetian)라고 부르고, 피아제의 이론에 덧붙여 지식의 형성과정에서 핵심적인 요인으로 영유아의 인지수준보다 직접적인 영유아의 사전 경험에 의한 지식을 강조하고 있다. 이러한 후기 피아제 학파의 입장은 피아제의 입장과 마찬가지로 영유아의 사고 발달과 지식 형성에서의 인지적 갈등의 중요성과 영유아 자신에 의한 능동적 지식 형성을 강조하고 있지만, 저연령에서도 사전 경험과 사회문화적 맥락에 기초한다면 학습이 가능하다고 주장한 점에서는 큰 차이가 없다(신은수 외, 2018).

2) 사회적 구성주의 접근

비고츠키
(Lev Semenovich Vygotsky, 1896~1934)

비고츠키는 피아제와 마찬가지로 일차적으로 지식의 근원을 이해하는 데 관심이 있다. 그러나 피아제는 사고의 근원을 영유아의 개인적인 탐구에서 찾은 반면에, 비고츠키는 사회문화적 상호작용에 두고 있다(허혜경 · 임진경, 2018). 영유아가 어떻게, 왜, 지금 그들이 행하고 있는 것과 같은 행동을 발달시키게 되었는지를 이해하기 위해서는 그 영유아가 살고 있는 사회와 문화의 역사적 배경을 이해해야 한다는 것이다. 즉, 영유아의 발달이란 그 영유아 자신이 속한 사회와 문화, 역사적 환경 가운데서 겪게 되는 수많은 경험 속에서 가능해지기 때문에 사회에서의 영유아의 경험들은 그 영유아가 생각하는 방식을 형성하는 기본 요소가 된다(이동건, 2022). 그는 모든 지식은 한 공동체로서의 사회집단의 긴 역사를 통해 누적된 문화적 형태로 존재하고 있으며, 영유아는 성인의 도움을 받아 문화적 산물로서의 지적 발달을 내면화함으로써 개인적인 인지발달이 가능하게 된다고 보았다. 사회적 구성주의는 비고츠키의 발달심리이론에 근거하여 인간의 인지발달과 기능은 '사회적 상호작용이 내면화되어 이루어지는 것'으로 본다. 그는 피아제가 설명한 인지적 갈등을 일으키는 원인에 더욱 관심을 기울이며, 인지적 갈등의 원인이 사회적 상호작용에 있다고 주장하고 있다. 사회적 구성주의자들은 사람들 간의 의견이 다를 때, 이러한 의견 간의 '갈등'과 '차이'에 더욱 가치를 두고 그러한 견해차에 노출됨으로써 오히려 자신의 견해와 관점에 대한 자아성찰과 깊이 있는 비판적 사고력을 경험하게 된다고 하였다(허혜경 · 임진경, 2018).

비고츠키 이론은 "학습은 발달을 주도한다."는 주장으로서 피아제 이론의 "학습은 발달에 의존한다."라는 주장에 도전하는 이론으로 평가되고 있다. 그에 의하면, 새로운 인지적 기술의 학습은 어린이의 학습에 비계설정(scaffolding)을 통해서 가능하다고 본다. 비계설정이란 보다 능력 있는 협력자가 과제에 대한 상대방의 수행능력에 따라 도움을 조절해 가는 것으로서 교수를 하는 동안 도움의 질은 계속 변화한다. 즉, 교사는 과제가 학습자에게 새로운 것일 때 보다 많은 도움을 주고, 학습자가 능력이 증가함에 따라 도움을 줄여 나가면서, 점차적으로 학습자가 과제에 대한 보다 많은 책임을 맡게 함으로써 학습자의 자율성, 독립성, 책임감을 길러 주는 것이다(Berk & Winsler, 1995; 허혜경·임진경, 2018 재인용).

비고츠키가 제시한 새로운 학습은 근접발달영역(Zone of Proximal Development, ZPD)에서 가장 잘 이루어진다. 근접발달영역은 영유아가 현재 스스로 과제를 해결할 수 있는 실제적 발달 수준과 자신보다 인지적으로 유능한 성인이나 또래의 도움을 받아 과제를 해결할 수 있을 것으로 기대되는 잠재적 발달 수준 간의 격차를 의미한다(Vygotsky, 1978; 허혜경·임진경, 2018 재인용). 영유아가 보다 숙달되면 근접발달영역은 끊임없이 앞으로 향하게 되며, 더욱 힘든 과업에 직면하게 된다. 비고츠키의 근접발달영역은 영유아가 현재 무엇을 할 수 있는가보다는 성인의 도움을 받아 앞으로 무엇을 할 수 있는지에 강조점을 두기 때문에 교수-학습에서도 준비도 혹은 잠재력이 더 강조된다. 따라서 교사는 영유아를 관찰하고 일상생활이나 학습상황에서의 상호작용을 통해 영유아들의 현재의 발달 수준이나 잠재적 발달 수준을 고려할 수 있어야 한다(허혜경·임진경, 2018).

영유아의 학습을 위하여 적절한 비계를 설정하는 것은 교사에게 단순한 문제가 아니다. 학습이 효과적으로 이루어지기 위하여 교사는 영유아의 관심을 알아야 하고 지켜보아야 하며, 최고의 전략 혹은 해결의 모델이 되어야 하고, 조심스럽게 전체 과정을 영유아의 기술과 이해 수준에 조절해야 한다(허혜경·임진경, 2018).

피아제의 인지발달이론이 영유아의 학습에 있어서의 능동적 역할과 환경과의 적극적 상호작용을 강조하는 이론이라면 비고츠키 이론은 이를 한층 발달시켜 환경이 영유아에게 줄 수 있는 역동적인 영향력을 강조한다(허혜경·임진경, 2018). 즉, 영유아발달에 있어 사회문화적 환경의 중요성을 강조한다.

구성주의 접근의 기초를 제공해 주는 피아제 이론과 후기 피아제 이론, 비고츠키 이론은 모두 인간의 지식 형성과정의 발달에 관심을 갖고 연구한 이론들로서 영유아가 스스로 지식을 구성한다는 '지식 형성에 대한 영유아의 능동적 역할'을 강조한다. 그러나 이 세 이론은 유사점뿐만 아니라 영유아의 지식 형성과정과 발달과 학습을 보는 관점에서 차이를 보이고 있다(허혜경·임진경, 2018).

참고영상: EBSCulture (EBS 교양) 21세기 교육 패러다임-세계의 PBL

Chapter 03

영유아기의 사회성 발달

인간은 서로 의지하고 사랑을 주고받아야 살아갈 수 있는 존재이다. 따라서 영유아의 사회성을 길러 주는 데 있어서도 인간을 믿고 사랑하며 인간과 사물에 대해 긍정적인 시각을 갖도록 하는 것이 중요하다. 인간은 사회 내에서 끊임없이 사람들과 접촉하는 것, 즉 높은 사회성을 소유하는 것이 매우 중요한데, 이러한 사회적 상호작용은 정서적 경험에 의해 영향을 받게 된다. 정서를 통해 영유아는 사회규범과 기대에 순응하기 위한 행동 적응 양식을 배우게 되며, 유쾌한 정서뿐만 아니라 모든 정서는 생활에 있어서 중요한 구실을 하여 개인의 사회적응이나 인성 형성면에 크게 영향을 미친다는 것이 많은 연구결과에 의해 밝혀지고 있다. 인간이 건강하게 살아가는 데 있어 정서적 안정은 무엇보다 중요하다. 안정된 정서야말로 한 인간의 건전한 삶의 바탕이 되는 것이다. 그러므로 아동의 제 발달 영역 중에서도 정서 및 사회성 발달이 중요함을 알 수 있다.

1 사회성 발달 개념 및 특징

사회성이란 타인과 공동으로 사회생활을 훌륭하게 적응할 수 있는 심적 경향을 말한다. 사회성(社會性)의 학술적인 정의는 "사회적 성숙, 타인과 원만하게 상호작용하는 능력, 다양한 사람과 긍정적인 관계를 형성하는 능력"을 말하며, 장애 진단에 중요한 요소로 작용한다. 이에 따르면 사회성은 사회적 능력(social competence)과 사회적 기술(social skill)로 나뉜다. 다른 의미로는 관계를 유지하는 능력으로서 sociability를 의미한다. 사회성은 다른 사람들의 기분과 감정 등을 잘 이해하며, 이에 대한 적절한 대처로 원만한 관계를 맺고 사람과 소통하는 가운데 즐거움을 나누는 능력이다. 사람을 쉽게 잘 사귀는 일도 여기에 포함된다. 이와 함께 자신이 속한 사회적 규범을 따르며 사회적 활동을 즐기는 것을 이른다. 사회성은 한 사람이 행복한 삶을 영위하는 데 가장 필수적인 요소이다. 사람은 아무도 혼자 살 수 없으며 같이 살아가는 사회 속에서는 감정을 주고받으며 서로를 배려하고 배려 받으며 살아가기 때문이다(오정림 · 이경선, 2013).

사회성은 다양하고 변화하는 물리적 · 심리적 사회환경에서 건강하게 적응하면서 능동적인 태도와 효율적인 사회 기술을 바탕으로 원만한 인간관계를 지속시킬 수 있는 능력을 내포하고 있다. 즉, 대인관계 및 사회적으로 수용되기 위해 필요한 사회적 지식을 이해하고 이를 실제 상황에 적용할 수 있는 실제적 측면을 강조한 것이라 볼 수 있다. 따라서 사회성은 한 인간이 자신이 누구인지를 분명히 알고 타인과의 관계를 지속해 나가면서 보다 바람직하고 유능한 사회의 구성원으로서 성장하기 위한 필수적인 자질이라고 할 수 있다(윤지연, 2008).

사회성 발달은 사회적 차원에 대한 광범위한 영역을 통틀어 말하는 것이고, 사회마다 근본 가치를 반영하는 것으로 그 개념과 정의도 광범위하며, 학자마다 다른 견해들을 보인다(민혜영, 1998; 박정희 · 장영애, 2004 재인용). 허버드와 코이(Hubbard & Coie, 1994)는 사회성 발달 개념을 기술중심 접근방식과 준거중심 접근방식으로 나누고 있다. 기술중심 접근방식(skill-based approach)은 사회성 발달을 사회적 기술의 측면에서 정의하는 방식이다. 새러슨(Sarason, 1981)은 사회성 발달을 사회적인 구성요소의 기능을 원활하게 이루어 나가기 위한 본질로 간주하며, 구성요소로는 문제해결 행동, 조망수용능력, 타인에 대한 인지 등이 있다. 다음으로 준거중심 접근방식(criterion-based approach)은 영유아가 성취하는 사회적인 결과를 사회성 발달의 개념으로 보는 입장이며, 영유아가 얻는 사회적 성공이 사회성 발달의 준거가 되는 것이다. 포스터와 리치(Foster & Ritchey, 1979)에 의하면, 사회적 성공이란 인기아로 평가 받거나 또래, 성인과 원활하게 사회적 상호작용을 하는 것 등의 요소를 의미한다. 워터스와 스루프(Waters & Sroufe, 1983)는 사회적 능력이란 긍정적인 발달적 결과를 획득하기 위해 물리적인 환경적 자원과 인적 자원을 활용할 수 있는 개인의 능력이라고 정의하였다. 닷지 등(Dodge et al., 1986)은 타인과 효율적으로 관계하고 타인에 의해 수용되는 것과 관련된 개념으로 정의하였으며, 그들은 사회적 능력을 평가하기 위한 방법으로 개인의 행동을 직접 관찰하는 방법과 개인에 대한 판단과 지각을 타인에게 확인하는 두 가지 방법을 소개하고 있다(민혜영, 1998). 슐츠, 플로리오와 에릭슨(Shultz, Florio, & Erickson, 1982)은 사회적 상호작용 능력을 사회적으로 적절하고 효과적인 방법으로 타인과 상호작용하기 위해 요구되는 각 구성원들의 의사소통적 지식(communicative knowledge)의 모든 것으로 정의하면서, 상호작용적 지식의 영역을 세 가지로 구분하였다. 첫째, 여러 사회적 상황 속에서 사람들과 상호작용하기 위한 더 나은 방법들에 관한 지식, 둘째, 의사소통적 행위 산출을 위한 언어적, 비언어적 수행의 지식, 셋째, 타인과의 의사소통 의도에 관한 감각을 만드는 데 요구되는 해석적 기술의 지식이다(민혜영, 1998).

한편 오맬리(O'Malley, 1977)는 사회성 발달을 연구하는 접근방식을 세 가지로 분류하였다. 첫 번째는 동물행동학적 접근방식(ethological approach)이다. 이 접근방식은 사회성 발달을 환경에 적합한 행동을 나타내는 진화론적 관점에서 보았다. 각 환경마다 지니고 있는 상황이 개인마다 다양하기에 인간은 생존을 위해서 상황에 적절한 행동을 형성해 나가며 환경에 적응하는 능력을 발달시켜 나간다는 관점이다. 이 관점에서 사회적 행동에 대한 분석은 주로 영유아교육기관의 사회적 구조와 정서적 표현에 대한 문화 간 비교 연구 등이 주를 이루며, 연구 방법은 주로 자연스러운 상황에서 관찰을 통해 이루어진다(Grusec & Lytton, 1988). 자연스러운 상황에서의 관찰은 이미 1930년대부터 발달심리학에서 수행되어 온 연구 방법으로 그다지 새로운 것은 아니나 현재 이 접근은 연구자마다 개별적으로 방법론적인 절차를 달리하고 있다. 두 번째 접근방식은 인성구조적 접근방식(factorial structural approach)이다. 개인이 소유한 여러 인성구조 중 긍정적인 특성을 소유한 사람은 사회성이 발달되었다고 보고, 부정적인 인성의 소유자는 그 반대로 보는 입장이다. 콘과 로즈먼(Kohn & Roseman, 1972)은 영유아가 보이는 학습과 또래 상호작용의 기회사용, 질서를 유지하기 위한 규범, 규칙 내에서 어떻게 행동하는지를 연구한 결과, 사회성이 높은 영유아일수록 관심과 호기심이 많고 교사의 제안에 따르며 한도 내에서 주장적이었다. 반면에 사회성이 낮은 영유아들은 위축되고 관심이 부족하고 비협조적이며 학급에 방해하는 성향이 나타났다. 이러한 접근방식은 1960년대 후반부터 비판을 받게 되는데, 인간의 행동이란 개인의 인성이나 특성만으로 설명, 예측할 수 없으며 환경적이고 상황적인 맥락에서 다루어져야 한다는 것이다. 세 번째 접근방식은 사회적 상호작용적(social interaction) 입장이다. 사회성 발달이란 타인과의 사회적 상호작용에서 대인관계의 목적을 달성하는 능력이라고 본다(O'Malley, 1977). 이러한 능력에는 다른 사람의 역할을 수용할 수 있는 능력, 다양한 행동목록을 소유하는 것, 상황에 적합한 기술을 보이는 능력, 개인 내적인 다양한 상호작용 기술을 소유하는 것 등이 포함된다(민혜영, 1998). 최혜순(1994)은 사회적 상호작용의 유형을 상호작용이 결과적으로 이끄는 대인관계의 성공 또는 실패에 따라 긍정적 상호작용과 부정적 상호작용으로 구분하였다. 긍정적 상호작용은 타인과의 관계를 성공적으로 유지하려는 것으로 협동하기, 돕기, 나누기, 칭찬, 동정, 접근 등의 친사회적 행동으로 구성된다. 부정적 상호작용은 대인관계를 성공적으로 유지하지 못하게 하는 공격하기, 화내기, 위협하기, 무시하기, 놀리기 등의 행동이다(민혜영, 1998).

한편, 영유아는 출생과 더불어 성장, 발달해 가는 과정에서 타인과의 관계를 통하여 타인의 존재를 인식하고 때론 타인의 역할을 대행함으로써 자기의 사회적 위치와 사회적 관계유지의 가치를 인정한다. 이 가운데 여러 가지 구체적인 행동을 표출하면서 사회성을 발달시켜 나간다. 사회성을 발달시키기 위해서는 다양한 정서발달이 함께 이루어져야 한다. 타인에게 긍정적인 마음을 갖기 위해서는 안정적인 애착이 형성되어야 하며, 타인을 이해하고 자신의 마음을 표현하기 위해서는 감성 능력이 발달해야 한다. 이와 함께 사회의 기준에 맞게 행동하기 위해서는 도덕성과 자기조절력 등이 뒤따라야 한다(오정림 · 이경선, 2013).

사회성을 구성하는 것은 독자적으로 생활하는 방식을 취하지 않고 결국 타인과 관계를 맺는 과정에서 여러 요인의 복합적인 상호작용에 의해 사회인으로서의 의식이나 상식이 내면세계에 구성되며, 그 사회의 공통적인 일반성과 보편성의 방향에 적응해서 생활하려는 경향이 있다. 따라서 영유아의 사회성은 타인과의 부단한 접촉을 요구하고 있으며, 그와 동시에 타인과 행동하는 가운데서 친구를 선택하고 접촉하는 사회의 행동양식을 체득하며 그 사회에 적응할 수 있는 인격을 형성하는 인간생활의 핵심인 것이다.

지금까지 살펴본 바와 같이 사회성 발달에 대한 개념은 학자마다 조금씩 다른 견해를 보여주나, 사회성에는 다음 세 가지의 의미가 포함되어 있다. 첫째, 사회성은 사회적 행동, 즉 타인이나 집단, 공공의 사물, 사건, 법률이나 습관(제도)과의 관계 속에서 이루어지는 행동이 사회화되어 있는 정도를 의미한다. 다시 말해 행동이 사회의 기준에 비추어 볼 때 승인되거나 비난받는 정도이다. 영유아 행동의 많은 부분이 사회적으로 인정되는 것일 때는 사회성이 발달되어 있다고 하고, 그의 행동의 많은 부분이 사회적으로 인정되지 않는 것일 때에는 사회성이 그다지 발달되어 있지 않다고 한다. 둘째, 사회성은 사회적 참가의 정도를 의미한다. 방 한쪽에 앉아서 혼자 놀이만을 주로 하거나 다른 영유아들이 노는 것을 보고만 있는 영유아는 사회적 참가의 정도가 낮은 것이며, 사회성 발달이 늦다고 말할 수 있다. 반면 다른 영유아들에게 인기가 있거나 다른 아이와의 접촉에 흥미를 보이며 잘 놀고 집단활동에 관심을 가지고 있는 영유아는 사회성이 발달되어 있다고 말할 수 있다. 셋째, 사회성은 인격의 특성을 의미한다. 상황이 변해도 계속 남 앞에 나타나려 하지 않으며 발언을 하지 않는 영유아는 사회성 발달이 늦은 것이다.

2 영유아의 사회정서발달

인간은 태어나면서부터 울음과 웃음, 옹알이, 응시로 상호작용을 촉진하고, 타인의 반응에 따라 웃기도 하고 울음을 멈추기도 하며 관계를 맺기 시작한다. 사회정서발달이란 또래나 성인과의 원만한 관계를 유지하기 위한 능력이며, 사회구성원으로서 성장, 발달하기 위해 필수적이다.

영아는 생후 2개월부터 양육자와 호혜적인 상호작용을 시작하는데, 양육자의 표정에 따라 반응하면서 사회적 관계에서의 특정한 정서양식을 발달시킨다(Tronick, Cohn, & Olson, 1999; 고윤희, 2011 재인용). 특히 사회적 상호작용이 이루어지지 않으면 영아는 불안을 느끼며 울음, 응시, 짧은 미소, 대상지향, 손 빨기 등의 상황에 대처하기 위한 다양한 행동이 나타난다. 이때 성인의 반응에 따라 영아의 반응도 달라지는데, 이러한 반응행동의 상호작용이 반복·누적되면서 생애 초기부터 사회정서가 발달하게 된다. 사회정서발달은 사회적 관계 속에서의 정서사회화(emotion socialization)를 의미하며, 자기중심적인 사고에서 벗어나 타인에게 공감하고 타인의 관점을 고려할 수 있어야 사회적 관계를 원만하게 형성할 수 있다. 그러므로 사회정서발달의 개념을 이해하기 위해서는 사회성 발달과 정서발달을 함께 살펴볼 필요가 있다(고윤희, 2011).

허버드와 코이(Hubbard & Coie, 1994)는 사회성 발달의 개념을 기술중심 접근(skill-based approach)과 준거중심 접근(criterion-based approach)으로 구분하고 있다. 기술중심 접근은 문제해결 행동, 조망수용능력, 타인 배려 등의 하위요인의 사회적 기술의 기능에 초점을 두었다. 준거중심 접근은 또래에게 인기아로 인정받거나 성인과의 원만한 상호작용과 같은 영유아의 사회적인 적응의 성공에 초점을 두고 있다(고윤희, 2011). 새러슨(Sarason, 1981)은 사회성 발달이란 타인과 유능하게 상호작용할 수 있는 기술과 기술을 상황에 따라 적절하게 활용할 수 있는 능력이라고 보았다.

이와 같이 타인과의 관계를 효율적으로 맺는 능력을 사회성 발달이라고 볼 때 행동을 동기화시키는 기능을 가지고 있는 정서는 사회성 발달의 핵심적인 요인이다. 인간은 출생과 더불어 관계를 맺기 시작하고 이러한 과정에서 정서를 인식하며 표현하고 조절, 활용하는 방법을 습득하게 된다. 다시 말해 감정에 따른 반응에 따라 점차 자신의 상황 속에서 어떻게 행동해야 하는지를 학습하면서 사회적 기술을 터득해 나가게 된다. 즉, 사회적 관계를 위한 거의 모든 행동에 정서적 경험과 정서발달과 관련된 능력이 수반된다(Elias, Zins, Weissberg, Frey, Greenberg, & Haynes, 1997; 고윤희, 2011 재인용).

정서란 희로애락과 같이 일시적으로 급격히 일어나는 감정이며, 진행 중인 사고과정이 멎게 되거나 신체 변화가 뒤따르는 강렬한 감정 상태이다(표준국어대사전). 다시 말해, 자극에 직면했을 때 수반되는 여러 가지 생리적 변화(혈압, 맥박수, 호흡 등)나 행동적 변화(미소, 울음 등) 등의 반응을 말한다.

영아기 정서에는 두 가지 기능 또는 목적이 있다. 첫째, 영아의 정서표현은 영아의 상태를 다른 사람, 특히 양육자에게 알려주어 양육자로 하여금 영아를 보살피게 하는 기능을 한다. 둘째, 영아기의 정서는 특정 자극(예: 공포)에 대해 특정한 행동(예:

회피)을 하도록 하는 동기를 부여한다(Lamb, 1988). 이러한 정서의 기능은 유기체가 환경에 적응하기 위해 진화한 결과로 볼 수 있다(정옥분, 2014).

정서발달에 대한 학자들의 견해는 다소 차이가 있지만, 대부분의 학자는 신생아도 기본 정서를 지니고 태어나며, 연령이 증가함에 따라 점차 분화된 정서를 나타내고 조절할 수 있게 되며, 다른 사람의 정서를 이해할 수 있는 능력도 지니게 된다고 말한다. 그렇다면 정서의 분화가 어떻게 이루어지는지를 정서발달의 접근법, 정서표현의 발달, 정서의 이해능력, 정서의 규제능력 등에 관해 살펴보며 알아보고자 한다.

1) 정서발달의 접근법

이자르(Izard, 1971)는 정서발달에서 생물학적 요인을 강조하였으며, 정서와 관련된 영아의 표정을 측정하기 위하여 MAX(Maximally Discriminative Facial Movement Coding System) 도구를 개발하였다. 이자르는 MAX를 활용해서 다양한 자극에 대한 영아의 표정을 녹화해서 관찰하였다. 이 연구에서 이자르는 출생 시부터 호기심이나 혐오감 등은 존재하고, 3~4개월에 화, 놀람, 슬픔, 5~7개월에 공포, 6~8개월에 수치심과 수줍음이 나타나지만, 2세 이전에는 모욕감과 죄책감은 나타나지 않는다는 것을 발견하였다. 이 연구결과에 따라 이자르는 우리가 행복할 때 미소를 짓게 하고, 우리가 불편할 때 얼굴을 찡그리게 하는 것은 우리의 유전인자 속에 생물학적으로 프로그램 된 것이라고 주장하였다.

스루프(Sroufe, 1979)는 정서의 분화가 생물학적 성숙보다는 영아가 성장하면서 보이는 인지발달의 결과라고 보았다. 8개월경 영아는 대상영속성 개념을 이해하며, 다른 사람의 행동을 예측할 수 있고, 의도성을 이해하게 되면서 분화된 정서를 경험하게 된다는 것이다. 4~8개월 된 영아를 대상으로 한 연구에서 낯선 사람이 가면을 쓰고 다가왔을 때 영아는 울었지만, 어머니가 가면을 쓰고 다가왔을 때는 웃었다(Sroufe & Wunsch, 1972). 이 연구결과는 이 시기 영아가 상황에 따른 정서표현을 인지적으로 평가할 수 있다는 것을 보여준다. 8~12개월 영아는 계획하고 기억하는 능력이 있으므로 예상치 못한 상황이 발생했을 때 놀라는 반응을 보인다. 영아의 낯가림과 분리불안 현상은 정서발달에서 생물학적 성숙과 인지적 성장이 하는 역할을 보여준다.

말라테스타(Malatesta, 1985)는 정서발달에서 사회화의 역할을 강조하였으며, 정서의 사회화는 모방과정을 통해서 이루어진다고 보았다. 대부분의 주 양육자는 영아에게 주로 긍정적인 정서인 행복이나 기쁨과 같은 표정을 보이는데, 영아는 이런 표정을 모방해서 자신도 이런 표정을 보이게 된다(Haviland & Lelwica, 1987). 반면, 우울증에 걸린 주 양육자는 주로 슬픈 표정을 하고 있기에 영아도 이 표정을 모방하게 된다(Pickens & Field, 1993). 정서의 사회화는 강화과정을 통해서도 이루어진다. 주 양육자는 영아가 자신의 표정과 비슷한 표정을 지으면 긍정적인 반응(미소)을 보이며 이를 강화해 준다(Keller & Scholmerich, 1987). 이러한 모방과정과 강화과정은 영아의 부정적 정서반응을 감소시키고, 긍정적 정서반응을 증가시키게 된다(Malatesta et al., 1989).

2) 정서표현의 발달

브릿지(Bridges, 1930)는 출생 후 2년 동안에 출현하는 여러 가지 정서를 제시하였다. 브릿지에 의하면, 출생 시 신생아는 몇 가지 제한된 정서만을 표현하는데, 선천적인 것으로 생의 초기에 나타나고, 표정만으로도 정서상태를 알 수 있다고 하였다. 이는 세계 모든 문화권의 영아에게서 볼 수 있기 때문에 일차정서 또는 기본정서라고 부른다(Izard, 1991, 1994). 일차정서에는 행복, 분노, 놀람, 공포, 혐오, 슬픔, 기쁨 등이 있다. 첫돌이 지나서 나타나는 이차정서 또는 복합정서는 수치심, 부러움, 죄책감, 자부심 등이 있다. 이차정서는 일차정서보다 늦게 나타나고, 더 복잡한 인지능력을 필요로 한다(Lewis, Alessandri, & Sullivan, 1992). 루이스 등(Lewis et al., 1989)에 의하면, 자아의 인식이 이차정서에 있어 필수적이라고 한다. 즉, 이차정서는 영아가 거울이나 사진으로 자신을 알아보기 전에는 출현하지 않는 것으로 보인다. 유아기의 정서는 영아기의 정서와 차이가 없으며, 2세 이전에 분화되었던 여러 정서가 유지된다. 이 시기 유아는 공포, 분노 그리고 호기심을 표현하게 되는데, 어떻게 하면 이러한 정서를 사회가 용납하는 방법으로 표현하게 할 것인지가 사회화의 중요한 목표라 할 수 있다.

표 3-1 영아기 정서발달의 예정표

시기	정서
출생 시	흥미, 불쾌, 혐오
4~6주	기쁨
출생~3개월	슬픔
3~4개월	분노
3~6개월	놀람
5~7개월	공포
6~8개월	수줍음
7개월	격노
12~24개월	수치
24~36개월	당황, 죄책감

출처: Izard & Malatesta(1987).

3) 정서이해능력의 발달

영아는 6개월경에 정서와 관련된 얼굴표정을 분간할 수 있을 뿐만 아니라 다른 사람의 정서에 의해 영향을 받는다. 익숙하지 않거나 모호한 상황에서 영아는 마치 그 상황을 해석하는 데 도움을 얻으려는 듯 양육자를 바라보는데, 이러한 현상을 사회적 참조(social referencing)라고 한다(정옥분, 2014). 1세 된 영아는 얕은 쪽에 있고 어머니는 놀잇감과 함께 반대편 깊은 쪽에 서 있는 상황에서 어머니의 표정에 따라 영아들은 어머니 쪽으로 기어가기도 하고(기쁨, 호기심), 건너가지 않기(분노, 공포)도 하는 실험은 사회적 참조과정을 보여주는 연구이다. 연구결과, 1세 된 영아는 환경을 이해하고, 환경에 적응하는 데에 표정을 단서로 이용하는 능력이 있음을 보여주었다(Sorce et al., 1985; Walden & Ogan, 1988).

또 다른 실험에서 이상하게 생긴 놀잇감을 보고 어머니가 미소를 지으면 영아는 그 장난감에 접근했지만, 어머니가 두려워하는 표정을 짓고 있으면 영아는 장난감에 다가가지 않았다(Klinnert, 1984). 일상생활에서도 영아는 낯선 사람을 보면, 어머니를 쳐다보고서 어머니의 표정이 낯선 사람을 반기는지 아니면 두려워하는지에 따라 다른 행동을 하였다(Haviland & Lelwica, 1987; Termine & Izard, 1988).

유아기가 되면 유아는 정서를 표현하는 단어를 사용하거나 이해하는 능력이 급속도로 증가한다. 그러나 긍정적 정서를 부정적 정서보다 더욱 쉽게 이해하였는데, 예를 들어, 3~4세아의 절반 이상이 "좋다"라는 단어를 사용하지만, 소수만이 "슬프다"라는 단어를 사용할 수 있었으며, 6세아는 '시샘하는', '뽐내는', '난처한', '가련한'과 같은 좀 더 복잡한 정서 개념도 이해할 수 있었다(정옥분, 2014).

영유아는 아직 사물의 실제 모습과 겉모습의 차이를 이해하지 못하기 때문에 사람들이 진짜로 느끼는 정서와 그들이 표현하는 정서를 잘 구별하지 못한다. 따라서 행복한 표정과 슬픈 표정을 구별할 수는 있지만, 슬픔을 느끼는 사람이 행복한 표정을 짓고 있거나, 기쁜 상황에서 기쁜 표정을 짓지 않으면 유아는 혼란을 느낀다(Friend & Davis, 1993).

3~4세경이 되면 유아는 단순한 정서와 이들 정서를 불러일으키는 원인에 대한 이해도 증가한다. 또한, 어떤 상황에서 이야기 속의 주인공이 어떠한 정서적 경험을 할 것인가를 예측할 수도 있게 된다(Stein & Trabasso, 1989).

한편 유아는 또래가 표현하는 각기 다른 정서에 다른 반응을 보이는 것으로 나타났다. 즉, 행복한 표정을 짓고 있는 또래에게는 자신도 행복한 표정을 지어 보였고, 아픈 표정을 짓고 있는 또래에게는 동정적인 반응을 보였으며, 슬프거나 화난 표정을 짓고 있는 또래에게는 못 본 척하거나 그 자리를 떠나는 반응을 보였다(Denham, 1986; 정옥분, 2014).

4) 정서조절 능력의 발달

상황에 따라 적절한 정서표현은 사회적 적응에 도움을 준다. 첫돌 무렵에 영아는 자신의 몸을 앞뒤로 흔들거나, 눈을 가리거나, 입술을 깨물거나, 불쾌한 사건 또는 사람을 피함으로써 부정적 정서유발을 감소시키는 책략을 발달시킨다(Kopp, 1989; Mangelsdorf et al., 1995). 18개월경에는 부정적 정서를 숨길 줄 알게 되며, 20개월경에는 넘어졌을 때 양육자가 함께 있을 때만 울음을 터뜨리고, 3세경이 되면 자기감정을 더 잘 숨길 수 있게 된다.

정서를 조절하는 능력은 유아기에 매우 증가한다. 정서조절 능력의 발달에는 정서를 통제할 수 있는 능력, 언제 부정적 정서를 감추어야 할지에 대한 지식, 정서를 통제하고자 하는 동기가 필요하다(Saarni, 1984).

또한, 정서조절의 한 가지 중요한 측면은 좌절에 대한 참을성이다. 이 능력은 2세경에 나타나기 시작해서 유아기에 극적으로 증가한다(Bridges & Grolnick, 1995; Eisenberg, Fabes, Nymanm Bernzweig, & Pinuelas, 1994). 원하는 놀잇감을 가질 수 없을 때, 하고 싶지 않은 일을 해야 할 때와 같은 좌절상황에 직면했을 때, 연령이 높을수록 더욱 잘 견딘다. 좌절에 대한 참을성은 부모와의 관계에도 영향을 주는데, 부모에게 떼를 쓰거나 반항하는 것이 2~5세에 급격히 감소한다(Kuczynski & Kochanska, 1990). 부모가 자신이 하기 싫은 일을 시켰을 때 참고 그 일을 하고, 그러한 갈등을 해결하기 위한 해결책을 찾아내기 시작한다(정옥분, 2014).

좌절에 대한 참을성은 만족지연에서도 나타나며, 만족지연이란 지금 바로 보상을 받는 것보다 만족을 지연시켜 나중에 더 큰 보상을 받게 되는 것을 말한다. 유아기에는 만족지연능력도 증가하는데, 여기에는 자신의 정서를 조절하는 능력이 작용하는 것으로 보인다. 그리고 좌절에 수반되는 긴장을 감소시키는 전략을 사용하는 법을 배우게 된다(정옥분, 2014).

표 3-2 정서발달을 구성하는 요소

요소	내용
정서표현	• 타인이나 상황을 고려하여 자신의 느낌을 적절히 표현하는 것 • 신체적·생리적·행동적 반응을 통해 정서상태의 변화를 나타내는 것 • 일차정서: 선천적으로 타고나는 정서로 세계 모든 문화권의 영아들에게서 공통적으로 나타나는 기쁨, 슬픔, 분노, 공포 등이 해당함 • 이차정서: 한 가지 이상의 정서가 통합된 정서상태를 의미하는 것으로, 당황, 수치, 죄책감, 질투, 자긍심 등이 포함
정서이해	• 자신이나 타인의 감정을 정확하게 이해하고 명확한 말로 표현하는 것 • 정서상태의 변화와 정서를 유발하는 상황, 그 상황에 대한 정서적 반응을 이해하는 것 • 자신의 정서상태와 타인의 정서상태에 대한 이해, 정서의 위장과 정서의 표현 규칙에 대한 이해를 포함 • 유아기는 정서표현과 더불어 정서를 이해하는 능력이 발달하는 시기. 타인 정서이해는 인간관계의 형성에 필수적인 능력으로, 가정에서 교육기관, 이웃 등으로 사회적 환경이 확대되고 언어발달이 빠르게 일어나는 유아기에 현저히 발달함
정서조절	• 자신의 감정이 상황에 미치는 영향을 고려하여 효과적으로 조절하는 것은 원만한 인간관계와 사회적응을 위한 필수적인 능력 • 자신의 정서를 정확히 인식하고 목표를 성취하기 위해 정서를 상황에 맞게 조절하는 능력 • 정서를 조절하기 위해서 유아는 먼저 자신의 정서를 정확히 인식해야 하고, 타인의 정서를 잘 파악하고 다룰 수 있어야 하며, 정서표현 규칙에 대한 이해가 선행되어야 함 • 정서표현 규칙이란 유아가 특정 상황 속에서 어떤 정서상태를 표현해야 할지, 말아야 할지를 인식하고 그 상황에 적합한 정서를 표현하는 것. 사회적 상황에서 용인되는 특정의 정서표현 양식을 이해하는 것은 연령의 증가에 따라 발달함

출처: 이동건(2022).

종합해 보면, 정서를 통해 양육자와의 관계를 형성하고 행동을 동기화하며 환경에 적응해 나간다는 점에서 정서가 단순히 신체적인 반응만을 의미하는 것은 아니다. 상황이나 대상에 따라 반응이 달라지는 것은 외적인 자극에 인지적 평가가 이루어지기 때문이다(Keltner & Shiota, 2003). 영유아의 사회정서발달 과정에서 타인의 정서는 영유아가 정서를 이해하는 데 길잡이 역할을 하게 된다. 일반적으로 6개월이 지나면 정서에 대한 변별력이 생겨 정서의 영향을 받게 되고(Bornstein, 1995; Ludemann, 1991; Ludemann & Nelson, 1988), 9~12개월이 되면 영아가 표현하는 정서를 타인이 이해할 수 있으며, 영아에게는 타인의 생각과 느낌을 이해할 수 있는 상호주관성

(intersubjectivity)이 발견된다(Stern, 2000). 영유아는 사건의 의미를 해석하기 위해 다른 사람의 표정이나 정서상태를 이용하기 시작하는 사회적 참조의 과정을 거친다. 영유아는 익숙지 않은 모호한 상황에서 사회적 참조를 통해 사건의 의미를 해석하고 타인의 표정과 정서적 상태를 이용하기 시작하지만, 일관되지 않는 성인들의 반응으로 사건과 일치하는 정서파악이 실패했을 때 영아들은 혼란스러워 정상적인 사회정서발달이 어려워지기도 한다.

표 3-3 영유아기의 사회성 발달 특징 및 지원방법

구분	영아기	유아기
특징	• 자신의 신체 탐색 • 타인의 존재 인식 • 사회적 상호작용 증가 • 분리개별화 • 내적자동모델(=내부작동모델): 자기와 타인에 대한 영아가 형성한 정신적 표상	• 자아발달(자아가 점점 견고해지고 안정되는 시기) • 성정체성 인식 • 자기주장이 강해짐 • 본격적인 또래관계 시작
지원 방법	• 사회성의 기초 '애착형성하기' • 상호응시 • 감정교환 • 모성놀이 • 위안	• 자기통제능력(만족지연, 감정조절) 키우기 • 일관성 있는 훈육 • 가장 중요한 '놀이하기'

참고영상 : [EBS 육아백과사전 심리발달편] 아이의 사회성이 많이 발달하는 시기
[EBS 육아백과사전 심리발달편] 아이 사회성 키우기 총정리
[EBS부모] 유아기의 사회성, [EBS육아학교] 유아기 아이의 사회성 발달은 어떤가요?
[EBS육아학교] 우리 아이 기질에 맞게 사회성 키우는 방법
[EBS육아학교] 우리 아이 사회성 키우기

Chapter 04

영유아의 사회성 발달에 영향을 주는 요인

대부분의 영유아는 성장, 성숙과 학습을 통해 사회성 발달이 이루어지며, 또한 사회성 발달은 여러 요인의 상호작용 및 영향에 의해 이루어진다고 할 수 있다. 영유아기의 영유아는 가정이란 사회에서 나아가 영유아교육기관 등 가족 이외의 사람들과 관계를 맺게 되는 시기이므로 보다 넓은 사회에 적응하기 위하여 자신의 사회적 기술을 바탕으로 사회성을 발달시킨다. 사전트(Sargent, 1988)는 영유아의 사회성 발달에 영향을 미치는 대표적인 요인들로 영유아를 둘러싸고 있는 환경요인들과 영유아 개개인의 사회성 구성요소들을 소개하고 있다.

개인의 사회성 발달은 한 인간이 그 사회에서 인정되며 관례로 되어 있는 행동이나 태도를 보이는 것이고, 사회 가치에 어긋나지 않게 행동하는 방식을 습득하는 과정이다. 이러한 사회화의 과정은 한 개인의 사회성 발달에 관련된 환경적 변인, 심리적 변인, 물리적 변인, 정서적 변인 등 다양한 요인의 영향력에 의해서 이루어지는데, 그중 사전트가 그의 이론을 통해 언급했던 요인들을 살펴보면 다음과 같다.

사전트(Sargent, 1988)는 사회성 발달 모형을 **그림 4-1**과 같이 제시한다. 사회성 발달 모형은 '투입-과정-결과'의 과정을 거치는데, 투입은 환경적 측면, 문화를 의미하며, 과정은 사회성에 영향을 미치는 개인의 내적 요소들이다. 그리고 마지막으로 결과는 자아존중감, 자기효능성, 사회수용 등의 사회발달 결과이다(송유미, 2018).

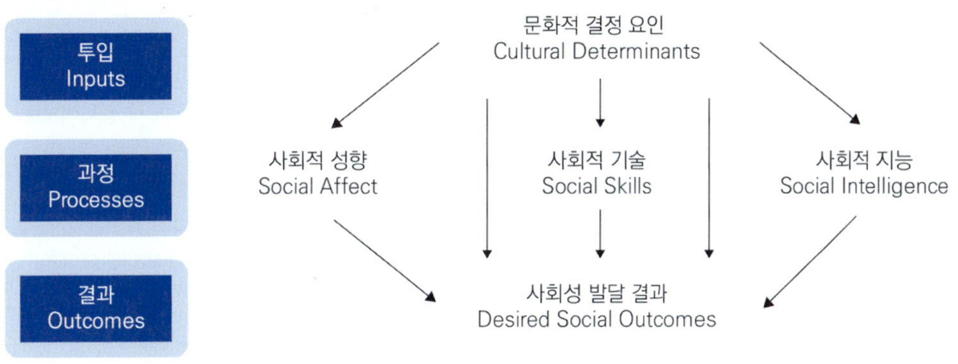

그림 4-1 사전트(Sargent)의 사회성 발달 모형

표 4-1 사전트(Sargent)의 사회성 발달 모형 단계

단계	내용
투입	• 문화적 결정 요인: 인간이 속한 사회환경, 문화의 특성을 통칭하는 용어 예) 가정 유형, 인간관계 구성도, 지역사회 분위기 등 심리적이고 물리적인 요인이 모두 포함 • 문화적 결정 요인의 범주: 지역사회의 가치(community value), 사람들 간의 관계 및 역할에 대한 기준 및 기대사항(standards for adult/child relations, privacy standard, standards of decency, standards of social responsibility) • 사회성 발달(자아 형성, 사회적 행동 양식 형성)에 가장 영향을 미치는 요인: 가정 내 구성원 간의 상호작용, 최초 양육자와의 상호작용, 구성원 간의 응집성(정서적 유대감) 및 태도, 가족에의 적응성(상황에 따라 가족 내 역할, 관계를 유동적으로 변화시키는 능력) • 심각한 문제행동의 원인은 주로 가족과 관련된 경우가 많은데, 여기서 특이할 만한 점은 가족 응집성과 적응성 정도에 따른 가족 상호작용 결과는 한 요인의 수준이 높은 것보다는 두 요인이 모두 적절한 수준을 유지할 때 바람직한 상호작용이 나타난다는 점이다. 이는 사회성이 특정한 요인이 중요하기보다는 전체적인 요인이 복합적으로 작용함을 의미
과정	• 사회적 성향: 정서적 기질 및 성향을 의미, 사회성 발달에 많은 영향을 줌 쾌활함(cheerfulness), 열정(enthusiasm), 자신감(confidence), 낙천성(optimism), 모험을 감수하려는 성향(risk taking), 독립성(independence), 바른 자세(good posture), 바른 옷차림(good grooming), 유머 감각(sense of humor), 애정(affection), 자신의 주장을 하는 성향(assertiveness)의 기질을 보일수록 사회적 상호작용이 수월함 • 사회적 기술: 공동체 생활에 성공적으로 적응하는 데 꼭 필요한 요소, 사회적으로 바람직하고 상호 호혜적인 방법으로 상황에 대처하는 능력(Combs & Slaby, 1977; Mesibove & Lagreco, 1981). 푸탈라즈(Putallaz, 1981)는 집단에 소속하려는 인간이 사회성 기술을 활용하면서 사회성이 발달한다고 주장. 사회적 기술은 친밀감, 상호작용적 반응, 사회적 행동 등의 특성을 통해 측정할 수 있는데, 상대방에게 미소를 보이거나 인사하고 긍정적으로 이야기하고 신체적 접촉, 참여하고 도움을 요청하는 등의 행동이 사회적 기술에 포함 • 사회적 지능: 사회적 인지(social cognition)라고도 칭함. 다른 사람의 생각과 감정을 이해하고 개념화하는 사고과정을 의미. 그린스팬(Greenspan, 1979)은 상대방의 입장에서 정서적으로 느껴 볼 수 있는 감정이입(empathy), 상대방의 행위에 대한 동기 이해력(understanding motives of others), 도덕적 판단을 통한 도와주고 나누는 이타적 행동, 여러 요소 중 마음속에 염두에 두고 있는 요소를 청자도 구별할 수 있도록 설명하거나 상대방의 이러한 설명을 이해하는 능력인 참조적 의사소통(referential communication), 사회적 문제해결력(social problem solving) 등을 사회적 인지 요소로 정의
결과	• 사회성 발달 결과와 관련해, 사전트(Sargent)는 문화적 결정 요인을 기초로 사회적 성향, 사회적 기술, 사회적 지능을 발달시켜 자존감(self confidence), 또래, 가족, 다른 사람, 지역사회, 직장으로부터의 수용(acceptance), 우정(friendship), 강한 개인 관계(strong personal relationship), 사회적 독립(social independence), 지지적 사회환경(a supportive social milieu)이 달성된다고 주장

출처: 송유미(2018).

개인이 속한 사회문화적 특성에 따라 영유아를 둘러싸고 있는 환경적 측면은 다양하나 중요한 요인들을 살펴보면, 공동체의 가치, 성인-영유아의 관계 및 상호작용, 가족구성원들의 역할기대, 일상적인 생활규준, 상황적 관습 등이 포함된다(Sargent, 1988). 영유아의 사회성 발달에 영향을 줄 수 있는 환경의 종류는 가족구조, 부모의 양육태도, 형제자매 관련 변인, 또래집단, 유아교육 관련 변인, 지역사회 환경 등 다양하다(최혜순, 1992). 이 장에서의 환경 변인으로는 최초로 영유아의 사회성 발달에 영향을 주는 일차적 집단인 가족과 계획적인 교육과정으로 영유아의 사회성 발달을 돕는 중요한 교육의 장인 영유아교육기관을 선정하였고, 그중에서도 성인과 영유아 간의 심리적·신체적 상호작용에 초점을 둔 가족 상호작용과 교사-영유아 간 상호작용을 선정하였다.

1 가정과 영유아의 사회화

사회적으로 유능하다고 평가되는 가족 간의 상호작용은 영유아의 사회성 발달에 긍정적인 방식으로 영향을 미친다(Bullock & Pennington, 1988; Lavee, McCubin, & Olson, 1987; Vandvik & Eckbald, 1993). 알버스, 도안과 미츠(Albers, Doane, & Mitz, 1986)는 가족의 사회 정서적 환경과 사회적 능력 간의 관계를 종단 연구하였는데, 그 결과 가족의 사회 정서적 환경과 부모-자녀 간 의사소통의 일탈 정도가 이후 영유아들의 사회적 적응이나 사회적 능력을 예측하는 유의미한 변인으로 나타났다. 또한, 다즈(Dadds, 1987)는 영유아의 문제행동의 원인을 분석하였는데, 여러 가족 변인 중 영유아의 사회적 행동에 중요한 영향을 끼치는 것이 영유아의 최초의 양육자와의 순간의 상호작용들이었다(민혜영, 1998). 이 연구에 의하면 부모자녀 관계에서 상호작용이 강제적이고 공격적일수록 자녀의 사회적 적응에는 여러 문제가 발생되었다.

해넘과 마이어(Hannum & Mayer, 1984)의 연구에서는 가족구성원 간의 표현적 상호작용이 가족구성원들의 사회적 행동과 유의한 상관이 있었음을 밝히고 있다. 블록과 페닝턴(Bullock & Pennington, 1988)의 연구에서는 남아의 경우 응집력 있고 표현적인 부모에게서 인지적 능력이 높게 나타나고, 아버지와의 갈등이 적을수록 또래 수용이 높게 나타났다. 그리고 여아의 경우 어머니와의 응집력이 낮을수록, 아버지와 갈등이 적을수록 또래 수용이 높게 나타났다. 이 연구 역시 가족 환경과 사회적 능력 간 상관이 있음을 시사하였다. 쿠퍼, 홀먼과 브레이스웨이트(Cooper, Holman, & Braithwaite, 1983)도 가족관계에 대해 부모와의 상호작용에서 갈등을 더 많이 지각하는 영유아일수록 더 낮은 자아존중감을 나타냈다고 하였다. 이와 유사한 연구로 로버트슨과 시몬스(Robertson & Simons, 1989)의 연구에서도 부모-자녀 간 상호작용의 유형이 거부적이었던 부모의 영유아들이 더 낮은 자아존중감을 나타냈으며, 지나친 부모의 비평이나 창피 주기, 구타 등이 자녀의 자아존중감에 결정적 예측 요인임을 시사했다.

가드너, 칼슨과 미네르(Garner, Carlson, & Miner, 1994)는 영유아의 사회적 능력에 영향을 주는 가족의 사회 정서적 요인을 연구하면서 가족의 사회화 실행이 직·간접적으로 영유아의 사회화 능력과 관련되어 있음을 보고하였다. 던, 브라운과 비어드샐(Dunn, Brown, & Beardsall, 1991)의 연구에서 보면 가족구성원들 간의 정서적 갈등을 갖는 상호작용이 영유아의 부정적 정서표현에 대한 지표가 되었다. 정서적 갈등을 갖는 상호작용의 예로는 영유아를 향한 부모의 직접적인 분노, 영유아의 부정적인 감정표현에 대한 부모의 실망감 표현 등이 있으며, 이러한 요인들은 영유아의 정서적 지식과 관련되어 간접적으로 또래 수용능력에 영향을 주었다.

정영숙(1993)의 연구결과에 의하면 가족의 심리적 특성 중 자녀에 대한 부모의 수용성이 자녀의 사회적 능력을 가장 잘 예측해 주는 변인으로 나타났다. 즉, 부모-자녀 간의 상호작용에서 수용적인 부모는 자녀에게 확고하고 적당한 한계를 두며, 수용할 수 있는 행동과 수용할 수 없는 행동을 분명히 하여 자녀의 사회적 능력에 긍정적인 영향을 주었다.

한편, 어머니와 영유아의 안전한 관계는 자녀의 다양한 심리사회적 발달에 매우 긍정적인 영향을 주게 된다(Hinde & Hinde, 1988). 영유아는 부모와 상호작용을 통해 다양한 사회적 행동을 학습하게 되기 때문에, 영유아가 유능한 사회구성원으로 성장하는 데 중요한 사회성은 부모에 의해 영향을 받게 된다는 것이다. 이는 부모와 자녀의 관계에 관한 많은 선행연구를 통해서도 확인되고 있다. 루이스 등(Lewis et al., 1984)은 영유아기 부모와의 안정적 관계는 인지발달 및 사회성 발달과 관련이 있다고 보고하였고, 정신병리 발병 가능성을 낮출 수 있다고 말하였다. 그리고 다른 선행연구에서는 부모-자녀 간의 안정된 관계를 형성한 영유아들은 자기정서를 잘 인식하여 적절히 표현하고, 다른 사람에 대해 긍정적인 기대를 하게 되며, 이를 기반으로 타인과의 상호작용에서 유능하고 문제해결력이 뛰어났다는 연구결과를 제시하기도 하였다(Pierrehumbert et al., 2000). 그러나 불안정한 관계를 형성한 유아는 자신에 대해서 가치 없게 느끼게 되고, 부정적인 기대와 믿음을 갖게 되며, 이후의 관계에서는 불신 및 분노, 그리고 공격과 무감각 등이 나타났다(Bretherton & Munholland, 1999). 또한, 새로운 환경 및 상황에서도 과잉긴장하고 불안해하는 등의 분노반응을 보이게 된다(박경자·권연희, 2005; 최옥주, 2016 재인용).

영유아기 부모와의 관계는 전 생애 동안 지속적으로 영향을 미치게 된다. 즉, 인간은 초기의 부모와의 관계를 통해 영유아기뿐만 아니라 아이의 전 생애 동안 영향을 미치게 된다는 애착의 연속성 가설(Ainsworth, 1989)이 연구에서 지지를 받고 있다(장영애·박정희, 2009; Waters & Cummings, 2000). 이에 관하여 루빈 등(Rubin et al., 2003)은 부모-자녀 간의 불안정한 애착관계는 영유아기와 아동기를 거치면서 사회적 영역에서 어려움을 겪게 된다는 주장을 하였다. 또한, 기존 연구들은 불안정한 애착관계로 인하여 또래관계 및 대인관계는 물론, 낮은 자아존중감 및 부정적 자기인식과 관련되어 분리불안, 사회불안, 공포증과 같은 불안장애 및 우울장애 등 정신병리와 관련 있다고 하였다(Watson & Nesdale, 2012). 그리고 영유아기, 또는 아동기의 불안정한 애착관계는 청소년기나 성인기로 이어져, 사회부적응의 원인으로 작용한다는 것을 밝히고 있다(Serbin et al., 2011; 최옥주, 2016 재인용).

영유아의 직접적인 환경으로 볼 수 있는 어머니가 영유아의 사회정서능력에 상당한 영향을 준다. 어머니는 영유아에게 가장 친밀하고도 가까운 상호작용자로서, 영유아와 상호작용하는 동안에 어머니가 나타내는 정서나 태도 그리고 행동이 영유아의 사회성 발달에 영향을 미친다. 특히, 어머니의 양육 스트레스와 우울 등은 영유아의 사회성과 밀접한 관련성을 갖는다. 불안 및 우울, 양육 스트레스를 경험한 어머니는 자녀와 상호작용에서 더욱 부정적이고, 적대적인 것으로 나타났으며 (Crnic & Greenberg, 1990), 그 자녀는 자아존중감이 낮을 뿐만 아니라(최정미·우희정, 2004) 불안과 우울(문경주·오경자, 2002), 그리고 적응의 어려움(정미경·김영희, 2003)을 보이게 된다. 그리고 어머니의 우울은 영유아의 발달과 직·간접적으로 관련되어 있다. 이와 관련하여 최근 생물학적 요인 및 환경적 요인은 영유아의 초기 발달 궤적에 영향을 미친다는 종단적 연구에 의하면, 환경적 요인 중 하나인 어머니의 우울이 영유아의 2~5세까지의 전반적인 영역기능에 중요한 영향을 미치는 요인으로 밝혀졌다 (Feldman & Eidelman, 2009).

영유아기 부모와의 관계에 의해 형성된 영유아의 사회성은 영유아기뿐만 아니라 성장하는 과정에 많은 영향을 줄 수 있고, 한 사회의 구성원으로 성장하는 데 매우 중요한 영향요인이 된다. 다시 말해, 주 양육자는 영유아의 가장 친밀한 상호작용자로서, 발달 초기에 접하게 되는 주 양육자의 여러 가지 요인은 이후 영유아의 사회성 발달에 매우 중요한 요인으로 작용하게 된다.

2 교사, 또래관계와 영유아의 사회화

인간은 태어나면서부터 전 생애 동안 외부환경과의 지속적인 상호작용을 통해 사회의 한 구성원으로서 성장하고 발달해 나가며, 사회에 기여할 수 있는 사람으로 성장해 나가는 사회화의 과정을 거친다. 인간의 발달에 있어서 영유아기는 자신에 대한 긍정적 사고를 바탕으로 남과 더불어 살아갈 수 있는 능력의 기초를 이루는 사회성 발달의 결정적 시기이다. 영유아기에서 사회적 관계와 바람직한 대인관계의 초기 경험들은 영유아가 사회적 관계를 잘 유지하고 인간다운 능력자가 되는 데 많은 영향을 주므로 바람직한 사회의 한 구성원으로 성장하는 데 매우 중요한 요인이 된다(장영애·박정희, 2009). 이에 관해 패트릭(Patrick, 1997)은 성인기 사회 적응성의 중요한 예측변인은 영유아기의 사회성이라고 하면서, 영유아기 사회성 발달이 정상적이지 않을 경우 성인이 되어서도 공격적이며, 동료문화에 적응하기 어렵게 된다는 것을 강조하였다.

영유아에게서 나타나는 교사와 영유아 간의 관계 양상과 질적인 문제는 영유아기에 만나는 주 양육자와의 애착관계에서 찾을 수 있으나, 영유아교육기관에 입학한 후에는 교사와 또래 간의 관계와 관련될 수 있다(단현국, 2011; Cohn, 1990; Howes, Matheson, & Hamilton, 1994). 기관에서 처음 만나게 되는 교사와 영유아 간의 관계의 질은 현재의 기관 적응과 미래의 기관 적응, 그리고 이후에 만나게 되는 다른 교사 및 또래와의 새로운 관계 형성의 기초가 된다(김수희, 2015; Birch & Ladd, 1998).

홀로웨이와 라이하트-에릭슨(Holloway & Reinchhart-Erickson, 1988)은 교사가 영유아를 온정적이고 반응적으로 대하며 의견을 존중해 주고 영유아의 사회적 행동에 적절한 기대를 지닐 때, 영유아는 친사회적인 행동을 보이며, 영유아의 사회적 지식과 기술에 영향을 준다고 하였다.

영유아의 사회성 발달에 영향을 미치는 영유아교육기관의 요인에 관련된 과거 연구들에서 사용된 질적 탁아의 지표(indicators)는 주로 성인 대 영유아의 비율, 집단 크기, 프로그램 유형, 영유아 1인당 공간, 교직원의 유형, 교사훈련 유무 등을 들 수 있다(Philips, Scarr, & McCartney, 1987). 최근 들어 이와 같은 연구에 대한 논의와 함께 아울러 영유아 대 양육자(caregiver), 부모-교사, 부모-자녀 상호작용 유형, 또래 관계 등이 강조되고 있다(McKim, 1993; Moore, 1987).

그중 영유아의 사회성 발달과 관계가 깊다고 보고되고 있는 영유아교육기관의 질적 요인은 교사-영유아 간 상호작용이다(이은해·이기숙, 1994). 교사-영유아 간 상호작용과 영유아의 탐구적 행동 간의 정적인 상관관계가 있었는데, 교사들과 보다 긍정적인 상호작용을 하고 높은 참여 수준을 보이는 영유아들에게서 보다 높은 비율의 탐구적인 행동들이 나타났으며, 이런 영유아들은 성인 대 영유아의 비율이나 교사훈련 유무 등의 평정과 관계없이 과제에 집중적이고 덜 공격적이었다(Howes, 1990). 또한, 교사-영유아의 관계가 영유아의 또래 수용에도 영향을 주어 교사-영유아의 상호작용에서 관계가 안정적일수록 유아의 적대적 공격성이 낮고, 복합적인 또래

놀이 빈도와 정적 관계를 보였다(Howes, Matheson, & Hamilton, 1994). 유사하게 교사-영유아 간 정서적 안정감을 갖는 상호작용과 또래 수용의 사회적 능력 간의 관계를 연구했던 연구들에서도 교사와 보다 정서적인 안정된 관계를 갖는 영유아가 또래와의 관계에서도 보다 능력 있게 나타났다(Howes, Phillips, & Whitebook, 1992; Oppenheim et al., 1988).

교사-영유아 간 관계유형에 따른 영유아의 애착형성을 연구했던 호위스와 해밀턴(Howes & Hamilton, 1992)의 연구에서는 관찰을 통해 교사-영유아 간 관계유형을 세 종류로 나누었다. 첫째는 교사-영유아 간 안정된(secure) 관계유형으로 영유아와 교사의 바람직한 애착형성에 가장 긍정적인 유형이었으며, 둘째는 양가적인(ambivalent) 관계유형, 셋째는 회피적(avoidant) 관계유형이었다. 둘째, 셋째 유형에 비해 첫째 유형, 즉 교사와의 안정된 관계유형에 속한 영유아들이 보다 많은 긍정적인 교사 참여를 경험했으며, 셋째 유형에 비해 둘째 유형, 즉 양가적인 관계유형에 속한 영유아들이 보다 많은 교사 참여를 경험했다. 교사-영유아 간 애착에 있어서도 교사에게 불안정한 애착을 형성한 영유아들이 안정된 애착을 형성한 유아들보다 신체적인 도움을 요청하거나 안아주기 등의 기본적인 행동을 더 많이 요청하는 경향이 관찰되었으며, 영유아와 안정된 애착을 보인 교사가 불안정한 애착을 보인 교사보다 부정적 사회정서 반응을 적게 하는 경향이었다(나종혜, 1993).

영유아기 사회정서능력은 인지적·정서적·행동적 영역을 통합하는 지식과 기술로 구성되는 다면적 개념(Domitrovich, Cortes, & Greenberg, 2007)으로, 영유아기의 사회정서발달은 성인기의 사회적 관계와 사회적 행동의 근간이 된다. 이러한 측면에서 영유아기부터 형성된 사회정서능력은 사회적 관계와 정서조절 방법, 그리고 가정 및 또래관계로 인해 내면화되므로, 영유아기의 사회정서발달은 매우 중요한 과업이라 할 수 있다(이주옥, 2009).

교사와의 관계뿐만 아니라 또래와의 관계가 발달되는 영유아기는 친사회적 행동을 발달시킬 수 있는 중요한 시기이다(Maccoby, 1980; Saarni, 2000). 친사회적 행동이란 타인의 행복에 대해 관심을 갖고 배려하는 내재적인 심리적 특성인 이타성이 자발적인 행동으로 나타나는 것으로, 타인과의 관계에서 사회적으로 바람직한 행동을 보이는 것을 뜻한다(김수희, 2015).

영유아와 영유아 간의 상호작용과 교사와 영유아 간의 상호작용으로 나타나는 친사회적 행동의 구체적인 기능과 태도를 살펴보면 다음과 같다. 영유아가 타인의 이야기를 잘 듣고 이해하며 자기의 생각을 자신 있게 말할 수 있는 사회생활 기본 능력, 영유아가 지시를 이해하고 어려운 일도 노력하며 활동에 적절하게 개입할 수 있는 기관 적응 능력, 상황에 따라 적절하게 인사하고 친구들의 행동을 이해하며 차례를 지키고 장난감과 놀이 재료를 나누어 쓸 수 있는 친구관계 기술, 유아가 자신의 감정을 인식하며 문제 상황에 적절하게 대처하는 감정 다루기, 친구들의 놀림과 자신의 화를 적절하게 대처하고 문제가 있을 때 적절한 방법으로 문제를 해결하는 비공격적으로 대처하기, 영유아가 스스로 휴식을 취하고 자신의 실수를 인정하고 타인의 잘못에 적절히 반응하며 하기 싫은 일과 거절을 수용하고 적절한 활동을 스스로 선택하는 스트레스 다루기가 있다(김수희, 2015; McGinnis & Goldstein, 1990).

영유아교육기관에 최소한 2년 이상 다닌 영유아들의 집단과 단지 가정에서만 지냈던 영유아들의 집단을 비교 연구한 결과, 정규적인 프로그램 속에서 교사-영유아 상호작용, 영유아-영유아 상호작용을 경험한 영유아들이 그렇지 않은 집단의 영유아들에 비해 사회성에서 더욱 발달된 경향을 나타냈다(Aureli & Procacci, 1992). 즉, 사회적 협동놀이에 더 많이 참여했으며 또래에 비해 언어적 발화를 보다 많이 했다. 또한, 적절하고 긍정적인 교사-영유아의 관계가 영유아의 자아존중감에 영향을 주었으며(Charlesworth et al., 1990), 많은 연구자가 교사-영유아 간 직접적인 상호작용을 통한 영유아의 사회적·인지적·정서적·신체적 발달을 도모하는 적절한 유치원 전략을 개발할 것을 강조한다(Day & Thomas, 1988; Wingert & Kantrowitz, 1985).

학급에서의 영유아와 교사, 영유아와 영유아 간의 상호작용에 영향을 주는 요인들에 대한 베인즈(Banes, 1971)의 연구에서는 연령이 높을수록 연령이 낮은 영아들보다 자주 그리고 길게 또래와 상호작용했으며 더 안정된 우정을 보여주었다. 또한, 상호작용의 유형과 양은 교실의 구조, 놀이 도구 등과 같은 요인들에 의해 영향을 받을 수 있으며, 상호작용적 놀이는 연령, 성 및 또래 능력(peer competence)과 긍정적 관계를 나타냈다(Provost & LaFereniere, 1991).

교사-영유아 간 상호작용에 따른 영유아의 행동은 교사-영유아의 상호작용이 보다 긍정적으로 평가된 집단의 영유아들이 그렇지 않은 집단의 영유아들에 비해 허락, 칭찬듣기, 교사와 함께 활동하기, 교사와의 애정적 신체 접촉, 교사의 영유아에 대한 권유 행동 등이 자주 일어났다. 반면에 상호작용이 긍정적이지 않았던 집단의 영유아에게는 교사의 지시, 명령과 영유아의 활동 시도에 대한 교사의 무응답이 많았다(전선옥, 1989). 교사-영유아 간 상호작용과 유치원의 물리적 환경에 따른 유아의 사회성 발달 간의 관계도 교사-영유아 간 상호작용이 긍정적인 집단에서 영유아의 사회성이 더욱 높게 나타났다(박현정, 1992).

Chapter

05

애착

1 애착의 개념과 중요성

1) 애착의 개념

애착(attachment, 愛着)이란, 영아기에 이루어지는 주 양육자와 영아 간의 중요한 유대감을 의미한다. 영아기에 형성된 애착은 이후의 타인과의 관계에 영향을 미치게 되므로 영아기의 애착은 사회성 발달에 중요한 요인이다. 즉, 애착은 영아와 양육자 간에 형성되는 정서적 유대감으로, 영아가 가장 자주 상호작용하는 어머니와 아버지 혹은 조부모 등의 주 양육자와 영아 사이에서 발달하는 강하고 지속적인 정서적 경험이다. 특히 사랑의 감정이라고도 할 수 있다(조순옥·이경화·배인자 외, 2013; 최현정·이금구·우혜진, 2018). 또한 급변하는 현대사회에서 오늘날 가정의 형태는 매우 다양하며, 과거와는 달리 영아의 영유아교육기관의 경험이 앞당겨지고, 오랜 시간을 보낸다. 따라서 애착은 주 양육자와의 관계에서만 형성되는 것이 아니라 영유아교육기관의 교사와도 얼마든지 형성할 수 있으며, 이는 교사의 전문적인 역할의 중요성을 시사한다.

이처럼 영아는 자신에게 적절한 자극을 주면서 바람직한 반응을 잘 해주는 사람과 애착을 형성하게 되는데, 이는 영아를 대하는 시간과 횟수의 양보다는 상호작용과 관계의 질에 달려 있다(이은화·김영옥, 2011). 보울비(Bowlby, 1969)에 의해 처음 사용된 개념인 애착은 안정애착과 불안정 애착으로 나뉘는데, 영아가 애착을 느낀다는 것은 안전하고 안정되어 있음을 느끼는 것이다. 반면, 불안정 애착은 애착 대상에 대해 여러 가지 감정, 예를 들면 강렬한 사랑, 의존, 거부당할지 모른다는 두려움, 과민함, 조심스러움 등이 섞인 감정을 가지며 안정감을 느끼지 못한다. 주 양육자에게서 안전한 사랑을 경험한 영유아는 부모에게 강한 애착을 가지며 다른 사람들과 긍정적인 관계를 형성할 수 있

보울비
(John Bowlby,
1907~1990)

다(최현정 · 이금구 · 우혜진, 2018).

보울비는 영국의 정신과 의사이자 정신분석학자로 수용시설에서 키워진 전쟁고아들을 돌보고 치료하면서 전쟁고아들에게 정서적 문제가 있음을 발견하였다. 보울비의 가설에 의하면 제2차 세계대전으로 인해 부모를 잃은 영아들이 생애 초기에 부모와의 애착형성 기회를 박탈당했기 때문에 타인과 심리적 친숙감을 느낄 수 없었고, 애착형성 경험의 부재는 이들로 하여금 사회정서적 문제를 발생시킨다고 보았다. 이러한 보울비의 가설은 미국의 심리학자인 할로우(Harlow, 1950)의 원숭이 실험을 통해 지지되었다(하수연 · 신현경 · 이해정 외, 2015).

할로우
(Harry Harlow,
1905~1981)

할로우의 원숭이 실험은 갓 태어난 새끼 원숭이를 어미로부터 강제로 격리하는 데에서부터 시작된다. 할로우는 철사로 만들어진 어미 원숭이 모형과 헝겊으로 만들어진 어미 원숭이 모형을 새끼 원숭이와 함께 한 우리 안에 넣어 주었다. 이때 철사로 만들어진 어미 원숭이 모형에서는 우유가 나오도록 하였는데, 그 실험 결과 새끼 원숭이는 헝겊으로 만들어진 어미 원숭이 모형에 하루의 오랜 시간 동안 매달려 있었으며, 배가 고플 때면 철사로 만들어진 어미 원숭이 모형으로 가서 우유를 먹고는 다시 헝겊의 어미 원숭이 모형으로 돌아왔다. 이 실험을 통해 할로우는 어미 원숭이의 역할이 새끼 원숭이에게 우유를 제공함으로써 새끼 원숭이의 생존을 책임지는 역할만 하는 것이 아니라, 새끼 원숭이로 하여금 안정적이고 따뜻한 정서를 경험할 수 있도록 정서적 지지를 제공하는 역할임을 알 수 있었다.

갓 태어난 아기는 일정 기간 동안 누군가의 도움을 받아야 하며, 올바르게 성장하기 위해서는 지속적이며 일관성 있는 보살핌이 필요하다. 특히, 아기의 작고 귀여운 얼굴과 울음, 미소는 엄마의 관심을 끌고 모성 본능을 일으키게 한다. 보울비는 이러한 일련의 행동들은 아기가 선천적으로 갖고 태어나는 행동체계로 엄마와의 지속적인 상호작용을 통해 애착이 형성되고 발달한다고 보았다(하수연 · 신현경 · 이해정 외, 2015).

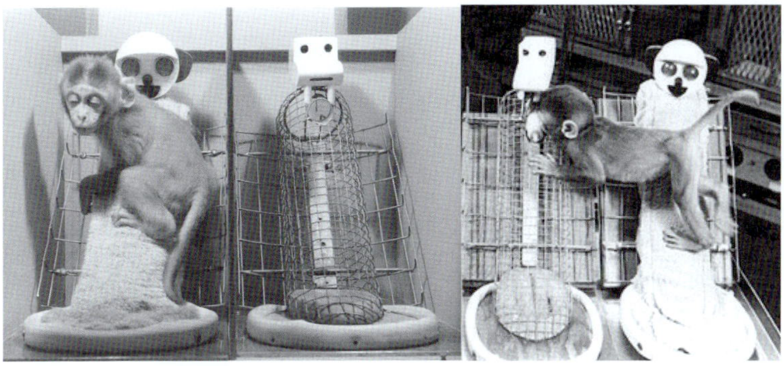

그림 5-1 할로우(Harlow)의 원숭이 애착실험
출처: www.google.co.kr

이처럼 영아기의 긍정적인 애착형성의 경험은 이후의 정서적 안정성, 높은 성취 및 대인관계의 기초가 된다. 예를 들면, 앞으로 자신이 경험할 사회에 대해 안전한 곳인지 혹은 위험한 곳인지 또는 흥미롭고 친밀한 곳인지 낯설고 따분한 곳인지를 주 양육자와의 관계에서 미루어 짐작해 자신의 경험을 바탕으로 세상에 대해 나름대로 해석하고 판단하게 된다. 이에 주 양육자가 영아를 안전하고 따뜻하게 대해 주고, 보살펴 준다면 그들은 다른 사람들도 자신에게 호의적이고 따뜻한 존재라고 믿게 돼 두려움 없이 세상으로 나아갈 수 있다. 하지만 주 양육자가 영아에게 위협적이고 냉정한 양육태도를 보인다면 그들은 세상 사람들을 부정적으로 바라보고 세상으로 나가는 것, 즉 사회 속에서의 관계 맺기를 두려워할 수 있다.

나아가 안정적인 애착을 형성한 영유아는 정서적으로 안정되어 있기 때문에 새로운 상황에 호기심과 흥미를 나타내며 자발적이고 능동적인 탐색을 통해 더 많은 것을 배울 수 있고, 보다 도전적으로 문제를 해결할 수 있는데, 자신과 세상에 대한 믿음과 자신감은 긍정적 성취로 이어질 가능성이 높다. 따라서 영아기에 경험하는 안정적 애착은 향후 대인관계의 밑바탕이 되어, 유아는 자신이 속한 사회집단에 자연스럽게 융화되어 또래와 교사, 주변사람들과의 관계를 원만하게 형성할 것이다. 그러므로 영유아 시기의 안정적 애착형성은 매우 중요한 과업 중 하나이며, 따라서 영유아기의 바람직한 애착형성에 관심을 가져야 한다.

2) 애착의 중요성

애착은 인간의 전인적 발달에 결정적 영향을 주는 중요한 요소이다. 영유아는 주 양육자와 교사 등 의미있는 성인과의 친밀하고 활발한 상호작용을 통해 자신의 능력과 예측 가능성에 대한 안정감 및 신뢰감을 형성하게 된다. 이는 영유아가 자신의 주변 세계를 탐색하여 새로운 것을 발견하는 데 긍정적인 영향을 미치며, 이러한 태도는 주위 환경에서 보다 더 많은 것들을 경험하고 습득할 수 있게 된다. 또한 또래들과의 관계에서도 적극적으로 친사회적인 상호작용을 시도하며, 자신의 요구를 상대방에게 명확하게 표현하고 전달하기 위해 진취적인 의사소통 능력을 발휘한다.

예를 들면, 안정된 애착을 형성한 영아는 이후 정교한 가상놀이를 하고, 융통성이 있으며, 긍정적이고 적극적인 자세로 인지적 과제를 탐색하고, 자신의 수준에서 수행하기 어려운 과제에 끈기를 가지고 접근한다. 물론 필요에 의해 성인의 도움과 지원을 받을 수 있지만, 전적으로 성인에게 의존하는 것이 아니라 성인의 도움을 적절히 활용하면서 스스로 도전하려는 태도를 보인다. 반면, 불안정된 애착관계를 형성한 영아는 주 양육자가 주변에 있든 없든 걱정하거나 무관심한 태도를 보이고, 불안하게 주변 환경을 탐색하며, 또래들과의 관계 형성에 제한을 갖게 되어 결국 발달상 부정적인 영향을 받을 수 있다(최현정 · 이금구 · 우혜진, 2018).

그렇다면 영아가 누군가와 애착을 형성하고 있는지를 우리는 어떻게 알 수 있을까. 애착 대상을 향해 영아가 나타내는 애착행동이 바로 그 단서가 된다. 애착행동이란 '애착을 느끼는 대상과 접근하고 소통하기 위해 영아가 본능적으로 취하는 다양한 행동'으로 자연스럽게 주 양육자의 보호 반응을 이끌어 내는 효과가 있다(Bowlby, 1980). 생후 6개월경 영아는 주 양육자와 떨어지지 않으려는 경향을 강하게 드러내며, 이러한 행동이 지속적으로 나타나는데 이를 보고 애착이 형성되었음을 알 수 있다. 애착행동은 신호행동(signaling behavior), 지향행동(orienting behavior), 신체접촉행동(active physical contact behavior)으로 구분되며, 구체적인 행동의 예는 다음과 같다(박찬옥 · 서동미 · 엄은나, 2020; 이영자 · 유효순 · 이정욱, 2001).

표 5-1 애착행동의 유형

애착행동의 유형	애착행동의 예
신호행동 (signaling behavior)	울기(칭얼거림), 미소 짓기, 소리내기
지향행동 (orienting behavior)	쳐다보기, 따라가기, 접근하기
신체접촉행동 (active physical contact behavior)	기어오르기, 매달리기, 안기, 잡기

표 5-1과 같이 영아가 보이는 애착행동의 유형에 따른 행동은 주 양육자에게 자신의 존재를 나타냄으로써, 주 양육자로 하여금 영아를 더욱 애정과 관심을 갖고 돌볼 수 있도록 자극한다. 결과적으로 영아기 때 보이는 대부분의 행동에 대해 주 양육자가 바람직한 반응과 자극을 줄 경우 영아는 주 양육자와 안정적이고 친밀한 정서적 유대관계를 형성하게 된다.

3) 애착의 발달

에인스워스
(Mary Ainsworth, 1913~1999)

대부분의 영아는 출생 후 2년간 양육자에 대한 애착을 형성하지만, 애착의 질은 영아에 따라 상당한 차이가 있다. 각각의 영아들이 얼마나 안정적으로 애착관계를 맺고 있는지를 알아보기 위해 에인스워스, 블레허, 워터스와 월(Ainsworth, Blehar, Waters, & Wall, 1978)은 12~24개월 영아와 엄마(주 양육자)를 대상으로 다음과 같이 '낯선 상황(Strange Situation)' 실험을 실시하였다.

이 실험은 엄마(주 양육자)에 대한 영아의 애착 정도를 알아보기 위해 총 8개의 에피소드를 통해 영아의 행동을 네 가지 측면에서 관찰하였다. 첫 번째는 영아가 실험하는 동안 새 장난감을 가지고 놀이하는 것을 포함한 탐색의 정도, 두 번째는 엄마가 밖으로 나갔을 때 영아의 반응, 세 번째는 영아가 낯선 성인과 함께 있을 때 그 사람에게 보이는 불안 정도, 네 번째는 엄마와 다시 만났을 때 영아의 행동이다. 단계별 자세한 에피소드 상황과 관찰된 영아의 애착행동은 **표 5-2**와 같다.

표 5-2 에인스워스(Ainsworth)의 낯선 상황 실험

단계	상황	관찰된 애착행동
1	실험자가 어머니와 영아를 실험실로 안내하고 실험실 밖으로 나간다.	
2	영아가 장난감을 가지고 노는 동안 어머니는 옆에 앉아 있는다.	안전기지로서의 어머니
3	낯선이가 들어와 어머니와 이야기를 나눈다.	친숙하지 않은 성인에 대한 반응
4	어머니가 방을 나간다. 낯선이가 영아와 상호작용을 하고 영아가 불안반응을 보이면 진정시킨다.	분리불안
5	어머니가 돌아와 영아를 반기고, 필요하면 달래준다. 낯선이는 나간다.	재결합 반응
6	어머니가 방을 나간다.	분리불안
7	낯선이가 다시 들어와 영아를 달래준다.	낯선 사람에 의해 진정되는 정도
8	어머니가 돌아와 영아를 반기고, 필요하면 영아를 달래준다. 영아의 관심을 장난감으로 유도한다.	재결합 반응

출처: Ainsworth, Blefar, Waters, & Wall(1978).

'낯선 상황(Strange Situation)' 실험을 통해 밝혀낸 영아의 애착의 유형과 행동 특성은 **표 5-3**과 같다(Shaffer, 2000; 송명자, 2008; 정옥분 · 정순화 · 황현주, 2009; 황해익 · 최미현 · 천희영 외, 2017).

표 5-3 애착 유형에 따른 영아의 행동 특성

<table>
<tr><th colspan="2">애착 유형</th><th>내용</th></tr>
<tr><td colspan="2">안정애착
(security attachment)</td><td>약 65%의 영아가 이 유형에 속한다. 영아는 낯선 상황에서도 어머니만 있으면 어머니를 안전기지로 삼아 적극적으로 주변을 탐색하며 놀이에 몰두한다. 안전기반인 어머니가 보이지 않을 때는 애착체계가 활성화되어 불안이나 울음으로 어머니를 찾는다. 그러나 어머니가 돌아오면 어머니에 의해 쉽게 진정되고 다시 탐색활동에 몰두한다.</td></tr>
<tr><td rowspan="3">불안정 애착</td><td>불안정-저항 애착
(anxious avoidance attachment)</td><td>약 10%의 영아가 이 유형에 해당한다. 어머니와 함께 있을 때도 거의 탐색을 하지 않으며 낯선 사람을 매우 두려워한다. 어머니가 떠나면 격렬하게 저항하고 어머니가 돌아와도 쉽게 진정되기 어렵다. 어머니가 신체접촉을 하려 하면 밀거나 발로 차는 등의 공격적인 행동을 나타낸다.</td></tr>
<tr><td>불안정-회피 애착
(anxious resistant attachment)</td><td>약 20%의 영아는 불안정-저항 유형의 영아들처럼 어머니와 함께 있어도 탐색행동이나 놀이에 집중하지 못한다. 그러나 어머니와 분리되어도 거의 저항하지 않으며 재결합 시에도 어머니를 회피한다. 심지어 어머니가 주의를 끌려고 해도 어머니를 계속 무시한다. 낯선 사람에게 다소 사교적이지만 때로는 어머니를 회피하거나 무시하듯이 낯선 사람에게도 그렇게 반응한다.</td></tr>
<tr><td>혼란애착
(disorganized attachment)</td><td>이상의 세 가지 유형에 속하지 않는 영아는 불안정하면서도 회피와 저항 유형의 복합적인 반응을 보이거나, 고정된 이상한 자세나 행동을 취하는 반응을 보인다. 낯선 상황에서 어머니가 돌아오면 처음에는 다가가 안기지만 이내 화난 듯이 밀어버리거나 어머니에게서 떠나는 양극적인 반응을 보인다.</td></tr>
</table>

참고영상: EBS(2014.04.29). 퍼펙트 베이비 2부-감정조절 능력.

그렇다면 만 1세 이전에 형성된 애착의 유형과 그에 따른 안정감, 신뢰 등의 반응 특성이 성장한 후에도 지속될까? 안전하게 애착한 영아는 그렇지 않은 영아보다 12개월경에 어머니의 말에 더 수용적이고 대상영속성 발달이 촉진되며, 21개월경에는 낯선 사람에게도 잘 협조하는 경향이 나타났다. 또한, 2세경에는 주변 환경에 대한 호기심이 더 많았고, 또래들과 사교적이었으며, 3세경에는 놀이 상황에서의 경쟁도 편안해했다(최순영·김수정, 1995; 황해익·최미현·천희영 외, 2017).

영아기 때 안정적인 애착을 형성한 유아는 영유아교육기관에서 자신에 대한 신뢰감을 바탕으로 주도적인 역할을 할 수 있으며, 문제 상황이 발생하였을 때면, 문제해결을 위한 방안을 적극적으로 모색하며, 성취지향적인 특성을 나타낸다. 그러나 불안정 애착을 형성한 유아는 다른 또래들에 비해 사회적·정서적으로 위축된 행동을 보이며, 또래들과 어울려 놀이하는 것을 어려워하는 특성이 있다. 나아가 청소년기의 교우관계, 학업성취 등 학교생활의 적응에 영향을 미칠 수 있으며, 성인기에는 직장생활과 부부관계 등의 적응, 자녀 양육의 질 그리고 노년기에 경험하는 생활만족감과 외로움의 정도와도 연관이 있다(전효정·이귀옥, 2000).

그러나 불안정 애착이 형성된 유아라고 해서 무조건적으로 사회에 부적응하며, 긍정적인 발달을 이루지 못하는 것은 아니다. 주 양육자 외의 사람과 안정된 애착을 형성할 수 있으며, 불안정한 애착도 시간이 지나면서 개선될 수 있다. 마찬가지로 안정적 애착을 형성한 유아의 애착대상이 점차 유아에게 덜 접근하고 덜 반응적인 태도를 보인다면 안정된 애착 유형의 유아들도 불안정하게 애착될 수 있다. 따라서 안정애착이 성장 후 긍정적인 적응을, 불안정 애착이 불행한 삶을 보장하는 것은 아니지만 초기의 안정된 애착이 이후의 삶에 갖게 되는 적응적 중요성을 과소평가해서는 안 된다(황해익 · 최미현 · 천희영 외, 2017).

이러한 애착 유형에 대한 결과에서 예비 영유아교사가 주목해야 할 부분은 애착 유형이 단지 부모-자녀 세대에서만 나타나는 것이 아니라 세대 간 전이가 된다는 것이다. 즉, 어려서 자신의 부모와 신뢰도가 높고 안정적인 관계를 형성하지 못하면 성장하여 부모가 되었을 때 스스로가 적절한 부모 역할을 하는 데 어려움을 초래할 수 있고, 결국 자신의 자녀와의 관계에서도 같은 문제가 발생할 가능성이 높다는 것이다(최현정 · 이금구 · 우혜진, 2018). 나아가 교사는 우리 반의 영유아들과 안정적인 애착관계를 맺는 데 무엇보다 우선적으로 노력해야 한다.

2 애착이론

1) 정신분석이론

프로이트(Freud)는 인간이 태어나 가장 처음으로 정서적 유대관계를 맺게 되는 어머니와의 관계가 이후 영아의 모든 인간관계에 기초가 된다는 것을 주장하였다. 프로이트에 의하면, 구강기 때 어머니가 영아에게 수유를 함으로써 '빨기'에 대한 영아의 욕구를 충족시켜 주기 때문에 영아는 어머니에게 애착을 경험하게 된다.

에릭슨(Erikson) 역시 영아의 기본적 욕구를 충족시켜 주는 것은 어머니가 영아에게 안정적인 애착관계를 형성하고, 이를 바탕으로 세상에 대한 기본적인 신뢰감을 심어준다고 하였다.

2) 학습이론

학습이론에 따르면, 애착은 학습된 경험의 누적이다. 즉, 영아가 경험하는 애착은 생득적으로 갖게 되는 본능이 아니라, 반복되는 경험에 의해 학습된 행동이라고 보는 견해이다. 영아는 어머니와 맺게 되는 온정적인 관계(수유, 보살핌, 눈맞춤 등)가 영아로부터 어머니에 대한 애정을 이끌어 내는 것이다. 이는 애착의 질이 어머니의 반응 정도와 영아에게 제공되는 자극의 질에 따라 달라지는 것을 의미한다.

3) 인지발달이론

인지발달이론은 영아의 애착형성은 인지의 발달과 밀접한 관계가 있다고 보는 견해이다. 영아는 인지가 발달됨에 따라 낯선 사람과 친숙한 사람을 구분함으로써 특정 인물에 대한 애착형성을 할 수 있다. 즉, 영아가 낯선 사람과 친숙한 사람을 구별할 수 있어야 하며, 대상영속성에 대한 개념도 획득해야 하며, 대상영속성을 획득하는 시기인 7~8개월경이 애착발달의 결정적 시기이다.

4) 동물행동학적 이론

보울비는 애착의 발달은 사회적 학습에 촉진되기는 하지만, 태어날 때부터 이미 지니고 있는 생존 유지 및 보호를 위한 본능이라고 보았다. 즉, 애착행동은 인간이 생득적으로 가지고 있는 빨기, 울음, 미소, 매달리기, 따라다니기와 같은 초기 사회적 신호체계를 바탕으로 하고, 성인 역시 영아가 보내는 신호를 해석하고 반응할 수 있는 능력을 선천적으로 가지고 있다고 본다. 또한, 영아가 보내는 다양한 신호를 주 양육자가 민감하게 반응할수록 영아도 양육자에게 더욱 반응적인 행동을 보이며, 이는 상호의존적인 정서적 유대감을 형성하게 된다. 보울비의 애착이론에 의하면, 영아가 주 양육자와 어떻게 애착을 형성해 나가는가에 대해 영아의 발달단계와 관련해서 다음과 같이 4단계로 분류하고 있다(민혜영 · 김영희 · 유은석 · 임경령, 2017).

(1) 전 애착 단계(preattachment phase: 출생 후~6주)

신생아는 주위 사람들과 가까운 관계를 유지하면서 애착 전조 행동(미소, 울음, 눈 응시하기, 움켜잡기 등)을 보인다. 그러나 아직은 애착이 형성되지 않았기 때문에 어머니가 아닌 다른 사람이 돌보아도 낯설어 하지 않는다.

(2) 애착형성 단계(attachment in the making: 6주~8개월)

이 단계에서 영아는 친숙한 사람과 낯선 사람에 대해 다르게 반응함으로써 선별적인 사회적 반응이 나타나는 시기이다. 예를 들면, 영아는 엄마와 함께 있을 때 주위 환경을 안정적으로 탐색하며, 비교적 더 자유롭게 미소 짓고, 쉽게 달래진다. 그러나 아직은 친숙한 사람과 애착이 완전히 형성된 것은 아니기 때문에 분리불안 행동은 나타나지 않는다.

(3) 애착 단계(clear-cut attachment: 6-8개월~18-24개월)

애착이 뚜렷하게 나타나는 시기로 낯선 사람에 대한 불안이나 주 양육자와의 분리에 대한 불안이 나타난다. 이러한 분리불안은 영아가 대상영속성의 개념을 획득했다는 증거이기도 하다. 또한, 주 양육자에 대한 애착은 7~8개월 이후부터 더욱 분명하게 나타나 애착이 형성된 주 양육자를 명확하게 인식할 수 있다. 따라서 영아는 새로운 환경을 탐색하거나 정서적 위안이 필요할 때 주 양육자를 안전기지(secure base)로 활용하며, 이후 점차 주 양육자 이외에도 소수의 친숙한 사람에게 확장되는 변화를 보인다.

(4) 상호관계의 형성 단계(formation of reciprocal relationships: 24개월 이후)

24개월 이후에는 정신적 표상과 급속도로 이루어지는 언어발달로 인해 영아는 애착대상자의 감정과 동기를 이해할 수 있게 되며, 상대방의 행동을 정확하지는 않지만 어느 정도는 예측할 수 있다. 따라서 이 단계는 분리에 대한 무조건적인 저항이나 매달리기보다는 사회적 기술인 도움을 요청하거나 타협을 통해 자신과 애착대상자의 요구를 서로 맞추어 조율하기 시작한다. 이러한 상호관계의 형성단계에서는 영아는 분리불안의 행동이 점차 감소하게 된다.

3 애착의 지원 방안

영아의 안정애착 형성을 위해서는 다음과 같은 지원이 이루어져야 한다(최현정 · 이금구 · 우혜진, 2018).

첫째, 양육자는 영아가 보낸 신호를 적절하게 해석하고 민감하게 반응해야 한다. 영아가 배고프다는 신호를 양육자에게 보내면 양육자는 즉각적으로 수유를 하고, 배변을 했다는 신호를 보내면 기저귀를 갈아주는 등 양육자가 자신의 요구를 제대로 해석하고 해결해 줄 때 영아는 신뢰감을 형성하게 되며, 정서적 안정감을 느낀다.

둘째, 양육자는 영아의 요구에 신속하고 신뢰감 있게 반응해야 한다. 자신의 요구를 울음으로 표현하면 언제나 양육자가 나타난다는 것을 믿는 영아는 낯선 상황에 처해도 그리 불안해하지 않는다.

셋째, 양육자는 영아에게 일관성 있게 반응해야 한다. 비슷한 요구와 상황에서 양육자가 영아를 대할 때, 어떤 때에는 웃으면서 다정하게 대했다가 또 어떤 때에는 화를 내고, 무시하며, 거절하는 등 일관성이 결여된 양육태도를 보일 경우 영아는 불안정해질 우려가 있다. 이에 양육자는 비슷한 생활양식에서 영아가 예측할 수 있는 반응을 일관성 있게 표현해야 한다.

넷째, 양육자는 영아에게 다양한 방법으로 애정을 표현해야 한다. 양육자가 일정한 한두 가지 방법이 아닌 다양한 방법으로 영아와 상호작용하고 애정을 표현한다면 영아는 정서적 안정감을 느낄 뿐만 아니라 정서의 폭과 깊이가 풍부해진다.

어머니와 마찬가지로 교사의 지속적이고 안정된 반응은 영유아의 안정된 애착형성에 중요하다. 특히, 기질적으로 까다로운 영유아는 그들의 신경질적인 반응으로 인해 양육자와 안정된 상호관계를 맺기 어려우므로 교사는 영아의 신호를 더욱 효과적으로 해석하고 반응할 필요가 있다.

「2021년 보육실태조사」에 의하면 영유아의 일평균 어린이집 이용시간은 7시간 12분으로 나타났으며, 이는 2018년 7시간 24분에 비해 12분 줄었다. 하지만 영유아가 최초로 영유아교육기관을 이용하는 시기는 21.8개월로 2018년에 비해 0.9개월, 2015년에 비해 2.3개월 빨라진 것으로 나타났다.

표 5-4 영유아교육기관 최초 이용 시기

조사연도	전체 영유아	취업모	미취업모
2015년	24.1개월	21.5개월	26.0개월
2018년	22.7개월	20.2개월	25.7개월
2021년	21.8개월	19.8개월	24.1개월

출처: 보건복지부(2021).

현대사회는 어린 나이부터 유아교육기관을 이용하는 사례가 많아져 교사들이 영유아들과 안정애착을 형성할 수 있도록 애정과 관심을 일찍부터 보여야 한다. 교사와 안정애착을 형성한 영유아는 또래와의 관계에서 안정감을 가지고 친사회적인 행동을 보이며, 설령 부모와의 불안정 애착으로 인한 사회성 발달에 어려움을 겪는 영유아도 교사와의 안정애착을 통해 사회성 발달에 긍정적인 영향을 미칠 수 있다.

따라서 영유아의 안정적인 애착 형성을 위해 유아교육기관과 영유아교사는 질 높은 상호작용과 환경을 제공해야 한다. 안정애착을 위해 교사가 고려해야 할 점은 다음과 같다(민혜영 · 김영희 · 유은석 · 임경령, 2017).

첫째, 영유아가 보내는 신호를 민감하게 인식해야 한다. 교사는 부모와는 다르게 영유아의 행동에 대해 객관적인 관찰과 평가가 가능하다. 이에 교사는 영유아 개개인의 발달수준을 고려하여 그들이 보내는 신호를 민감하게 관찰하여 정확하게 해석할 수 있어야 한다.

둘째, 영유아의 신호를 정확하게 해석한 후 원하는 반응을 제공해야 한다. 영유아는 개별성을 가진 존재이다. 그러므로 영유아가 가진 독특한 기질이나 성향, 발달수준에 대한 이해를 바탕으로 긍정적이면서 일관성 있는 반응을 보여야 한다. 이때 영유아는 교사와 신뢰감을 바탕으로 하는 안정애착을 형성할 수 있다.

셋째, 정서적으로 안정되며 반응적이고 흥미로운 환경을 제공해야 한다. 교사의 따뜻하고 온정적인 태도와 반응은 안정애착 발달에 매우 중요하다. 아무리 민감하게 영유아의 반응을 알아차린다 해도 교사가 부정적이거나 거부적인 반응을 보인다면 영유아는 불안감을 느끼며 자신과 타인에 대한 부정적인 이미지를 형성하게 된다. 그러므로 따뜻하고 부드러운 시선과 함께 영유아와 기분 좋은 신체 접촉을 통해 자신이 사랑받고 있음을 인식할 수 있게 도와줘야 한다. 또한, 영유아가 생활하고 있는 물리적 환경은 호기심을 유발하고 호기심을 충족시킬 수 있는 환경을 제공해 주어야 한다.

넷째, 놀이를 통해 영유아의 애착증진을 지원해 준다. 애착은 단시간에 안정화되지는 않는다. 국가와 사회에서 부모의 공동양육의 중요성을 강조하고 있지만, 아직까지도 주 양육자의 비율은 어머니가 높다. 그럼에도 불구하고 아버지와 함께하는 시간이 어머니보다 적은 상황에서도 강한 애착을 형성할 수 있는 이유는 강도 높은 거친 신체적 놀이(Palmer, 1993; Newland, Coyl, & Freeman, 2008)와 같은 놀이가 애착형성에 긍정적인 영향을 미친다. 그러므로 교사는 영유아에게 신나는 신체적 놀이를 지원해 주어야 한다.

Chapter

06

자아개념

1 자아개념의 정의와 중요성

자신을 존중하고 사랑하는 것은 매우 중요한 태도임과 동시에 긍정적인 사회관계를 위해서는 무엇보다 먼저 함양해야 할 태도이다. 즉, 자신을 소중하게 여길 수 있는 사람이 비로소 타인을 존중할 줄 알며, 이는 국가수준 교육과정 중 사회관계 영역의 목표('자신을 존중하고 더불어 생활하는 태도를 가진다')에서도 알 수 있듯이 다른 사람과 사이좋게 지내기 이전에 자신을 먼저 이해하고 존중하는 태도 함양이 우선인 것이다.

자아개념은 자아, 자아정체성, 자아이해, 자아상, 자아존중감 등으로 표현되기도 하는데, 자아개념에는 두 가지의 개념을 내포하고 있다. 첫째는 어떠한 과제를 수행할 수 있다는 자기 능력에 대한 신념인 자신감(효능감)이며, 둘째는 자기 자신을 얼마만큼 신뢰하고 좋아하는가에 해당하는 존중감이다. 자신감과 존중감은 같은 비중으로 자아개념을 구성하는 심리적 개념이다. 따라서 자아개념은 영유아가 생득적으로 가지고 태어나기보다는 성장하면서 자신과 타인을 구별하는 '자아'에 대해 끊임없이 인식하며, 부모나 교사 등 주변에 의미있는 성인으로부터 사랑과 인정, 존중받음을 경험할 때, 다양한 상황에서 자신이 문제를 해결하는 과정에서 축적된 결과에 따라 자신감과 존중감이 형성되어 자신만의 고유한 자아개념이 형성된다. 이에 '나는 누구인가?'라는 의문을 전제로 "나는 ~이다", "나는 ~을 할 수 있다", "나는 ~을 좋아한다"와 같이 나와 다른 사람을 비교했을 때, 나의 특별함에 초점을 맞춘 유아의 표현에서 자아개념과 정체감이 형성되었음을 짐작할 수 있다(Beck, 2003; 최현정 · 이금구 · 우혜진, 2018).

종합하면 자아개념은 한 개인이 자신의 실체라고 믿고 있는 복합적이면서 역동적인 신념이며, 한 인간이 자신에 대한 지각, 관념, 태도 등을 결정하는 요인으로 전 생애에 걸쳐 개인의 인식과 행동, 적응 문제에 지속적으로 영향을 미치는 중요한 개념이다(Marsh, 1997).

1) 자아개념

자아란, 자신에 대한 인식과 지각을 의미하는 것으로(박찬옥·서동미·엄은나, 2020; 정옥분, 2014). 자신이 누구인지, 무엇을 할 수 있는지 등 자신에 대해 포괄적으로 생각하고 느끼는 것을 자아라 한다. 유아는 자아가 형성됨에 따라 자신의 속성에 대해 긍정적 혹은 부정적인 가치를 부여하게 되는데, 이를 '자아존중감'이라고 한다(정옥분, 2014).

자아개념은 네 가지 범주로 분류되는데, 자신의 능력, 신분, 역할에 대한 전반적인 인식인 자아개념, 순간적인 기분에 의해 영향을 받는 일시적 자아개념, 타인이 평가하는 사회적 자아개념, 자신이 원하는 이상적 자아개념이다(Strang, 1957; 정옥분, 2014; 하수연·신현경·이해정 외, 2018).

예를 들어, 만 2세가 된 영아가 자신과 또래의 성별을 구분하는 것은 전체적 자아개념이고, 장난감을 사 달라고 떼를 썼지만 부모님이 화를 내며 야단을 칠 경우 자신의 무능력함을 느끼는 것은 일시적 자아개념이다. 그리고 만일 교사가 학생을 성적으로만 평가한다면 학생은 사회적 자아개념을 인식하게 되고, 시험공부를 하지 않았음에도 성적이 우수하여 장학금 받기를 희망하는 것은 이상적 자아개념이라 할 수 있다. 이러한 이상적 자아는 너무 높으면 심한 좌절과 자기모멸에 빠지게 되지만, 반대로 이상적 자아가 너무 낮으면 성취욕도 없게 된다(정옥분, 2014; 하수연·신현경·이해정 외, 2018). 따라서 네 가지 범주의 자아개념은 어떤 것이 옳고 그른지에 대해 구분하기보다는 적절하게 형성되는 것이 필요하다.

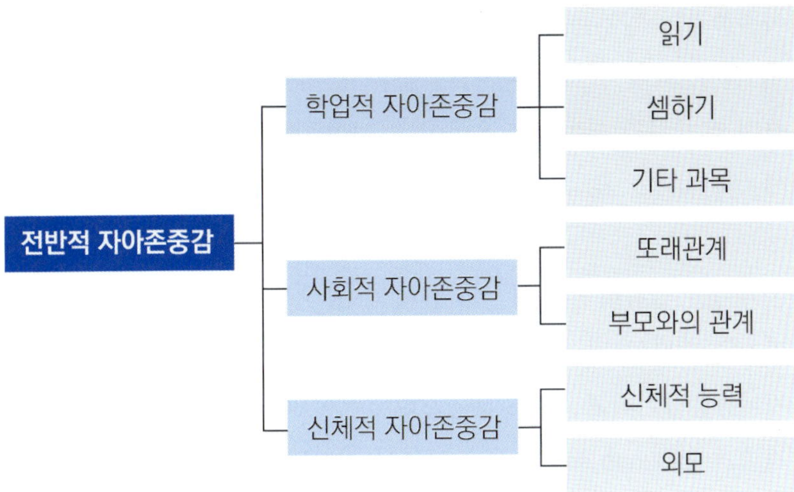

그림 6-1 마쉬와 하터(Marsh & Harter, 1990)의 자아존중감의 위계적 구조

자아개념의 구성요소는 자아인지, 자아의 평가적 요소인 자아존중감, 그리고 자신의 욕구나 행동을 자제하는 능력인 자아통제력이 있다.

(1) 자아인지

자아인지(self-cognition)란 자신의 내재적 특성에 대한 이해를 의미하는 것으로, 자아지식(self-knowledge) 또는 자아인식(self-awareness)으로 지칭되기도 한다(송명자, 2008). 또한, 자아개념의 가장 기본적인 단계의 개념으로 '존재자아'라고도 칭한다. 즉, 자아인식은 자신과 타인이 별개의 존재임을 아는 것으로, 이러한 개념이 형성되지 않는다면 유아가 자아개념을 가졌다고 볼 수 없다(최국남 외, 2001).

(2) 자아존중감

자아존중감(self-esteem)은 자아개념의 정의적 영역으로 이는 유아가 자신의 이미지에 대한 사회의 일반적인 평가를 기초로 자신이 가지고 있는 가치에 대해 스스로 내리는 평가이다. 유아 자신이 가지고 있다고 보는 자질에 부여하는 가치이다. 이는 자아에 대한 평가적인 속성으로 "나는 키가 큽니다."라는 말은 자아개념의 일부

이지 자아존중감의 일부는 되지 못한다. “나는 잘생겼어요.”라는 말은 자아존중감의 표현이 된다. 따라서 자아존중감이 높은 유아는 자신이 지각한 자신의 특성에 대하여 긍정적 가치를 부여하는 유아이다. 자아존중감이 높은 유아는 자신의 성공과 실패에 대하여 스스로 책임질 줄 알며, 자신의 부모와 보다 적극적인 관계를 맺는다.

이렇듯 유아는 발달하면서 자신의 신체적·심리적 특성들을 이해할 뿐만 아니라 자신이 가지고 있다고 지각되는 속성들의 질을 평가하기 시작한다. 자아의 평가적 측면을 자아존중감이라고 한다(Shaffer, 2000). 유아의 자아존중감은 만 2세경부터 나타나는 자조기술(self-help skill) 발달과 더불어 시작된다. 밥 먹기, 옷 입기, 세수하기, 대소변 가리기 등 일상의 과업을 성공적으로 수행하면서 유아는 자신의 기본적인 능력에 비해 신뢰감을 갖게 되며, 이러한 신뢰감도 자아존중감의 기초가 된다(송명자, 2008).

(3) 자아통제력

자아통제력(self control)이란 자아개념의 행동적 영역에 대한 것으로, 외부의 감시 없이도 사회적 규칙을 준수하려는 능력 또는 바람직한 목표를 위해 충동적인 욕구나 행동을 지연시키는 능력으로 자기규제(self regulation)와 혼용하여 사용하기도 한다. 만약 우리가 즉각적인 충동을 억제하고 조절하는 것을 배우지 못했다면 타인의 권리를 침해하고 규칙을 위반하며 장기적인 목표를 성취하기 위한 자기희생과 인내는 하지 못할 것이다. 따라서 자아통제력은 개인의 잠재력 발휘, 지적 성취, 정서 및 도덕성의 발달에도 영향을 미칠 만큼 중요하다. 또한, 자아통제를 방해하는 요인으로는 충동, 유혹 등 즉각적 쾌를 추구하도록 동기화하는 요인과 고통, 지겨움, 피로 등 즉각적 불쾌는 회피하도록 동기화하는 요인으로 크게 구분된다.

자기통제력은 유아기에 반드시 성취해야 하는 대표적인 발달과업이며(Kostelnik, Whiren, Soderman, & Gregory, 2009), 유아기 사회화 과정에서 발달시켜야 할 중요한 과제(Kopp, 1982)로 인식되고 있다. 자기통제력의 발달과정은 ‘외부’에서부터 ‘내부’로 진행되는데, 즉, 타인의 힘을 빌려 자신을 통제하다가 다양한 사회적 경험을 통해 점차 내적인 힘으로 자신을 통제할 수 있는 수준으로 발달해 가는 것이다. 이러한 발달과정에서 개인차는 명백히 드러나며, 이는 생후 2~3년부터 출현한다(Vaughn, Ridley, & Bullock, 1984). 자기통제가 잘 되는 유아들은 긍정적인 사회적 상호작용을 하며, 타인의 감독과 상관없이 건설적인 사회적 계획을 수행한다. 또한 시키지 않아도 유혹에 저항하며, 부정적인 충동을 억제하고 만족을 지연한다(Kostelnik et al., 2009).

반면 자기통제력 수준이 낮은 유아들은 공격성, 산만함, 불안 등의 행동문제를 보이며(Lee & Shin, 2011; Olson, Lopez-Duran, Lunkenheimer, Chang, & Sameroff, 2011; Woo, 2007; Yoon, 2012), 이후 아동기 및 청소년기에 반사회적 행동을 보이거나(Shaw, Kaneen, & Vondra, 1994), 성인기에 품행문제 및 정신건강상의 문제를 나타낸다(Fergusson, Boden, & Horwood, 2013).

표 6-1 자아통제능력 발달단계(코스텔닉)

단계	정의	행동통제
무도덕 단계	유아는 옳고 그른 것에 대한 개념이 없음	유아의 외부
집착 단계	보상과 처벌에 반응. 종종 이를 예견하고 행동함	타인과 유아 간에 공유됨
동일시 단계	좋아하는 타인의 행동을 채택. 똑같이 행동함	
내면화 단계	자신의 판단과 가치로부터 만들어진 윤리의 내적 준거 이용	유아의 내부

2) 자아개념의 중요성

인간의 전 생애에 걸친 삶과 행동에 결정적인 영향을 미치는 자아개념은 일생의 초기인 영유아기에 형성되기 시작하여, 이후 개인을 둘러싼 인적·물적환경과 상호작용하며 다양한 경험에 의해 변화하고 발달한다. 그러므로 영유아와 함께하는 성인들은 영유아의 바르고 긍정적인 자아개념 형성을 위해 정성을 다해야 하는데, 유아가 자신을 가치 있고 소중한 사람이라고 생각하는 믿음과 자신의 능력에 대한 기대와 확신은 이후 행복하고 바른 인성을 가진 민주시민이 되기 위한 기초가 된다. 그러므로 영유아와 관계를 맺는 부모, 영유아교육기관의 교사들은 유아의 자아존중감을 향상시키고 긍정적인 방향으로 자아개념을 형성해 나갈 수 있도록 도움을 주어야 한다(최현정 · 이금구 · 우혜진, 2018).

이렇게 형성된 자아개념은 이후 자신에 대한 긍정적인 이미지를 만드는 데 기초가 되며(Marsh, 1997; 정명숙, 2007; 하수연 · 신현경 · 이해정 외, 2015), 이는 앞으로의 사회관계 속에서 자신감을 갖고 적극적이고 진취적으로 행동할 수 있도록 돕는다. 이처럼 영유아기에 형성된 자아개념이 결국엔 자아존중감에 영향을 미치게 되고, 이는 인생을 살아가는 개인의 가치와 태도에 큰 영향을 미친다.

2 자아개념의 발달

자아개념은 영아기와 유아기를 거쳐 점진적으로 발달하며 인지발달과 함께 세분화되고 추상화되어 가며 변화한다. 영아기와 유아기의 자아개념 발달의 특징을 살펴보면 다음과 같다.

1) 영아기

생후 백일 전후의 영아에게 거울을 보여주면 처음에는 거울에 비친 자신을 다른 사람으로 인식하지만 점차 성장하면서 자신이라는 것을 인식하게 되면서 거울 속의 모습을 탐색하며 즐거워한다. 이렇듯 자아개념은 자아를 인식하는 것으로 시작한다. 그러나 영아가 거울 속 자신의 모습을 인지하였다고 해서, 자아개념을 형성했다고 하기에는 무리가 있다. 자아개념 형성의 과정은 먼저 자기인식을 시작으로 하여 자주 마주하게 되는 주변 사람들과의 관계 속에서 타인을 인식하게 된다. 이후 자신과 타인의 다름을 인식하고 분리하며, 타인과 독립된 자신의 존재를 인식하는 과정을 거쳐야 비로소 자아개념이 형성되었다고 볼 수 있다. 거울과 사진 속의 자기를 보면서, 그리고 다른 사람들이 자신의 이름을 불러주는 것 등을 경험하며,

영아는 타인과 다른 자신을 인식하고 구분하게 된다.

생후 1개월경 영아는 자신의 신체가 자신의 것이라 알지 못하다가 점차 외부세계로부터 자신이 분리된 존재라 느끼게 되며, 자신의 행동에 의해 어떠한 반응과 결과가 발생된다는 것을 알아차리기 시작한다. 6개월 무렵이 되면 초보적인 신체자아를 형성하고, 이후 24개월 즈음에 자신과 타인을 구별하며 자신을 객관화시켜 볼 수 있다. 신체자아는 아주 일찍부터 형성되기 시작하는데, 생후 9~24개월 영아를 대상으로 한 '거울실험'을 통해서도 알 수 있다. 영아들의 코에 빨간색 립스틱을 묻힌 뒤 거울을 보게 했을 때 어린 영아들은 아무 관련이 없다는 듯 거울을 만졌으나, 15개월 정도 되는 영아들은 자신의 코를 문지르며 거울 속의 객관적인 '나'에 대한 자각을 나타내는 반응을 보였다(Lewis & Brooks-Gunn, 1979).

'거울실험'을 통해 본 영아의 자아개념 발달과정을 정리하면 표 6-2와 같다(조성연·이정희·천희영·심미경·황혜정·나종혜, 2010; 박찬옥·서동미·엄은나, 2020; 민혜영·김영희·유은석·임경령, 2017).

표 6-2 영아의 자아개념 발달과정

시기	반응
5~9개월	• 거울 속 자신의 모습이나 다른 영아의 모습에 동일한 수준의 관심을 표현한다. • 만져보고 웅얼거리고 미소 짓고 손을 흔들어 보인다. • 손에 장난감을 들고 있는 경우 거울에 비친 장난감을 잡으려 한다.
9~12개월	• 거울 안에 자신의 모습이 반영된 것을 이해하기 시작한다. • 거울을 보면서 자신의 몸을 만진다.
12~15개월	• 거울 안에 비친 영아의 코에 빨간 립스틱이 묻어 있는 것을 보고 자신의 코에 묻어 있는 것임을 이해한다. • 거울 속의 코를 지적한다.
15~18개월	• 자신의 신체에 대한 상을 알고 사진, 비디오 속 자신의 모습을 알아본다. • 코에 빨간 립스틱을 칠하고 거울을 보여주면 거울 속 자신의 모습을 가리키며 또 자신의 코를 만진다.

참고영상: EBS(2014). 다큐프라임-퍼펙트 베이비 3부: 공감, 인간관계의 뿌리(13분 20초~15분 17초).

2) 유아기

유아는 자신의 외적인 이미지와 특별한 지식 및 능력 등을 통해 자아를 인식하며 자아개념을 형성하는데, 이를 분류적 자아개념이라고도 한다. 유아들은 가족사진을 보면서 자신뿐만 아니라 자기에게 의미 있는 타인을 찾는 것을 즐기고, 이 과정에서 자신을 인식하고 동일시하는 경험을 한다. 이처럼 만 3~5세 유아에게 중요한 분류적 자아개념은 바로 나이인데(Edwards & Lewis, 1979), 자신의 나이뿐만 아니라 부모, 조부모, 친척, 또래 등의 나이에 관심을 갖고 끊임없이 물어보고 확인하며, 이를 근거로 자아를 인식한다(최현정 · 이금구 · 우혜진, 2018).

또한 영아기에는 자신과 타인이 분리됨과 동시에 자신이 독립된 주체임을 안다면, 유아기에는 인지와 언어의 발달이 정교화되면서 나의 신체적 특징, 소유물, 외현적 특성을 토대로 자신과 타인을 구분하는 '범주적 자아(categorical self)'를 인식하게 된다. 즉, '우리집', '내 장난감' 등과 같이 사람이나 사물에 대해 강한 소유 의식을 보이는데, 이것은 자신에게 속한 사람과 사물을 통해 자아개념을 더 확장하고 있음을 보여주는 것으로 해석할 수 있다.

나아가 자신과 타인에 대한 나이, 성별, 신체 특징과 같은 외현적 특성을 설명할 수 있다. 그러나 아직 자신의 심리적 특성과 같은 추상적인 표현(예: 나는 행복하다, 나는 열심히 노력한다)은 다소 어려워한다.

자아존중감 발달의 전 과정에서 살펴보면, 영아기 때부터의 지원을 밑바탕으로 유아기 때 자아존중감이 가장 높게 나타난다. 이는 유아가 이후 발달단계의 아동에 비해 상대적으로 자신을 긍정적으로 인식하고 자신의 실제 능력보다 더 나은 능력을 소유하고 있다고 생각하여 행동하기 때문이다. 또한 자신이 희망하는 이상적인 능력과 현실적인 실제 능력을 구분하는 데 어려움이 있으며, 자신의 능력을 높게 평가하고 주어진 과제를 과소평가하며 자아의 여러 측면을 통합할 수 없기 때문이기도 하다(Harter, 2003; 민혜영 · 김영희 · 유은석 · 임경령, 2017).

표 6-3 유아 및 아동의 자아기술의 변화

단계	자아기술의 본질	예시
유아기 (전조작기)	신체적 특성, 소유	• 나는 머리카락이 길다. • 나는 자전거를 가지고 있다. • 나는 피자를 좋아한다.
아동기 (구체적 조작기)	특성, 능력, 정서	• 나는 노래를 잘한다. • 나는 보이스카우트 단원이다.
청소년기 (형식적 조작기)	태도, 성격, 신념	• 나는 애국자이다. • 나는 훌륭한 법률가가 될 수 있다.

출처: 최혜순(2007).

3 자아개념의 지원 방안

유아가 바람직한 긍정적인 자아개념을 형성하기 위해서는 부모뿐만 아니라 주변의 의미 있는 성인들이 다양하고 긍정적인 방법으로 지원해 주는 것이 필요하다. 가장 기초적인 방법으로는 영유아의 이름을 불러주는 것이다. 엄마의 뱃속에서는 태명으로, 태어나서는 자신의 '이름'으로 불리는 것이 자아개념 형성에 가장 기초적인 지원이다.

이름을 불러준다는 것은 상대방에 대한 존중을 표하는 방법이기도 하며, 특히 영유아에게 주변의 의미있는 타인이 자신의 이름을 불러주면 유아의 자아존중감은 더욱 증진된다. 특히 유아교육기관에서 교사가 유아의 이름을 따뜻한 목소리로 불러주는 것은 매우 중요하다. 이에 교사는 유아들과의 '아침 인사 나누기' 활동이 매일 반복되는 일상이라 그 의미를 잊어버리기 쉬운데, 하루일과 시작 중 유아들과 반갑게 인사를 나누고, 내가 다니는 기관의 이름과 우리반의 이름, 나의 이름과 같은 반 친구들의 이름을 함께 부르며 출석을 체크하는 일은 유아의 자아개념과 자아존중감을 형성하는 데 가장 필요로 하는 활동 중 하나이다.

그밖에 유아의 자아개념 발달에 도움을 주는 인식 활동(Melebdez & Beck, 2018)으로는 유아의 물건에 이름 붙이기, 유아의 이름 카드를 활용하여 같은 글자 찾기, 유아 사진과 이름 카드 짝 맞추기, 노랫말이나 시에 유아 이름 넣기, 그림책 주인공 이름을 유아 이름으로 바꿔 들려주기, 유아의 사진과 이름, 이야기 등을 넣을 수 있는 그림책과 동영상 만들기 등이 있다(최현정 · 이금구 · 우혜진, 2018).

이름을 인식하는 것 다음으로 중요한 것은 유아가 자신의 신체를 인식하여 조절하고 움직이는 것이다. 유아가 자신의 외적인 신체를 인식하고, 자신의 신체를 스스로 조절하며, 자신의 신체로 다양한 움직임과 표현을 시도하고, 자신의 신체와 사물 간에 상호작용을 하는 등 신체와 관련된 모든 것은 유아의 자아존중감, 자아개념 형성에 긍정적인 영향을 끼친다.

이처럼 자아개념은 생득적으로 타고나기보다는 성장하는 과정에서 접하게 되는 중요한 타인과의 상호작용에 의해 형성되는 것이다(박찬옥 · 서동미 · 엄은나, 2020). 교사는 유아에게 중요한 타인으로, 유아교육기관의 일상적 일과 안에서 유아의 자아개념 발달을 위한 교사의 역할은 다음과 같다(민혜영 · 김영희 · 유은석 · 임경령, 2017).

첫째, 유아에게 충분한 사랑과 관심을 표현해 주어야 한다. 교사는 유아가 자신은 충분히 가치 있고 소중한 사람이라는 것을 느낄 수 있도록 영유아교육기관에서의 놀이, 활동, 하루 일과를 운영해야 한다. 이를 위해 유아가 등원할 때에는 유아의 이름을 불러주며, 눈 맞춤을 하고 인사를 나누어야 한다. 이때 유아의 이름은 편안하고 안정된 톤으로 불러주는 것이 중요하다. 또한, 교사는 교실환경 구성을 통해서도 유아가 꼭 필요한 구성원임을 표현해 줄 수 있는데 예를 들어, 유아의 이름과 사진, 생일판, 유아의 작품을 기관과 교실 내에 전시함으로써 유아가 자신감과 공동체적 소속감을 느낄 수 있도록 해야 한다.

둘째, 유아를 인정하고 격려해 준다. 유아의 자아개념은 유아의 사회적 관계 안에서 받는 반복적인 다양한 피드백을 통해 이루어진다. 즉, 부모, 교사, 또래집단의 반응 및 평가를 반복적으로 경험하면서 자신에 대한 개념을 형성해 나가는 것이다. 교사는 유아가 가지고 있는 개별적 특성들을 있는 그대로 수용하고 존중해 주면서 유아가 가지고 있는 장점은 부각시키고, 단점은 긍정적으로 바라보거나 줄여갈 수 있도록 구체적인 표현을 해 주는 것이 중요하다. 이때 결과뿐만 아니라 과정에서의 노력에 대해서 함께 인정하고 격려해 주어야 한다.

셋째, 유아가 선택한 결정, 책임을 경험하는 기회를 제공해 준다. 자신이 선택하고 결정할 수 있을 때 자신에 대한 긍정적인 느낌을 가질 수 있다. 그러기 위해서는 교실환경을 유아가 쉽게 접근하고 다룰 수 있도록 구성하며, 다양한 상황에서 유아에게 선택과 결정의 기회를 제공한다. 또한, 유아 행동 한계를 정당하게 설정해 주며, 유아들 간에 사회적 갈등이 일어났을 때 그 상황에서 유아가 주도적으로 갈등을 해결할 수 있도록 지지하고 기다려 준다.

넷째, 하루 일과 안에서 유아가 성취감을 경험하도록 지원해 준다. 성취의 경험은 자신에 대한 긍정적인 개념을 더욱 발달시키고 이후 새로운 일에 대한 도전의식을 갖게 한다. 발달 수준에 근거하여 쉬운 문제, 조금 어려운 문제, 조금 더 생각이 필요한 문제 등을 제시하여 스스로 성취해 보는 경험을 할 수 있도록 지지하고 지원해 준다.

Chapter

07

친사회성

1 친사회성

유아 사회교육의 정의는 근본적으로 사회가 원하는 인간상을 만들어 내는 것을 말한다. 사회가 원하는 인간상이란 그 사회가 어떤 사회인가와 관계한다. 민주사회라면 민주사회에 알맞은 민주시민을 양성하는 것이고, 민족을 우선하는 사회라면 민족의 이익과 번영에 알맞은 시민을 양성하는 것이다. 그리스 시대라면 각 계층별로 역할과 임무에 맞는 일을 하는 사람으로 양성하는 것이 바로 사회가 원하는 인간상이다. 현대사회는 민주사회이니 민주적인 시민을 양성하는 것을 의미한다. 그럼, 민주시민이란 무엇일까? 사회적 질서와 사회적 가치, 사회적 공존, 사회적 지식, 사회적 상호작용에 알맞은 기술 등을 제대로 갖춘 사람을 의미한다.

1) 친사회성의 개념 및 중요성

친사회성은 나눔, 배려, 협력 등의 행동을 포함하여 부정적이고 배타적인 사회적 행동과는 다른 우호적이고 관용적인 이타적 도움 행동으로서 상대방에 대한 배려하는 마음에서 오는 긍정적 측면의 사회적 행동이다. 친사회적 행동은 건설적인 사회적 행동이며 나누고 배려하며 서로 도와주는 마음과 행동, 상대방에 대한 관심 등의 이타적이고 도덕적인 행동을 포함한다(서소정, 2006). 또한, 이러한 행동뿐만 아니라 어떠한 대가나 보상에 대한 기대 없이 스스로 자율적인 도덕심을 가지고 다른 사람에게 긍정적이고 바람직한 영향을 주는 일체의 행동이라고 할 수 있다.

이와 같이 친사회적 행동은 이타적이고 긍정적인 일체의 행동을 포함하여 다른 사람과의 관계 속에서 습득해 나가는 나눔, 배려, 협력 등의 도움적, 우호적 행동으로 나타난다.

따라서 이러한 친사회적 행동은 유아기에서부터 성인이 되어서까지 한 인간으로 평생을 살아가는 데 있어서 사회적 관계를 원만하게 유지하며 살아가도록 하는 데 있어서 매우 중요한 요인이 되기도 하며, 친사회적 행동을 통해 더욱더 행복한 삶을 영위하게 되고 좀 더 효능감 있고, 능률적인 삶을 유지하며 살아갈 수 있는 기반이 될 수 있다는 점에 있어서 그 중요성이 더욱 강조되고 있다. 특히 현대의 사회 문화는 매우 복잡하고 전문화되어 가고 있고 도시화 속에서 인간 상호 간의 관계는 더욱더 밀접해지고 복잡해져 가고 있으며, 상대방에 대한 존중과 배려를 통한 원만하고 행복한 삶의 기반이 될 수 있는 친사회적 능력이 더욱 요구되고 있기에 친사회성의 중요성은 아무리 강조해도 지나치지 않을 것이다.

2) 친사회성 교육의 목적

친사회성 교육의 목적은 근본적으로 유아 사회성 교육의 정의를 바탕으로 이루어진다. 유아 사회성 교육의 목적은 기본생활습관을 기르고 자신의 생각과 행동을 조절하고, 남과 더불어 사는 방법을 익히며 사회현상에 대하여 합리적으로 대처해 나갈 수 있는 기초능력을 배양함으로써 민주시민의 자질을 기르는 것이다. 여기에서 중요한 것은 민주시민의 자질을 기르는 것이다. 민주시민의 자질에 해당하는 조건은 다음과 같다.

① 기본생활습관이 제대로 형성된 사람
② 자신의 생각과 행동을 조절할 수 있는 사람
③ 남과 더불어 사는 방법을 알고 있는 사람
④ 사회현상에 합리적으로 대처할 수 있는 사람

이와 같은 조건을 제대로 갖추고 있는 사람이 민주시민의 자질을 갖추고 있으며, 유아 친사회성 교육의 목적은 바로 그러한 민주시민을 기르는 것이다.

3) 유아의 친사회적 행동 발달

감정이입이란 자신보다 타인의 상황에 적합한 정서적 반응을 하는 것으로 구체적으로 타인의 감정을 함께 공유하는 것, 동정(sympathy)과는 다른 차원의 감정적 공유를 이루는 것, 감정이입은 자신과 타인을 구분할 수 있어야 사실상 가능하다. 즉, 타인의 감정과 자신의 감정을 구분할 수 있어야 가능하다는 말로 인지적 성장이 필요하다. 호프만(Hoffman)은 감정이입의 단계를 네 단계로 나눴는데, 각 단계를 요약하면, 첫 번째, 총체적 감정이입 단계로 출생~생후 1년의 시기이다. 영아는 자신과 타인을 아직 명확히 구별하지 못하므로 타인에 대한 감정이입을 제대로 하지 못한다. 타인이 울면 자신도 우는데, 이런 특징은 원초적 기재로서의 비자발적 행동이다. 이를 총체적 감정이입 단계라 한다. 두 번째는 자아 중심적 감정이입의 단계로 1~2년의 시기이다. 자신과 타인을 점점 구별할 수 있게 되어 타인이 불행하다는 것도 알게 된다. 세 번째는 타인 지향적 감정이입 단계로 2~3년의 시기이다. 타인의 감정에 이입하기 시작한다. 다른 사람이 다른 감정을 가지고 있음을 알게 되면서 그들에게 반응한다. 마지막으로는 삶에 대한 감정이입 단계로 유아기 후기의 시기이다. 타인의 감정이 일시적인 것이 아니라 타인의 일반적인 삶의 경험을 나타내는 것이라는 것을 알게 되고, 이에 대해 감정이입을 보인다. 타인에 대한 감정이입은 일반적 상황에 대한 지적 표상과 더불어 나타난다.

이타적 행동은 타인에게는 유익하지만 행위자는 물질적 혹은 사회적 보상을 거의 받지 못할 뿐만 아니라 높은 부담마저 감수해야 하는 행동으로 자신에게는 아무런 이득이 없이 다른 사람의 이익을 위해 행동하는 것으로 음식물이나 놀잇감을 남과 나누어 함께 노는 행동을 들 수 있다. 기본적으로 자아중심적인 유아들에게 있어 생후 2년째가 되면 나타나는 행동이다.

상대방의 욕구를 이해하기 위해서는 여러 가지 상황에 대한 이해가 필요하며, 특히 감정에 대한 이해가 필요하다. 이타적 행동에 대한 성인과 유아의 관점이 다르다. 성인과 아동들은 개인적 이익의 기대 때문에 도와주는 행위자보다 기대하지 않고 도와주는 것을 더 친절하다고 생각하나 유아들의 경우 보상의 기대 없이 나누는 것보다는 약속을 지키기 위해 나누는 것이 더 친절한 것으로 생각된다. 이타적 행동이나 감정이입과 같은 행동의 구조나 본질적 측면은 유아의 인지적 능력이 정교화됨에 따라 변화를 가져오는데, 이러한 발달적 변화와 관련 있는 것이 바로 조망수용능력으로 조망수용능력은 타인의 입장에 서서 타인의 관점을 이해하는 것을 말한다.

2 친사회성의 발달이론

1) 아이젠버그(Eisenberg)의 친사회성 이론

친사회성이라는 용어는 엘리자베스 존슨(Elizabeth A. Johnson)이 '반사회적 공격성', '친사회적 공격성'을 구별하면서 처음 사용되었다. 해악, 파괴, 이기심 등과는 다른 심리적 차원인 도움주기, 나눔, 기부 또는 조력 등의 다양한 행동들이 긍정적인 사회적 결과를 낳는다는 의미에서 그 후 사회심리학자들이 이런 종류의 행동들을 긍정적 행동(positive behavior) 또는 친사회적 행동(prosocial behavior)이라고 부르기 시작했다. 친사회성이란 타자와의 관계, 즉 대인관계에서 '드러나기 이전'의 상태인 개인 내재적 속성으로 한 사람의 인격성을 구성하는 요소라고 말할 수 있다. 그러므로 한 사람이 친사회적 행위를 할 수 있기 위해서는 먼저 친사회성을 함양하고 있을 것이 요구되며, 인격성으로서의 친사회성을 지니고 있을 때 타자와의 관계에서 발생한 대립·충돌·갈등의 문제를 해결할 수 있고 친사회적 행위가 가능한 것이다.

개인이 친사회성을 보이는 이유에 대한 아이젠버그(Eisenberg) 학자들의 관심이 증가하면서, 이들은 친사회성의 기원, 역학 및 결과에 관한 연구를 통해 친사회성과 상호 관련된 분석 수준을 세 가지로 제시하였다. 먼저, 미시적 수준은 진화론을 토대로 인간의 친사회적인 경향의 기원과 관련되고, 원인론은 이러한 경향의 개인차의 원인에 관한 것이라고 하였다. 대조적으로 중간 수준은 '특정 상황의 맥락에서' 도와주는 사람, 즉 도움은 친사회성에 대한 심리학적 연구에서 전통적으로 초점이 되어 온 것이라고 본다. 마지막으로 거시적 수준에서는 집단 및 대규모 조직(예컨대, 자원봉사, 협력) 내에서의 친사회성을 보고 있다. 또한 뱃슨(Batson, 1998)은 친사회성을 유지하고 촉발하는 데 있어 어떤 요인이 작용하는지에 대해서 학자들이 여러 가지 의견을 제시하여 왔으며, 그중 이타주의의 존재에 대한 의문이 새롭게 제기되면서, 이타주의가 존재한다는 증거가 여러 방면에서 수집되었다. 이타주의는 자기 자신에게 이로운 것이 아니라 동정심을 느끼게 만든 사람에게 이익을 주는 것을 궁극적인 목표로 한다. 올리너(Oliner, 1983)는 친사회적 행동과 박애, 협동심 등의 친사회적 동기를 합쳐서 친사회성이라 일컫는데, 여기서 이타적 행동이나 다른 사람을 생각하여 실행된 행동은 친사회적 행동이며 이러한 행동을 나타나게 한 동기와 윤리를 합쳐 친사회성이라고 하였다. 또한 친사회성을 갖추고 있는 사람은 도덕적 문제에 직면할 때 그의 친사회성을 실현함으로써, 즉 행동화함으로써 그의 행위가 친사회적이 된다. 아이젠버그와 파베스(Eisenberg & Fabes, 1997)는 친사회성을 상호이익, 보상 또는 사회적 승인 같은 이기적인 관심사, 대상에 대한 피해 예방 등과 같은 실질적인 관심사, 동정과 같은 타자 지향적 관심사 또는 도덕적 가치로 동기부여가 되는 도움, 나눔 또는 위안과 같이 타인에게 이로움을 주려는 자발적인 것으로 정의했다. 아이젠버그(1986)는 친사회성 추론과 도덕적 추론 사이에는 몇몇 근본적인 유사점이 있으나, 그것들은 별개의 영역이라고 하였으며, 친사회적 추론은 아동의 사회성 발달에 대한 중요한 정보를 제공한다고 보았다. 아이젠버그(1986)는 취학 전 아동의 친사회적 추론과 친사회적 행동은 관련되어 있으며, 그것은 친사회적 행동의 유형에 달려 있다는 것을 발견했다. 또한 나눔은 친사회적 추론과 긍정적인 관계에 있다고 보았다. 아이젠버그(1986)는 친사회적 추론 전략을 연구하기 위해 아동의 친사회성을 종단 연구하였는데, 그녀의 연구는 친사회성이 높은 아동들이 쾌락적인 판단을 하는 아동들에 비해 이타적인 친사회적 추론을 이용하여 판단하는 아동과 긍정적으로 관련되어 있다는 것을 발견하였다. 아이젠버그(1986)는 4세에서 20세 사이의 아동을 대상으로 친사회적 추론에 대한 종단적 연구를 수행하였고, 이를 바탕으로 친사회적 추론 발달의 단계를 제시하였는데, 그 단계는 다음과 같다. 제1단계에서 아동은 주로 자신의 필요에 따라 결정을 내리는 쾌락주의적, 자기중심적 성향으로 추론을 한다. 이것은 아이젠버그가 유치원 및 초등학교 저학년의 특성으로 귀속시킨 추론이다. 제2단계에서 아동은 대부분 상황에 따른 친사회성의 수혜자의 요구를 고려하는 요구 지향적 추론을 사용한다. 제3단계에서 승인 및 대인 간의 성향, 그리고 고착된 성향은 아동이 자신의 행동을 통해 승인을 얻으려고 추구하는 것이다. 이 단계는 주로 초등학교 고학년과 중학교 저학년에서 보인다. 또한 제4단계는 2개의 하위단계로 구성되어 있는데, 먼저 4a 단계인 공감은 아동이 그들의 추론 과정에서 역할선택을 이용하여 찾아내는 것으로, 이 단계는 승인과 마찬가지로 주로 몇몇 초등학교 고학년과 중학교 저학년 학생에서 나타난다. 4b 단계는 자신의 추론을 뒷받침하기 위해 개인이 개인적 규범을 이유로 드는 과도기적 수준이지만, 그들의 신념과 규범은 명확하게 진술되지 않았다. 소수의 중학생들이 이 단계에 있다는 것이 발견되었지만, 대부분 연령이 높을수록 4b 단계를 사용한다. 마지막으로 제5단계에서는 강하게 내면화가 된 단계에서 아동은 그들의 추론을 정당화하기 위해 규범과 신념을 세운다.

일부 이론가들은 모든 연령의 친사회적이고 이타주의적 행동의 증가와 주요 원천이 사회인지발달이라고 본다. 사실 관점 수용의 기술은 개인이 다른 사람들의 어려움이나 욕구를 식별하고 이해하며 공감할 가능성을 증가시키는 것이 일반적이다(Eisenberg, 1986). 아동은 타인이 어떻게 느끼는지에 대한 정보를 타인의 입장에 처한 자신을 상상하거나 저장된 지식, 사회적 도식 등 도덕과 관련된 추론방법을 이용해서 타인의 내적인 상태에 대해 생각할 수 있다. 아동의 친사회성과 관련된 목표와 동기들은 아동의 친사회적인 도덕적 추론에서 반영되는데, 초등학교에서의 아동의 추론은 타인의 승인에 대한 관심을 반영하기 시작하며, 전형적으로 좋은 방법으로 행동하려고 하는 욕구와 대인관계를 향상시키기 시작한다.

아이젠버그의 친사회적 도덕추론에 관한 연구는 콜버그(Kohlberg)의 이론의 영향을 받았다. 그녀에 의하면 사회인지적 발달이 친사회적 도덕추론 발달에 중요한 역할을 한다는 것은 맞지만, 친사회적 도덕추론의 모든 단계들(특히 높은 단계들)은 보편적이지 못하며 또한 하위 단계들을 위계적으로 통합하지도 못한다. 오히려 환경적 및 정서적 요인들이 인간의 친사회적 도덕적 추론의 발달 과정에서 상당한 역할을 하는 것으로 믿어진다. 그런 점에서 아동 자신의 필요와 소망, 타인의 필요와 소망을 배경으로 하여 아동들이 어떤 추론을 하는가를 검토하는 것이 더 적절하다.

친사회성은 개인주의와 이기주의 의식이 팽배하고, 도덕성의 상실이 큰 사회문제로 제기되고 있는 현실에서 증진되어야 할 개인의 특성 중 하나이며(최유진·김희화, 2001), 타인을 도울 줄 아는 민주사회의 구성원으로 길러 내는 교육의 중요한 사회화 목표 중의 하나라 할 것이다.

아이젠버그(1986)는 친사회성에 대한 연구는 '얼마나 자주 친사회적 행동을 하는가?'의 행동적 측면과 '왜 친사회적 행동을 하며, 어떤 요소가 친사회적 행동을 계속하게 만드는가?'의 동기적 측면에서 이루어져 왔다고 보고 있으며, 행동적 측면은 개인이 보유하고 있는 특성으로 성별과 환경적·생물학적·문화적 요인 및 사회적·인지적·정서적 요인 등 여러 요인들이 친사회성에 영향을 미치고 있다고 말하고 있다(김영주·백정연, 2018).

아이젠버그(1986)는 친사회성을 결정짓는 요인을 일곱 가지로 나누어 설명하고 있다.

첫째, 생물학적 요소

둘째, 문화적 요소

셋째, 사회화 경험 요소: 아동의 부모, 친구, 교사, 대중 매체 간의 상호작용

넷째, 인지과정 요소: 아동의 지각, 해석, 상황의 평가, 인지발달과 성숙의 수준, 조망수용(다른 사람의 관점으로부터 상황을 이해하고 평가하는 능력), 아동의 의사결정과 도덕추론

다섯째, 정서적 요소로서 죄의식, 다른 사람을 위한 동정심, 공감

여섯째는 성격이나 개인적인 요소로서 성과 연령에 따른 발달 수준, 주장성과 사회화와 같은 성격특성, 일곱째는 상황 조건과 환경 요소로 외부의 압력, 사회적 사건, 사회적 맥락을 결정요인으로 들고 있다.

친사회성에 영향을 주는 요인으로 가정과 학교, 환경요인으로 문화, 성, 출생순위, 가족 수, 연령, 학년을 들고 있으며, 성격요인으로 변별성, 공감적 반응, 사회적 책임감, 지각된 능력, 자아개념 등을 들고 있다. 친사회성에 영향을 주는 요인들은 크게 환경요인과 개인요인으로 나누는데, 개인요인은 다시 개인의 상태와 개인의 특성으로 세분화할 수 있다. 개인의 상태란 특정시점에서의 개인의 심리상태를 의미하는 것으로 친사회성과 관련하여 개인의 기분상태, 자아-의식, 능력이나 역량, 죄의식 등이 주로 탐구되었다. 개인특성은 비교적 안정적이고 지속적인 개인의 심리 행동 경향을 뜻한다(한준수, 2000; 정연우, 2014 재인용). 친사회성 발달의 문화적 요소

의 경우, 친사회적인 문화에 사는 사람들의 특징으로 그들은 대가족과 사는 경향이 있고, 여성은 가족의 경제적 지위에 중요한 공헌을 해 왔으며, 일은 덜 전문적이고, 정부는 덜 중앙집권화되어 있으며, 아동은 가족구성원의 복지와 경제적 안녕을 위해서 이른 나이에 집안일을 하고 책임을 지는 경향이 있다고 하였다. 서양 문화와 아시아 문화의 친사회성을 대조 연구한 결과 일반적으로 아시아의 아동들이 서양 문화의 아동들보다 친사회적 행동에 더 많이 참여한다고 하였고, 동아시아의 아동들이 서양 문화의 아동들에 비해 타인에게 선물을 기부하거나, 자신의 음식을 또래에게 나누어 주고, 좋아하는 장난감을 공유하려고 한다는 것을 밝혔다.

아이젠버그 등(Eisenberg et al., 2007)은 친사회성 발달의 연구에 접근하는 중요한 방법을 네 가지로 나누어 제시하고 있다.

첫째, 관련 행동과 정서의 규범적인 발달 변화

둘째, 친사회적 대응에서 상대적으로 지속적인 개인 차이들에 영향을 끼칠 수 있는 요소

셋째, 상황에 따른 친사회적 행동의 기저에 있는 과정

넷째, 상황적 친사회적 또는 공감과 관련이 있는 대응의 환경적 요소들의 역할을 조사하는 것이라고 하였다.

또한 친사회성과 관련된 공감과 같은 주제에 대한 관심은 다음과 같은 이유로 증가한다고 하였다.

첫째, 사회적 행동의 생물학적 상관성과 유전을 포함해서 공감과 관련된 반응과 친사회성의 기반들

둘째, 다른 사람의 정서적 상태에 대한 이해와 대응에 대한 신경학적인 기반

셋째, 초기의 친사회적 반응과 공감과 관련된 반응의 출현에서 역할을 하는 사회인지적 기술의 발달

넷째, 약자를 괴롭히는 상황에서 약자를 공감하고 돕는 것

아이젠버그(1986)는 아동들은 다른 사람들의 정서적 상태와 인지과정에 대하여

점점 더 상세하게 이해하고, 그리고 다른 사람들의 감정적 단서를 더 잘 해독할 수 있으며, 그러한 관점을 취하는 것과 관련된 사회 인식 기술은 친사회적 대응과 관련이 있다고 보았다. 또한 연령이 높을수록 아동은 명백한 고통의 신호가 모호하거나 미묘한 사회적 맥락에서 다른 사람의 욕구를 인식하는 데 필요한 사회적 경험을 더 많이 가질 수 있다고 하였다. 수많은 연구자들은 연령이 증가할수록 다른 사람을 돕는 아동의 동기부여의 질이 변한다는 것을 제시하였다. 첫 번째 단계는 말을 잘 듣고 돕는 행동을 하며, 거기에서 아동은 물질적인 보상이나 처벌을 피하려고 한다. 두 번째 단계는 사회적 요구에 대해 순응하고 사회적으로 승인이 되는 것과 일반적인 상호성에 관심을 갖는다. 마지막 단계는 진정한 이타주의를 나타내는데, 여기에서 돕는 것 그 자체가 목적이 되는 것이다. 모든 제안된 단계들이 실제로 특정한 순서로 나타나는지는 분명하지 않지만(Eisenberg, 1986), 일반적으로 연령이 증가할수록 돕고, 타자 지향적이고, 내면화된 것에 대한 자기 지향적이고 쾌락적인 이유들이 감소하고 친사회성의 이타적인 동기와 이유들이 증가한다는 것을 발견했다(Eisenberg, 1986).

호프만(Hoffman, 1982)이 제안한 친사회성의 발달 모형은 4단계로 이루어졌다.

1단계(0-1세)에서 영아는 자신과 타인의 존재를 구별하지 못하고 타인의 고통을 자신의 불유쾌한 감정과 혼동하여 다른 유아에게 일어난 일이 마치 자신에게 일어난 것처럼 행동한다.

2단계(1-2세)에서는 타인이 고통스러워하는 것을 이해하기 시작하지만 그 사람이 자신과 다른 감정이 있다는 것을 이해하지 못하므로 타인의 고통에 부적절하게 반응한다.

3단계(2-3세)에서는 다른 사람이 자신과 다른 감정을 가질 수 있다는 것을 깨닫기 시작하지만 고통 받는 사람의 존재가 자기 눈앞에 보일 때에만 공감 형성이 가능하다.

4단계(아동 후기)에서는 다른 사람이 고통 받는 것을 직접 눈으로 보지 않더라도 상상하는 것만으로도 감정이입이 가능하고 직접 관찰한 사람의 감정에 대한 공감

형성뿐만 아니라, 가난한 사람이나 사회적으로 소외되고 버림받은 사람 등 전반에 걸친 공감 형성이 가능하다고 하였다(손강숙, 2014).

친사회성은 다른 사람에게 도움이 되는 것으로 도와주기, 나누기, 기부하기, 위로하기, 협동하기 등으로 구분하고 있으며, 이것은 양자 또는 집단 상호작용의 질에 중요하다(Eisenberg et al., 2007). 아동기는 친사회성이 발달하도록 해야 하는 시기이며, 친사회성은 갈등상황에서 자신이 취해야 할 행동을 도덕적으로 어떻게 판단하는가와 밀접한 관계가 있다고 보았으며, 친사회성은 사회와 다른 사람을 이롭게 하는 것으로 나눠주기, 도와주기, 협동하기, 동정심 표현하기 등으로 구분하였다. 반두라(Bandura, 1973)는 친사회성이란 긍정적인 사회적 행동으로 도움주기, 나누어 갖기, 협동하기, 감정이입, 자기존중, 타인존중 등과 같이 사람들 사이의 우호관계를 촉진하거나 유지하는 행동이라고 하였고(오가영, 2012), 친사회성을 타인과 협동하고, 도움을 주고, 자기희생을 하는 행동으로 갈등을 해결하는 중요한 기제로서 기능을 한다는 측면에서 밀접히 결부된 사회행동이라고 보았다. 또한 플루디(Floody, 1980)는 친사회성을 일반적으로 다른 사람에게 거슬리는 행동과 반대되는 것으로 타인을 이롭게 하는 상호작용의 한 방법으로 정의하였다. 이와 같이 친사회성에 대한 정의는 학자마다 다양하지만, 종합해 보면 사회구성원들이 옳다고 여기는 행동을 인식하고 외부로부터의 보상 없이 자발적으로 수행하려는 행동이라고 정의할 수 있다. 그리고 인간이 다른 사람과 더불어 생활하는 데 있어서 다른 사람을 이롭게 하는 긍정적인 친사회성은 반드시 습득해야 할 행동이다.

아동·청소년기와 성인기 친사회성 발달을 종단적으로 추적한 연구에서 학령기에 친사회성을 습득하지 못한 아동은 성인기에 강한 공격성을 보인다고 강조하면서 친사회성의 조기교육을 강조하였다. 특히 아동기는 또래 괴롭힘이 보편적으로 발생하는 시기로, 이는 비단 국내의 문제로 국한된 것이 아닌 전 세계의 아동과 청소년들 사이에 널리 퍼져 있는 문제라고 볼 수 있다. 따라서 아동의 친사회성을 어떻게 강화할 수 있는지에 대해 연구하는 것은 아동이 건강한 사회인으로 성장할 수 있는 기틀을 마련하는 것이다.

유아는 연령이 증가함에 따라 대부분의 시간을 또래들과 어울리면서 보내며 또래와의 동등한 지위에서 관계를 맺게 된다. 또래와의 관계는 부모와의 관계에 비해 덜 권위적이고 덜 비판적인 관계이기 때문에 성인과의 관계와는 다른 독자적인 방식으로 유아의 발달에 긍정적인 기여를 한다.

또래의 의미는 나이, 성, 학년 등 모든 영역에서 동등한 지위에 있는 동년배를 뜻하며 정신적 발달, 신체적 발달과 행동이 유사하고 사회적으로 동일시되는 대상이다. 또래는 자신과 타인에 대한 이해를 증진하며, 서로가 서로에게 매우 중요한 역할 모델로서 다양한 상호작용을 통해 지식과 기술을 습득해 나가는 강화자의 역할뿐만 아니라 성장을 발달하게 한다. 유아가 또래관계에서 유능하게 기능하여 긍정적인 또래 상호작용을 경험하는 것은 매우 중요하다. 또래관계는 동등한 대상 간의 수평적 관계이므로 유아는 또래집단에서 생각을 자유롭게 표현하고 갈등을 경험하고 해결하는 평등한 상호작용을 하게 된다. 이러한 또래관계에서 형성되는 또래유능성(per competence)은 또래들과 효과적으로 관계를 형성하고 유지할 수 있는 능력으로 또래관계에서 적합한 방식으로 자신의 목표를 달성하고 또래와 적극적으로 상호작용하며 또래집단에 수용되는 능력이라고 하였다. 또래유능성은 또래와 상호작용을 하고 또래관계에 잘 적응하는 데 중요한 기능이며, 유아의 사회적 유능성 발달에 기초가 되고 사회인지발달의 중요한 개념이다(Pellegrini, 1985). 유아는 또래와 상호작용을 통하여 유능하고 적응적인 유형의 사회적 행동을 습득한다고 하였으며, 또래와 관계를 맺으면서 타인의 관점을 이해하게 되고 사회적 지식을 습득하여 사회에서 생활할 수 있는 능력을 기르게 되는데, 이러한 능력이 사회적 유능성이라고 하였다. 사회적 유능성은 사회적 환경에서 효과적으로 상호작용하는 것으로 성인이나 또래와의 상호작용이 만족스러우며 이를 통해 자신의 능력을 향상시키는 것으로 정의된다. 유아의 사회적 유능성은 또래유능성과 혼용하여 사용하기도 하나 또래관계에서만 해당되는 것이 아니며 모든 사회적 맥락을 포괄하는 개념으로 봐야 한다. 이와 같이 사회적 유능성은 또래유능성과 같은 의미로 사용되어 왔는데, 발달적 측면에서 유아의 사회적 관계에는 성인과의 상호작용이 많은 부분 포함되어 있어 유아의 사회적 유능성은 또래유능성이라고 명명하는 것이 타당하다. 박주희와 이은해(2001)는 또래유능성이란 또래와의 관계를 효과적으로 형성하고 유지하며, 또래관계 내에서 적합한 방식으로 자신의 목표를 달성하는 능력이라고 정의하였다. 이러한 또래유능성이 높은 유아들은 그렇지 않은 유아들에 비해 또래와 우정관계를 맺을 기회가 많고, 우정관계를 맺을 때 또래가 승인하는 방식으로 또래의 관심을 이끌고 유지하며 자기에게 주어진 과업이 어려울 때는 또래를 자원으로 활용할 줄 알고 또래에게 애정이나 친밀감을 자주 표현하며 또래와의 갈등 상황도 잘 해결하는 특성을 보인다. 박주희와 이은해(2001)는 또래유능성을 3가지 요소로 여러 유아와 잘 어울리고 또래로부터 잘 수용되는 사교성, 친구들에게 민감하고 긍정적인 방식으로 반응하는 친사회성, 친구들을 주도적으로 이끌며 자신의 주장을 효과적으로 표현하는 주도성 등의 요소로 구분하였다. 이상으로 또래유능성에 대한 정의를 종합적으로 정리하면, 또래유능성은 또래와의 관계에서 또래와 성공적인 상호작용을 하기 위한 사회적 기술을 효과적으로 사용하여 긍정적인 관계를 형성하는 능력으로 정의할 수 있다.

배려의 행동적인 측면을 강조하여 다른 사람이 성장할 수 있도록 도움을 주는 것으로 정의한다. 피셔와 트론토(Fisher & Tronto, 1981)는 다른 사람에 대한 책임, 애정, 헌신을 토대로 사고가 포함된 실천으로 보았으며, 배려를 실천으로 보는 것이 원칙이지만 정서를 강조하는 것이 보다 옳다고 하여 배려의 정서적 측면을 더 강조하였다. 노딩스(Noddings, 1984)는 사람이나 사물에게 관심을 갖고, 그것에 대해 걱정해 주는 부담감과 책임감이 승화된 것이라고 하였다. 탈로우(Tarlow, 1996)는 서로 특별하게 주고받는 호혜적 관계 안에서 정서적이고 지속적으로 상호 교환하는 과정이라 하였다. 노딩스(1984)와 탈로우(1996)는 배려의 정서와 행동적 영역을 강조하고 있다.

2) 정신분석이론

정신분석이론은 마음의 지형학적 모델(topographic model)로서 인간의 정신세계를 지리학적 개념으로 분석하여, 인간의 마음을 세 차원의 정신세계로 구분하여 의식, 전의식, 무의식으로 구성되었다고 보았다.

정신분석이론의 프로이트(Frued)는 자기중심적인 마음과 공격성을 인간의 본능으로 보았다. 이러한 이론은 아직 어린 영유아기의 친사회적 행동에 대한 어려움에 대해 시사하기도 한다. 그러나 영유아는 자기중심적이고 공격적인 본능적 행동에서 점점 성장해 나가면서 인간 상호관계를 통해 초자아가 발달해 가면서 친사회적 행동을 내면화한다. 성장 과정을 통해 다른 사람의 친사회적 행동에 대한 동일시 등의 경험이나 가치 있는 행동에 대한 자율적 도덕심 형성의 과정을 통해 친사회적 행동을 내면화하기 시작한다고 보았다.

영유아는 이러한 인간 상호 간의 상호작용 속에서 성장해 가면서 이러한 초자아가 형성된다. 즉, 상대방의 행동을 바라보게 되고 경험적으로 내면화해 가면서 자기 자신의 행동을 상대방의 입장에서 바라보게 되고 객관성 있고 타당한 행동을 내면화하게 되면서 초자아가 형성되어 가고 친사회적인 행동의 역할을 확대해 나간다고 할 수 있다.

이처럼 정신분석학적 이론에서 친사회적 행동은 영유아가 다른 사람과의 상호작용적인 사회관계 속에서 자아에서 비로소 초자아가 발달해 나가면서 친사회적인 자율적 도덕심을 내면화하고, 도덕적 가치를 존중하게 되는 과정을 통해 친사회적 행동이 발달해 간다고 보았다.

프로이트의 정신분석이론에서 의식, 전의식, 무의식에 대해 요약해 보면 다음과 같다.

(1) 의식

프로이트는 의식이 인간에게 미치는 영향은 무의식에 비하여 미미하다고 보았다. 의식은 현재 느끼는 것, 느껴지는 감각, 지각, 경험, 기억 등을 의미하며, 무의식의 발견 이전에는 의식의 영향이 인간에게 절대적이라고 보았다.

(2) 전의식

전의식은 쉽게 떠오르는 기억, 즉 과거의 어떠한 일이 기억이 나지 않으나, 기억을 되살려 보면 생각나는 것 등이다. 이와 같이 정신을 집중하여 기억을 떠올리면 쉽게 생각이 되는 기억을 말한다. 예를 들어, 어떠한 기술을 익히기 전이나 기술의 초보 단계에서는 매우 긴장하게 되지만, 집중과 연습 등으로 기술적 능력이 생기면 긴장감 없이 유능하게 행동하게 되는 것이 전의식의 기능이다.

(3) 무의식

프로이트는 인간의 마음속에 존재하고 심층적으로 내재되어 있으나, 쉽게 자각하고 인식하지 못하는 부분의 마음속 영역을 무의식이라고 보았다. 프로이트는 무의식을 통해 진정한 심리적 마음의 상태를 주장하였으며, 이러한 무의식의 세계는 인간의 생각이나 감정의 표출 및 행동 등에 커다란 영향력이 있음을 주장하였다. 이러한 무의식의 세계는 의식의 세계를 지배하게 된다고 보았다.

예를 들어, 의식의 세계에서는 용납되거나 받아들여지기 힘든 부도덕한 생각이나 욕구, 욕망 등의 현실적으로 실천하기 어려운 억압된 영역이 무의식에 존재하고 있으며, 이러한 무의식의 세계에 존재하며 표출되지 못한 행동이 자아로 억눌려져 있다가 자아의 방어력이 약해지는 순간에 의식의 세계로 표출되기도 한다. 예를 들어, 사람이 수면 상태에서 꾸게 되는 꿈 등은 무의식에 내면화되어 있는 생각의 세계를 보여주는 것이라고 본다. 특히 꿈을 통해 의식의 세계에서는 허용하기 어려운 무의식 속에 잠재되어 있는 생각들이 수면 상태의 이완된 상태에서 표출되는 예이기도 하다.

프로이트는 마음의 구조적 모델(structural model)을 제시하면서 성격을 원초아, 자아, 초자아의 세 부분으로 나누어 주장하였다.

그중 원초아(id)는 인간의 성격의 기초로서 타고난 본능, 즉 인간의 동물적이며 생물적인 욕구나 충동, 예컨대 배고픔, 식욕, 배설, 성적 욕망, 공격성, 보온에 대한 욕구 등을 말한다. 이러한 기초적인 욕구들은 쾌락의 원리를 따르며 이러한 욕구충족을 통해 안정감을 얻고 더 나아가 만족을 얻기도 한다.

인간이 원초아로부터 요구되는 즉각적인 쾌락추구는 현실적으로 행동으로 즉각적으로 실행하기에는 현실의 인간의 생각, 법적 테두리 등의 강력한 비난이나 허용되지 못하는 상황으로 인해 원초아의 욕구들은 순간순간 생활 속에서 늘 억압되는 경험을 하게 된다. 이러한 경험을 통해 억압된 욕구들은 무의식 속에 잠재되고 내재되어 있으면서 인간의 행동에 영향을 미친다.

이와 같이 원초아는 기초적이고 일차적인 본능적 욕구 중심의 사고 과정(primary process)으로서, 충동성과 비합리성을 포함하기도 하며, 다른 사람에 미치는 영향에 대한 배려나 존중은 고려하지 않는다.

3) 사회학습이론

반두라(Bandura)의 사회학습이론에서는 친사회적 행동의 학습 과정을 모델링이나 모방을 통한 학습으로 설명한다. 즉, 자극과 반응을 통해 그 결과로 친사회적 행동이 나타난다는 것이다. 반두라(1977)는 사회학습이론에서 관찰과 모방학습에 유능한 능력을 보이는 유아는 친사회적 행동을 스스로 습득해 나간다고 보았다. 영유아는 친사회적 행동의 발달이 동성부모에게서 더욱 많은 영향을 받는다고 주장하였으며, 영유아가 성장해 나가고 성숙해 감에 따라 더욱더 다양하고 복합적인 사회적 학습경험을 하게 되며, 친사회적 능력이 증진된다고 보았다.

4) 인지발달이론

인지발달이론에서는 친사회적 행동을 피아제(Piaget, 1932)와 콜버그(Kohlberg, 1963)의 도덕성 추론 발달이론을 바탕으로 설명한다. 인지발달이론에서 친사회적 행동은 인지발달로 인한 사고구조의 변화를 통해 질적인 차이를 보이게 되며, 3단계를 거쳐 발달한다고 보았다(윤혜경·민하영, 2003).

① **1단계**: 7세 미만의 유아로 자기중심적인 특성으로 인하여 다른 사람의 욕구를 배려하거나 존중하지 못하는 시기이며, 이 시기의 유아는 보통 자기중심적 욕구나 쾌락이 친사회적 행동의 동기가 된다.

② 2단계: 구체적 조작기의 아동으로서 다른 친구들과의 사회적인 상호작용의 기회가 많아지면서 자신의 생각이나 입장과 다른 사람의 생각이나 입장 관점의 차이를 습득하게 된다. 이러한 경험적 학습을 통해 다른 사람을 배려하고 존중하며 도움을 주는 방법을 터득하게 되고, 다른 사람의 마음을 기쁘게 하거나 도와주기 위해 친사회적 행동을 한다고 주장한다.

③ 3단계: 형식적 조작기의 아동으로서 나의 입장과 생각 그리고 다른 사람의 입장과 생각 등을 바꾸어서 생각하여 이해하게 되며, 보편적인 원리를 기반으로 친사회적 행동을 한다고 본다.

이와 같이 인지발달이론에서는 친사회적 행동을 유아가 인지발달 과정을 통한 경험과 학습에 의한 행동이라고 본다. 즉, 친사회적 행동을 유아가 다른 사람과의 상호작용이나 행동 등의 경험을 통한 느낌이나 생각 등의 자극 요소를 인지하고 이해하게 되면서 개별적으로 내면화하게 되는 것으로 본다.

이러한 과정을 통해 유아는 자신의 방법대로 다른 사람과의 환경을 경험하고 인지하게 되면서 개별적으로 내면화 과정을 통해 친사회적 행동의 요소들을 통합, 조직해 나가면서 친사회적 행동을 하게 된다.

친사회적 행동이 유아에게 내면화되고 정상적으로 표출되기 위해서는 자기중심적 사고에서 비롯되는 행동에서 자율적이고 능동적인 마음으로 다른 사람의 생각이나 요구를 이해하고 존중하며 어려움에 직면한 다른 사람의 요구를 이해할 수 있는 조망능력의 선행이 필요하다고 본다.

3 친사회성 발달에 영향을 주는 요인들

유아의 친사회성 발달에 영향을 주는 요인들로는 가정, 또래, 지역사회 그리고 유아교육기관 등이 있다. 유아의 사회화에 영향을 미치는 가장 주요한 변인으로 가정의 사회적 역할을 강조한다. 현대에 들어와서는 가정의 기능이 점차 약화되어 이것으로 인한 아동의 사회화 발달에 많은 문제를 가지고 있다. 가족 중 부모 및 형제자매는 유아의 사회화에 주된 영향을 미치는 변인이다.

1) 부모

부모는 유아에게 있어 정서적·심리적·신체적 지원을 해주는 역할을 한다. 유아가 자라면서 이 세상에 대해 갖는 기대와 반응에 영향을 미치는 존재이다. 이에 대한 기본적인 이론적 배경은 에릭슨 이론이다. 부모가 자녀의 사회성 발달에 영향을 미치는 요인은 다음으로 설명이 가능하다.

애착을 통해 유아의 사회적 상호작용과 대인관계를 지원하는 자의 역할로써 부모는 자녀의 사회적 상호작용의 안정한 토대(secure base)가 되며, 안정애착이 형성된 유아는 사회적 탐색이 활발하고 사회적 관계를 확장함으로써 다양한 경험을 하게 된다. 안정애착의 의미는 부모와 자녀가 적극적으로 상호작용을 한다는 것이다. 따라서 유아는 부모와의 관계를 통해 사회적 상호작용의 방법을 미리 익힌다. 부모와 자녀의 관계는 사회적 기술 발달의 촉진자로서의 역할을 하며 가정의 규칙에 대한 학습으로 사회적 상호작용의 규칙을 연계 학습한다.

2) 형제자매

형제와의 상호작용을 통해 사회적 기술 발달과 사회화에 영향을 받는다. 모방을 통해 획득(동생이 형을 모방; 동성의 형제들이 서로 모방)하게 되는데, 모방을 통해 획득하는 것의 예로는 형이 있는 남아는 여아보다 남성성에 더 많은 관심을 갖고, 오빠가 있는 여아는 야심적, 공격적, 남아 같은 특징을 보이며, 형은 남아의 효과적인 성역할 모델(가장이 없는 경우)이 되기도 한다.

3) 또래

또래는 유아의 사회성 발달이나 사회화에 아주 중요한 변인이다. 또래와의 상호작용은 사회적 역할, 사회적 기술, 사회적 상호작용에 영향을 미친다. 또래집단이 발달에 미치는 영향으로는 우선 강화자로서의 역할인데, 유아들은 나이가 들면서 또래들의 행동을 본뜨는 것이 더 많아진다. 나이가 든 유아는 나이가 어린 유아에게 모델로서의 역할, 강화자로서의 역할을 한다.

Chapter

08

성역할

1 성역할

1) 성역할의 개념 및 중요성

사회가 변화되고 발전되어 나가면서 성역할의 개념도 그 시대의 사회문화에 맞게 재정립되어야 하며, 성역할의 개념은 그 시대의 중요한 사회문화적 가치를 지니게 되었다.

유아가 자기의 성을 인식하는 것은 2세~2년 6개월 사이로 추정된다. 성역할이란 그 시대의 사회문화에서 규정되는 성에 따른 적정한 행동이나 태도를 의미한다. 또한, 그 시대의 사회문화에 맞는 적절한 행동양식이나 태도 등을 각각의 성에 맞게 그 역할과 가치를 부여하도록 기대되기도 한다. 이러한 성역할의 사회문화적인 가치나 기대는 가정뿐만 아니라 영유아교육기관이나 학교의 교육을 통해 정립되고 전수되며, 그 시대의 사회문화가 요구하는 성역할의 가치부여와 기대치 또는 사회생활 경험과 교육의 과정 속에서 유아들의 성역할은 발전해 나간다.

유아가 자기의 성을 인식하는 것은 2세~2년 6개월 사이로 추정된다고 상술하였듯이, 영유아기에 자신이 남아인지 여아인지를 알 수 있으며, 다른 사람들이 남자인지 여자인지 성을 구분하기도 한다. 이러한 성의 구분은 주로 생물학적(또는 옷차림이나 모양새 등)으로 보이는 행태나 외모를 보고 판단하기도 한다.

성역할의 개념은 남녀의 보이는 성(sex)에 기반을 두지만, 각각의 사회문화적 문화권에서 기대하고 가치를 두는 것과 사회생활 경험 속에서 학습이 되어 나가는 특성으로 인해 사회적 성과 긴밀하게 관련된다.

즉, 성역할(gender-role)의 개념은 남성과 여성의 성 비교가 생물학적인 것뿐만 아니라 사회생활 속 경험과 관계의 과정과 관련된 것으로 한 사회문화에서 성역할에 대해 인정하는 행동방식이다(정정옥·이경희·임은숙, 2003).

이러한 성역할의 개념은 그 시대가 요구하는 기대와 가치에 맞게 점점 더 변화되어 가고 있으며, 특히 현대의 사회문화적 배경을 기반으로 한 성역할의 기대와 가치는 현대에 이르러서는 매우 크게 변하였다. 주로 남녀의 차이에 기반을 두고 성 유형화 및 성 정형화에 초점을 둔 기존의 전통적인 사고방식의 성역할에 비해, 현대의 성역할의 변화는 산업사회 및 과학기술의 급진적 발달에 맞추어 성역할에 대한 기대와 가치관, 인식변화 등을 가져왔다.

이러한 사회문화적 성역할의 기대와 가치의 변화는 양성성(androgyny)의 개념을 가져오기도 하였으며, 이러한 성역할의 융통성 있는 변화는 그 시대의 사회문화적 흐름에 맞게 성역할의 개념을 정립하는 것이 효율적이고 합리적인 성역할의 개념임을 입증하기도 한다.

성역할의 개념은 영유아가 성장해 나가면서 학습되어 가는 중요한 발달과업 중의 하나이다. 성역할의 개념은 유아의 자아정체감 형성에 중요한 기반이 되기에 그 중요성이 더욱 강조되고 있다.

2) 성역할 개념의 역사적 변천

성역할 개념의 역사적 변천을 살펴보면 인류 문명이 시작되기 전에 여성과 남성은 종족보존이라는 목적을 위해서 불가분의 공생관계를 가지고 존재하였다. 여성만이 발휘할 수 있는 가장 창조적인 기능은 생산이며, 이러한 중요한 생산적 역할을 담당하고 있는 여성을 위해 먹을 것을 마련하고, 외적인 위협으로부터 보호하는 것은 남성의 역할에 적합하다고 보고, 이러한 상호협동적 관계를 통하여 종족보존의 목적을 이룬다. 따라서 성역할 구분이란 중요한 공동목표를 달성하기 위한 자연적 기능으로 분화되었다.

그러나 이러한 남성, 여성의 역할 개념이 지나치게 강조되어 자연적인 필요에 의한 구분이라는 의미를 넘어서서 각 성에 정해진 기준에 맞추어 가도록 강조한다. 우리나라의 문화가 그 대표적인 예이다. 한국 전통사회에서는 아이를 업고 밥을 짓거나 남편의 뒤를 따라가는 여성의 모습은 자연스러운 것으로 생각되었으며, 권위적이고 가계 유지의 책임을 지는 남성의 모습 또한 자연스러운 것으로 인정된다. 즉, 환경에 능동적으로 대처하고 직업을 가지며 가족을 부양하는 임무는 남성의 역할로, 그리고 환경에 수동적으로 적응하고 가사일과 자녀를 돌보는 임무는 여성의 역할로 규정하였으며, 이에서 벗어나는 것을 사회적으로 엄격히 제한한 적도 있었다.

이러한 전통적인 성역할 고정관념은 현대에 이르러 크게 변화되기 시작하였다. 산업사회의 구조적 변화 그리고 과학기술의 발달 등으로 인하여 남녀의 성역할이 변화하게 된 것이다. 과학기술이 발달되기 전에는 과다한 신체적인 힘을 요구하는 일은 남성의 일로 규정되었으나, 신체적 노동을 기계의 힘으로 대처함에 따라 직업에 있어서 남성과 여성 간의 엄격한 구분은 정당성을 잃게 되었다. 또한, 여성이 다양한 교육과 훈련을 받고 사회참여 및 자아실현을 할 수 있는 기회가 증가됨에 따라 남성이 가정과 아동양육에 대해 부가적인 책임을 지게 되는 등 남녀의 역할 구분이 약화되었다.

이와 같이 과거로부터 전수되어 오던 남성, 여성으로서의 역할은 변화하게 되었으며, 새로운 개념으로 이해될 필요성이 대두되었다. 더 이상 성역할을 생리학적·해부학적인 성과 연결시켜 보지 않고 완전히 독립된 것으로 보아 개인이 강화를 얻거나 환경과의 상호작용을 위해 사용하는 일종의 사회적 기술이나 능력으로 보고자 하는 것이다. 복잡한 현대사회에서는 전통적인 남성 성역할이나 여성 성역할로는 실체적으로 적응하기 어렵게 되었으므로 한 개인에게 남성적 특질과 여성적 특질이 통합된 유형이 가장 잘 적응할 수 있다고 보게 되었다. 이를 심리적 양성성 유형이라고 하는데, 심리적 양성성은 남성적 특질과 여성적 특질을 동시에 가지고 있는 것으로서 상황에 따라 다른 행동 특성을 보이거나 남성성·여성성의 특성을 결합시켜 어떤 상황에 적용하는 것을 말한다. 즉, 전통적으로 규정된 성에 적절한 행동에 맞추어 갈 필요 없이 그 상황에 가장 효과적인 행동을 할 자유가 있다는 것이다.

2 성역할의 개념 및 발달이론

남자다움, 여자다움과 같이 성에 어울리는 행동양식, 사고방식 그리고 태도 등을 '성역할'이라 부른다. 개인이 관계되어 있는 사회에서 남자 또는 여자로 특징되는 여러 특성, 즉 행동양식, 가치관, 태도 등을 말한다. 성역할이란 성별에 따라 학습하게 되는 성격, 태도, 행동, 역할 등을 총체적으로 일컫는 말로서, 우리 사회가 여성이나 남성들이 이렇게 행동해야 한다고 부여하는 기준을 말한다. 이러한 기준을 내면화하는 과정이 성역할 사회화이며, 성역할 사회화의 결과 고정적인 견해를 갖는 것이 성역할 태도이다.

성역할은 성에 대한 사회적 기대를 말하기 때문에 그 사회나 문화의 특성에 따라 역할이 다를 수 있다. 성역할의 획득에 미치는 사회, 문화적 영향에 대해 최초로 언급한 학자는 미국의 문화인류학자인 미드(Mead)이다. 미드는 성역할의 개념을 사회, 문화적인 특성이 있으며 생물학적 숙명론으로 취급해서는 안 된다고 주장했다.

1) 성역할의 의의

한 개인이 속해 있는 사회에서 남자 또는 여자로 특징지을 수 있는 여러 특성, 이를테면 행동양식, 태도, 가치 및 인성 특성을 의미한다.

(1) 전통적 개념

① **남자**: 독립심이 강하다. 단호하다. 개성이 강하다. 강경하다. 지도력이 있다. 모험심이 강하다. 지배적이다. 자기주장을 굽히지 않는다. 등

② **여자**: 다정하다. 동정심이 강하다. 다른 사람의 필요에 민감하다. 이해심이 있다. 인정이 많다. 상한 기분을 잘 달래 준다. 따뜻하다. 부드럽다. 등

(2) 현대사회에서의 개념

각 개인의 생물학적인 성과는 관계없이 긍정적인 남성성과 여성성이 존재한다고 가정한다.

2) 성역할의 발달

성에 대한 변별력이 생기면 타인의 사진을 보고도 성을 변별할 수 있게 되어 성별은 어른이 되어도 변하지 않는다는 사실, 상황이 변해도 성별은 일관된 것이라는 사실 등을 이해하게 된다.

- 성별 레벨링: 자신이나 타인의 성을 변별할 수 있는 능력
- 성별의 안정성: 어릴 때의 성별은 어른이 되어도 변하지 않는다는 지식
- 성별의 일관성: 복장이 바뀌어도 성별은 바뀌지 않는다는 지식

대부분의 유아는 '성별 레벨링 - 성별의 안정성 - 성별의 일관성'의 순서로 성별에 대한 지식을 획득한다고 보고 있다.

(1) 성역할의 발달과정

① 출생에서 낯가림 시기까지

이 시기에는 친숙한 양육자에 대한 분명한 선호가 없다.

② 낯가림 개시 시기에서 3세까지

생후 6~8개월 정도의 낯가림은 사람을 변별하기 시작했다는 징후로 자기의식의 발달에 중요한 의미를 지닌다.

③ 3세에서 4세까지

이 시기가 되면 언어발달이 향상되어 대상표현에 있어 '남자', '여자'라고 하는 언어적 상징표현을 사용하고, 동시에 '성적 동일시' 현상이 급속히 확립되어 간다.

성적 동일시의 성립은 일반적으로 남아보다 여아가 빠르다. 여아는 처음부터 동성인 어머니를 쉽게 성적 동일시의 대상으로 삼을 수 있지만, 남아는 영아기에 어머니를 대상으로 한 후에 동성인 아버지로 이행하기 때문에 그만큼 늦어진다.

④ 4세에서 6세까지

성적 동일시가 성립되면 점차 유아는 성역할 행동을 배워 나간다. 말투, 놀이의 종류, 의복, 색깔 등 여러 면에서 남자, 여자아이로서의 특징을 보여준다.

(2) 콜버그의 성역할 발달 3단계

① 성 동일시로 아동 자신이 여아 혹은 남아라는 것을 구분하여 정확하게 분류하고 타인을 남성 혹은 여성으로서 정확하게 동일시한다.

② 성 안정성으로 만약 한 아동이 소년이라면 평생을 남아의 성으로 성장하는 것을 이해한다.

③ 성 항상성으로 다른 성의 옷이나 머리 모양으로 변화시켜도 여전히 같은 성임을 인식한다.

이러한 성에 대한 이해는 유아의 연령이 증가함에 따라 향상된다. 생후 3세의 유아들은 사진 속에서 자신과 같은 성을 찾아낼 뿐만 아니라 남아 혹은 여아를 정확하게 분류하고 동일시 할 수 있다(Thompson, 1975). 4세 된 어린이에게 "네가 아기였을 때 여자였니? 남자였니?", "네가 커서 어른이 되면 엄마가 될까? 아빠가 될까?"라는 질문을 하면 일관성 있게 대답한다. 즉, 이 시기의 유아들은 성의 안정성을 이해하기 시작한다(Slaby & Frey, 1975). 이와 같이 4세경 유아들은 남아는 남자가 되고, 여아는 여자가 된다는 것을 알게 되며, 6~7세경에 이르면 개인의 성은 상황의 변화나 개인적 소망에도 불구하고 변화되지 않는다는 것을 인식한다(이숙재·이봉선, 1999).

(3) 성역할 고정관념

일반적으로 남성은 능력이 있고 기술적이며 자기주장적이고 공격적이라고 생각하고, 여성은 온정적이고 표현적이며, 재치 있고 조용하고 상냥하고, 다른 사람의 감정을 알아주며 능력, 독립성, 논리 면에서는 부족하다고 생각한다. 물론 이러한 고정관념은 과거에 비해 약화되고 그 기준이 모호해졌지만 여전히 존재한다.

성역할 고정관념은 3~4세경에 약하게 나타나다가, 5~6세경에 부분적으로 자리잡고, 7~8세경에는 확고해진다. 5~6세 아동은 자기가 영원히 여성이거나 남성이라는 것을 이해한 후에는 남아와 여아가 어떻게 행동하느냐에 대한 규칙을 찾으려고 한다. 9~10세가 되면 성역할 고정관념이 점차 감소되기 시작하는데, 그 시점에서 성역할 개념은 더욱 유연해지고 성 고정관념은 다소 줄어든다.

3) 성역할의 발달이론

(1) 정신분석이론

성역할의 과정과 학습 등을 '동일시'의 과정으로 설명한 정신분석이론에서는 프로이트의 대표적 이론인 오이디푸스 콤플렉스(Oedipus complex)의 해소의 결과로 성역할을 해석한다.

성역할의 발달은 유아기에 이르면 남아는 오이디푸스 콤플렉스로 어머니를 성적으로 갈망하고, 반면 아버지를 어머니의 애정의 경쟁자로 생각하여 질투심과 아버지에 대한 적대감을 갖게 된다고 본다.

영아 초기에는 어머니에 대한 강한 애착이 형성되어 동일시의 대상인 어머니의 행동과 태도를 모방하게 된다. 반면에 경쟁자인 아버지로부터 거세불안에 대한 두려움이 생겨 어머니에 대한 성적 욕망, 그리고 아버지에 대한 적대감을 억압하게 되고 그 과정에서 어머니가 인정하는 아버지의 남성다움을 갖기 위해 그 기제로 아버지에 대한 동일시를 하게 되면서 남성의 성역할을 학습하게 된다.

반면, 여아는 엘렉트라 콤플렉스(Electra complex)를 통해 자신에게 없는 남근에 대한 선망의 마음, 즉 남근에 대한 부러움과 열등감으로 아버지에 대한 애정의 경쟁자로 보는 어머니를 동일시함으로써 성역할을 발달시켜 나간다(이영석·이경영, 1993).

(2) 사회학습이론

반두라(Bandura, 1977)의 사회학습이론에서는 유아가 외부환경으로부터 받는 자극의 형태, 즉 강화와 소거, 모델링, 관찰과 학습에 의해서 성역할의 학습이 이루어진다고 본다. 즉, 사회화 과정과 모방 등의 역할이 성역할에 있어서 중요하다고 보는 것이다. 성역할의 학습원리는 유아가 속한 사회환경 내에서 경험하는 이러한 일체의 학습결과라고 유아의 성역할 발달을 정의한다. 사회학습이론에서 성역할과 성역할에 의한 행동은 직접적인 학습이나 주위의 모델, 즉 강화와 벌, 모델링 그리고 동일시에 의해 이루어진다는 것이다.

유아는 자신의 성과 유사한 동성부모의 행동을 모방하면서 성역할을 습득하게 된다고 본다. 따라서 부모는 유아가 성역할의 개념을 습득하고 정립하는 데 있어서 중요한 모델이 된다. 즉, 남아는 아버지를 모방함으로써 남성의 성역할을 획득하고, 여아는 어머니의 행동을 모방함으로써 여성의 성역할을 획득하게 된다고 본다. 그 외 유아는 부모뿐만 아니라 주변의 생활 속에서 접하고 경험하게 되는 다른 사람들 또는 다른 성인으로부터 성역할을 학습하고 획득하게 된다.

(3) 인지발달이론

콜버그(Kohlberg)는 인지발달의 지적인 성취를 병행하면서 합리적인 판단을 기반으로 성역할의 습득이 이루어진다고 보았다. 따라서 성역할에 있어서 생물학적인 것과 환경의 영향, 동일시, 모방 등을 중요하게 보지 않는다. 즉, 성역할은 유아가 사회적 경험에서 학습되는 것이 아닌, 유아 스스로 능동적으로 성역할의 개념을 구조화해 나가는 것이라고 보았다. 따라서 유아가 성역할을 지각하고 판단하며 정립해 나가는 것은 유아의 연령과 인지능력의 변화에 따라 발달해 나간다고 본다.

인지발달이론에서 성역할의 개념은 연속적인 순서의 발달 양식이 있어서 성 정체감이 성 항존성에 우선적으로 발달되어 있어야 한다고 보았다. 따라서 먼저 자신의 성을 남아인지 여아인지 구별하여 인식할 수 있어야 하고, 이러한 인식을 기반으로 그다음 자신의 성이 변하지 않는다는 성 항존성이 정립된다고 보았다.

이와 같이 유아는 인지발달에 따라 성역할의 지식을 능동적으로 구성함으로써 성역할을 습득해 나간다. 또한, 유아는 성장해 나가면서 각자의 지적 발달에 따라 인지적 유목화의 성취를 통해 성 정체감을 형성하게 된다. 이러한 성역할의 정체성 및 자아개념은 동일시, 모방 등에 의한 것이 아닌, 유아 자신이 성역할의 개념을 습득해 나가면서 성 유형화 행동이 이루어진다고 본다. 즉, 유아가 능동적으로 성역할을 찾아 자신의 성 특성을 자각하며 자신의 성과 동일한 성인의 성역할의 태도나 가치를 능동적으로 인식해 간다.

(4) 성도식 이론

성도식 이론은 사회학습이론과 인지발달이론의 요소를 결합한 것이다. 즉, 성도식 이론은 성역할 개념의 습득 과정을 성립하는 정보처리이론으로서, 성유형화가 아동의 인지발달 수준이나 사회문화적 요인의 영향을 받지만 동시에 성도식화 과정을 통해 형성된다고 한다. 성도식화란 성도식에 근거해서 자신에 관한 정보를 포함한 모든 정보를 부호화하고 조직화하는 전반적인 성향이다. 여기서 성도식이란 성에 따라 조직되는 행동양식으로서 사람들로 하여금 일상생활에서 남성적 특성 또는 여성적 특성을 구분하게 해준다. 이러한 도식은 사회가 사람과 행동을 어떻게 분류하는지를 봄으로써 아동기에 형성된다.

아동은 어떤 물체나 행동 또는 역할이 남성에게 적합한 것인지 또는 여성에게 적합한 것인지를 분류해 주는 내집단/외집단이라는 단순한 도식을 습득한다. 그리고 자신의 성에 적합한 역할에 대한 좀 더 많은 정보를 추구하여 자신의 성도식을 구성한다. 자신의 성 정체감을 이해하는 여아는, 바느질은 여아에게 적합한 활동이고, 모형 비행기를 만드는 것은 남아에게 적합한 활동이라는 것을 학습한다. 그러고 나서 자신은 여아이기 때문에 자신의 성 정체감과 일치되게 행동하기를 원한다.

따라서 바느질에 관한 많은 정보를 수집하여 자신의 성도식에 바느질을 포함한다. 그리고 모형 비행기를 만드는 것은 남아에게 적합한 활동이라는 것 이상의 정보는 전부 다 무시한다.

이상의 예를 통해 설명한 바와 같이 주어진 정보가 자신의 태도와 일치하고 그에 대한 지식이 많을수록 그것을 보다 잘 기억하고 선호하게 되며, 반대의 경우에는 기억되지 않을 뿐만 아니라 회피하게 된다. 즉, 자신이 가지고 있는 성도식에 근거한 이러한 선택적인 기억과 선호 과정을 통해 성역할 발달이 이루어진다.

일단 성도식이 발달하면 아동은 자신의 성도식에 맞지 않는 새로운 정보를 왜곡하는 경향이 있다. 예를 들어, 여성은 의사가 될 수 없다고 믿는 아동이 여의사로부터 진찰을 받고 나서 자신을 진찰한 사람은 여의사가 아니고 간호사라고 기억하며, 여전히 여성은 의사가 될 수 없다고 생각하는 것이다. 물론 학습된 성도식은 수정될 수 있다. 그러나 이러한 수정은 문화적으로 깊이 스며든 태도를 바꾸는 것을 의미하며, 이러한 변화는 상당한 저항을 받게 된다.

우리나라 3~7세 유아를 대상으로 한 연구에서, 유아기에는 남아의 성도식이 여아의 성도식보다 더 발달되어 있는 것으로 나타났다. 또한, 유아는 연령이 높을수록 자신의 성별과 일치하는 놀이친구를 더 선호하는 것으로 나타났다. 그리고 5~9세 아동 181명을 대상으로 한 연구에서는 아동의 성역할 지식은 연령이 증가함에 따라 증가하고 성역할 태도에서도 융통성을 보였다. 또한 아동의 성과 등장인물의 성이 일치하는 과제에 대한 기억점수가 불일치하는 과제에 비해, 등장인물의 성과 활동이 일치하는 과제에 대한 기억점수가 불일치하는 과제에 비해 높게 나타난다.

(5) 최근의 발달이론

현대의 성역할에 대한 발달이론은 사회문화가 발전되고 고도화되는 과정에 맞게 재정립되어야 한다고 본다. 성역할의 개념 발달의 제 요인을 가정, 유아교육기관과 교사, 또래, 도서, 대중매체 등으로 보기도 하며, 최근의 현대적 성역할 발달이론은 성역할의 고정관념보다는 사회문화적 변화의 흐름에 맞는 융통성이 부여된다. 즉,

남녀가 심리적으로 유사하다는 양성적 입장에서 출발하기도 하며, 전통적인 정형화된 남성과 여성의 획일적으로 구분된 성역할의 개념은 개인이 가지고 있는 기본능력을 발휘하며 살아가도록 하는 데 있어서 방해요인이 될 수 있다고 본다.

이와 같이 최근의 성역할의 개념은 유아 개개인이 타고난 생물학적 성과 관계없이 남성과 여성 각자에게 부여된 긍정적인 면을 공유하여 융통성 있게 재정립해 나가는 심리적 양성성 유형이라고 할 수 있다. 즉, 성역할에 있어서 남성성과 여성성은 독립적이기도 하고 융통성을 부여하여 상호 배타적이지 않으면서 그 사회문화가 요구하는 성역할의 가치를 정립해 나간다. 시대의 변화와 흐름에 맞는 상황적 여건에 따라 성역할은 남성적이기도 할 수 있고 여성적이기도 할 수 있으며, 순종적일 수도 있고 독단적일 수도 있으며, 도구적이거나 표현적일 수도 있다(정옥분·홍연애, 1993).

(6) 성역할 발달의 학습이론

한 개인이 그가 속해 있는 사회가 규정하는 성에 적합한 행동, 태도 및 가치관을 습득하는 과정을 성역할 사회화라 한다. 이 성역할 사회화 과정을 통해 남성성 또는 여성성이 발달한다. 성역할 발달은 사람들에게 영향을 미치는 경우가 많고 중요한 경우가 많다. 훈육자, 모델로서의 의미를 지니는 부모는 아동이 성에 대해 적합한 행동에는 상을 주고 부적합한 행동에는 벌을 주며, 성역할을 발달시킨 부모의 역할에서 아버지의 역할은 중요하게 작용한다. 아버지는 아들, 딸을 구별하고 엄격하고 비판적이며 도구적 성역할을 가지는 데 중요한 역할을 가지고 있다. 그리고 각각 같은 성의 부모와 동일시 모방을 통해 성역할을 한다. 이처럼 아동이 사회적 환경을 통해 다양한 학습을 하며 결과를 얻기도 한다. 이로 인한 대표적 예로 강화와 모방을 통해 발달하게 된다. 아동은 관찰을 통해서도 많은 성역할을 학습하기도 한다. 예를 들면, "아버지가 골프 치는 것 따라 하기" 이런 것부터가 모방이라 할 수 있다.

범주화에 의해 성에 적합한 행동을 하게 되기도 하며 세상에 대한 인지적 조직화를 통해 발달한다고 했다. 콜버그는 성역할 동일시에 관해 정반대 입장이기도 한 사람이었다. 그래서 성에 대한 동일시 또는 자각이 결정적인 시기에 인지적으로 확립되면 사회적 강화에 의해서 이것을 변화시키기는 극도로 어렵다. 도식화 과정을 통해서도 알 수 있으며, 이 도식은 사회가 사람과 행동을 어떻게 분류하는지를 보았다. 성별의 양극개념과 여성의 열등성을 조장한다고 하는 주장도 있으며, 성차별의 근원을 제거하려 한다. 성역할을 미분화하는 것, 성역할의 양극화, 성역할을 초월하는 단계는 성역할의 고정관념을 벗어나 인간의 잠재력을 충분히 발휘하게 되는 단계라고 한다. 즉, 성역할에서 벗어나는 새로운 가능성을 의미한다. 유아가 성역할을 어떻게 학습하는가에 대한 이론에는 다음 세 가지가 있다.

① 시어스의 발달적 동일시 이론

영아기 및 유아기 초기에는 남녀 구분 없이 가장 친근한 존재인 어머니를 동일시하게 된다. 이를 일차적 동일시라 부르는데, 이후 남아는 아버지를, 여아는 어머니를 대상으로 동일시하는 이차적 동일시가 진행된다.

② 반두라의 사회적 학습이론

성역할은 모방과 강화에 의해 학습된다고 보고 있다. 발달 초기에는 어머니의 행동이 유아들에게 가장 영향력 있는 학습모델의 역할을 하고 연령이 증가하면 여아는 어머니, 남아는 아버지에 대한 모방이 강화되고 학습된다.

③ 콜버그의 인지적 발달이론

유아는 처음에는 자기개념으로서 성을 인지하고 난 후, 그것에 일치하도록 행동을 조절해 나간다. 그리고 인지능력의 발달과 더불어 성의 개념이 확립되어 간다. 최근에는 어머니들의 사회적 활동이 증가함에 따라 가사나 육아에 있어 아버지의 역할이 많아졌고 사회적으로도 남녀고용기회의 균등화에 따라 성역할에 대한 고정적 관념이 점점 약화되어 가고 있다. 이처럼 성역할에 대한 고정적 관념이 무너지고 있는 오늘날에 사회화의 책임을 지고 있는 어른들은 고전적 성역할에 얽매이지

말고, 자기 나름대로의 성적 동일시의 확립을 위해 노력하는 자세가 필요하다고 하겠다.

(7) 또래관계에 있어서 성역할 선호의 개인차

유아가 성장·발달함에 따라 그들의 관심은 점차 가족의 세계에서 또 다른 사회집단인 또래집단의 세계로 확대되어 간다. 이 시기의 유아에게 또 하나의 사회적 환경으로 중요한 대상 중 하나가 바로 연령이 비슷한 또래집단의 또래들과의 관계이다.

일반적으로 또래의 의미는 나이, 성별, 학년 등 모든 영역에서 같은 지위에 있는 동년배를 의미하며, 정신적·신체적 발달 및 행동이 비슷하고 사회적으로 동일시되는 대상이다. 그러나 근래에는 또래에 대한 정의가 단순한 연령 및 지적 수준이 동일하다는 사실에만 국한되지 않고 사회적으로 동격의 존재로 정의하고 있다. 발달심리학에서의 또래의 정의는 단순히 연령이 같은 유아들이 아니다. 또래란 행동이 거의 같은 수준에서 상호작용하는 유아들이라 정의한다. 이러한 또래는 유아의 성격이나 사회성 행동, 가치관, 태도 형성에 독특하고 중요하게 영향을 준다. 유아는 서로 모방을 하거나 벌을 줌으로써 서로의 행동을 변화시킨다. 따라서 또래관계는 수직적이 아닌 수평적 구조로 이루어져 있으며, 또래 간의 상호작용 역시 평등성을 가지고 있다는 면에서 유아와 성인 간의 상호작용과 뚜렷이 구분된다고 할 수 있다.

자기 자신이나 타인에 대한 성 변별력이 형성되면서부터 동성의 또래와 노는 시간이 많아진다. 그 이유에 대해 맥코비(Maccoby, 1990)는 남아와 여아의 상호작용 스타일의 차이에 기인한다고 보았다. 놀이상대의 성별이 놀이 선호행동의 발달을 촉진하거나 개인차를 만드는 하나의 요인이 될 수 있다.

3 새로운 성역할 개념

한국 사회를 비롯한 대부분의 사회에서 전통적으로 남자는 남성적인 것이, 여자는 여성적인 것이 심리적으로 건강한 상태라 생각해 왔다. 그러나 최근에 현대사회의 학자들은 더 이상 전통적인 성역할 구분은 인간의 잠재력 발휘에 있어 장애요인이 된다고 주장하고 있다. 벰(Bem, 1975)은 양성성으로서의 사회화가 전통적인 성역할보다 훨씬 더 기능적이라고 주장한다. 여기서 양성성은 하나의 유기체 내에 여성적 특성과 남성적 특성이 공존하는 것을 의미한다. 또한 심리적 양성성이란 한 사람이 남성성과 여성성을 동시에 가질 수 있기에 상황에 따라 도구적, 표현적 역할을 수행할 수 있다는 효율적인 개념을 의미한다.

양성성 개념이 소개된 이후 연구가 활발히 이루어졌다. 그 결과 양성적인 사람이 성 유형이 명확한 사람보다 자아존중감, 자아실현, 성취동기, 결혼만족도, 도덕성 발달, 자아발달이 높은 수준에 있으며 정신적으로도 더 건강한 것으로 나타났다. 또한 양성적인 사람은 다차원적인 행동을 할 수 있고, 상황에 따라 남성적인 특성과 여성적인 특성의 역할을 적절하게 수행하므로 적응력이 높다.

1) 성역할의 발달

유아의 성역할 발달은 자신의 성이 남자인지 또는 여자인지를 인식하는 성 정체감을 형성하는 것에서부터 시작된다. 그다음에는 성역할에 대한 고정관념이 형성되고, 마지막으로는 남자와 여자의 성유형화된 행동양식을 발달시켜 나가게 된다.

(1) 성개념의 발달

성개념의 발달은 '어떻게 어린이가 자신이 여자인지 남자인지 알아내는가?' 하는 것이다.

성 정체성은 유아가 2세에서 2년 6개월 시기가 되면 발달한다. 이 시기의 어린이는 쉽게 자신의 성을 정확하게 분류할 수 있으며, 자기 외에 다른 사람도 이미 동일시시킬 수 있다. 그들에게 있어 의복모양, 색깔, 머리 길이는 어린이가 성을 구별하게 하는 실마리가 된다. 이러한 외모의 차이점을 보고 남성과 여성을 분류하기 시작하여 성 정체감을 확립하고 자기 성에 적합한 놀이를 찾게 된다.

12개월 된 영아들도 낯선 여자와 남자를 구별할 수 있으며, 18개월경에는 언어적으로 표현은 못 해도 자신이 다른 남자와 같은 점 또는 다른 여자와 같은 점들에 대한 지식을 가지고 있는 것 같다. 2~3세경에는 자신이 남자인지 여자인지 정확하게 구별할 수 있으며, 3세경에는 다른 사람의 성 명칭도 정확하게 사용할 수 있게 된다. 그러나 겉모습과 관계없이 성이 일정하게 유지된다는 것은 성 명칭을 정확하게 사용할 수 있게 된 한참 후에야 가능하다. 즉, 3~4세 유아들은 원하기만 하면 남자아이도 엄마가 되거나 여자아이도 아빠가 될 수 있고, 머리 모양이나 옷을 바꾸어 입으면 다른 성이 될 수 있다고 생각한다.

성의 안정성은 대개 4세경에 획득하게 된다.

성의 항상성은 일종의 보존개념의 발달로서 대부분의 어린이가 5~6세경에 발달한다. 어린이들은 머리 길이가 다르거나 다른 옷을 입어 변화한 것처럼 보일지라도 같은 성을 갖는다는 것을 이해한다.

(2) 성 고정관념 형성

유아들은 자신의 성이 남자인지 또는 여자인지 인식하는 것과 함께 자신이 소속된 사회의 성에 대한 고정관념을 배우기 시작한다. 우리 사회는 일반적으로 남자는 독립적이고 경쟁적이며 자기주장이 확실하다고 생각하는 반면, 여자는 수동적이고 연약하며 사랑스러운 존재라고 생각한다. 이러한 고정관념은 가정에서 부모의 사회화나 대중매체 등을 통해 유아들에게도 의도적으로 또는 무의도적으로 전달된다.

아동의 성개념은 약 2세부터 꾸준하게 발달하면서 고정관념을 갖기 시작한다.

그러한 예는 유아가 장난감을 선택하는 것을 보면 알기 쉽다. 2~3세경의 어린이들이 있는 방을 보면 여아들은 바느질, 소꿉놀이기구, 인형을 주로 가지고 놀고, 남아들은 총, 기관차, 트럭, 목공놀이도구를 가지고 논다. 유아의 성역할 고정관념의 또 하나의 예는 놀이친구를 선택하는 것을 보면 안다. 3~4세경의 유아들은 원래 같은 성의 친구들을 선택하게 되는데, 이런 경향은 학동기에 가서 더 커진다.

(3) 성 유형 행동의 발달

5세경이 되면서 유아는 자기 성에 적합한 행동을 빠르게 습득한다. 유아는 다른 성에 적합한 것보다 자기 성에 적합한 대상을 선호하는 현상을 더욱 강하게 나타내 긍정적인 것은 자신의 성으로, 부정적인 것은 다른 성에 돌리는 경향이 강해진다. 즉, 자기 성에 요구되는 관습적인 성역할을 위반하는 것은 잘못된 일이며, 이로 인해 자신이 비난받거나 처벌을 받을 것이라고 생각한다.

2) 성역할 발달과 영향요인

대부분의 사회에서는 의식적·무의식적으로 아이가 출생하는 순간부터 성에 따라 다른 형태의 대우를 하고, 다른 형태의 행동을 하도록 기대한다. 즉, 출생 시 남녀에 따라 이름이나 옷이나 양육되는 방식이 달라진다. 이와 같이 성역할 학습은 생물학적 요인과 함께 자신이 살고 있는 사회의 영향을 받아 이루어지는 것으로서 사회의 여러 요인, 특히 부모, 형제, 자매, 또래, 교사, 책 그리고 TV는 성역할 유형화에 매우 중요한 역할을 한다고 볼 수 있다. 그 특징들을 살펴보면 다음과 같다.

(1) 생물학적 요인

유전학적인 측면에서 본다면 남자가 여자보다 약한 성이다. 수정된 순간부터 여아는 남아보다 더 많이 살아남고, 신체적 결함이나 정신적 결함도 남아보다 적다. 남자의 성염색체는 XY이므로 XX인 성염색체를 가진 여자보다 유전적 결함을 가지기 쉽다. 만약 어떤 질병의 원인이 되는 유선인사가 X염색체에 자리해 있다면, 여자의 경우 다른 하나의 X염색체에 건강한 유전인자가 들어 있을 가능성이 있으나, 남자의 경우는 결함 있는 유전자가 X든 Y든 다른 한쪽의 건강한 유전인자에 의해 수정·보완될 가능성이 없다.

성호르몬 또한 성 차이의 원인이 된다. 한 연구에서 태내 호르몬의 변화가 성역할 발달에 미치는 영향을 조사한 바 있다. 몇 사람의 산모에게 남성호르몬을 주사한 일이 있는데, 이들은 유산의 경험이 있는 산모로서 남성호르몬이 그 치료가 되리라 믿었기 때문이다. 남성호르몬 치료를 받고서 태어난 아이들과 치료를 받지 않은 같은 성의 형제를 비교해 본 결과, 남성호르몬 치료를 받은 여아는 훨씬 더 활동적이고, 놀이친구로서 여아보다 남아를 선호하였으며, 인형보다는 총이나 자동차 같은 장난감을 좋아했으며, 외모에는 관심이 없었다. 치료를 받은 남자아이들은 그렇지 않은 남자형제보다 훨씬 더 거친 놀이를 한다.

(2) 문화적 기대

문화 또한 성역할 발달에 매우 중요한 역할을 한다. 미드(Mead, 1935)가 뉴기니섬의 세 종족의 원주민을 대상으로 연구한 결과는 문화에 따라 전혀 다른 성역할 발달이 이루어진 것을 보여주고 있다. 이들 세 종족 중 두 종족에서는 성역할 분화가 거의 이루어지지 않았는데, 한 종족은 남녀 모두 많은 문화권에서 여성적인 것으로 규정된 행동특성, 즉 순종적이고 협동적이고 단호하지 못한 행동들을 나타내었다. 반면, 다른 한 종족은 많은 문화권에서 남성적인 것으로 규정된 행동들을 나타내었는데, 이 부족은 적대적이고 공격적이며 잔인한 것으로 보였다. 끝으로 나머지 한 종족에서는 파슨스(Parsons, 1955)가 정의한 전통적인 성역할이 반대로 나타났다. 즉, 남자는 다른 사람의 감정에 민감하고 의존적인 반면, 여자는 독립심이 강하고 공격적이고 의사결정에 있어 중요한 역할을 하는 것으로 보였다.

이와 같이 전통적인 성역할이 대부분의 문화권에서는 보편적인 현상이지만 남성성, 여성성의 발달은 문화에 따라 상당히 융통성이 있다.

(3) 부모의 역할

부모는 아동이 제일 먼저 그리고 가장 많이 접하게 되는 중요 인물로서 생후 초기부터 자녀의 성역할 발달에 지대한 영향을 미친다. 부모는 성역할 습득을 위한 훈육자로서 또는 모델로서 의미를 지니며, 자녀는 이러한 부모를 통하여 성역할을 발달시킨다. 부모는 자녀에게 적극적으로 성에 적합한 행동을 권유할 뿐만 아니라 그러한 행동을 했을 때 보상을 하고, 성에 적합하지 못한 행동을 하였을 때는 벌을 준다.

정신분석이론과 사회학습이론은 각각 같은 성의 부모와 동일시 또는 모방을 통해서 성역할 습득이 이루어진다고 설명하고 있다. 이처럼 부모의 모델적 행동이 자녀의 성역할 발달에 중요한 요인이 된다.

또한, 근래에 와서 아버지 역할의 중요성이 강조됨과 동시에 성역할에 미치는 아버지의 영향에 대한 논의가 매우 활발해지고 있다. 존슨(Johnson, 1977)은 자녀의 성역할 발달에 있어서 아버지 역할이 매우 중요하다고 하면서 그 이유를 다음과 같이 설명하고 있다. 어머니는 아들딸을 특별히 다르게 대하지 않는 데 반해, 아버지는 아들, 딸을 구별하여 서로 다른 상호작용 양식을 발달시키고, 이것이 자녀의 성역할 발달에 큰 영향을 미친다. 즉, 아버지는 아들에게는 엄격하고 비판적으로 대함으로써 도구적 역할의 성역할을 습득시키고, 딸에게는 관대하고 애정적으로 대함으로써 반대 성과의 상호작용 형태를 보여주는 방법으로 표현적 성역할 발달을 도모한다.

(4) 형제자매의 역할

형제의 수, 출생순위 그리고 형제들과의 관계는 아동의 성역할 발달에 중요한 역할을 한다. 일반적으로 남자형제를 가진 아동은 여자형제를 가진 아동보다 더 남성적이다. 예를 들어, 남자형제만 있는 여아는 여자형제만 있는 여아보다 더 야심적이고 공격적이며, 지적 발달도 빠르다. 이것은 형제간에서 일어나는 모방과 동일시에 의한 효과로 볼 수 있다.

많은 연구가 같은 성의 형제가 있으면 성역할 발달이 빨리 이루어진다고 주장한다. 즉, 같은 성의 형제끼리 놀이에 자주 참여함으로써 성에 적합한 행동을 빨리 습득하게 된다는 것이다. 또 아버지가 없는 가정의 경우라도 남자형제, 특히 손위 형제가 있는 남아는 남성성을 발달시키는 데 큰 장애를 받지 않았다.

한편 다른 연구에서는 같은 성의 형제들만 있으면 성역할의 발달이 더디다고 한다. 그 이유는 각기 독립된 정체감을 형성하기 위해 자신의 성에 적합한 성역할을 발달시키기보다는 같은 성의 형제가 갖지 않은 면만을 발달시키려고 애쓰기 때문이다.

(5) 또래의 역할

또래가 성역할 발달에 미치는 영향은 매우 중요한데, 또래의 영향은 특히 유아기에 두드러지게 나타난다. 상당량의 성역할 학습은 성이 분리된 놀이 상황에서 일어난다. 같은 성의 또래와의 놀이가 성에 적합한 행동을 배우고 실행해 보는 좋은 방법이 될 수 있기 때문이다.

또한, 유아들은 성에 적합한 행동은 서로 보상하고, 성에 부적합한 행동은 벌한다. 유치원 아이들은 남아의 경우 망치질을 한다든가 모래밭에서 놀 때 강화를 받았고, 여아의 경우 인형놀이나 소꿉놀이 등을 할 때 강화를 받았다. 또 성에 적합하지 않은 행동을 보일 경우에는 비판적이고 때로는 의도적으로 망신을 주기도 하였다. 이러한 또래들의 보상과 벌은 유아의 행동에 많은 영향을 주기 때문에 더욱 중요한 의미를 가진다.

(6) 교사의 역할

교사들 또한 유아의 성에 적합한 놀이는 보상하고, 성에 적합하지 않은 놀이는 하지 못하도록 한다. 그러나 많은 교사가 남녀 유아 모두에게 여성적인 특성을 강조하는 경향이 있다. 이러한 경향은 교사가 점차 경험을 갖게 되면서 더욱 증가하는데, 이는 교사가 정숙과 질서를 유지해 수업을 잘 이끌어 나가기 위해서는 여성적 특성을 강화하는 것이 효과적이라는 것을 경험을 통해 알게 되었기 때문이다. 그러나 교사가 여성적 특성을 강화하는 것은 남성적 특성을 강조하는 또래집단의 가치와 모순되기 때문에 남아들에게 혼란을 가져다주기도 한다. 남아의 이러한 혼란과 갈등은 입학 초기에 남아들이 학교에 가기를 싫어하며, 학업성적이 떨어지는 원인이 될 수 있다.

(7) TV의 영향

TV에서는 전통적인 성역할을 자주 묘사함으로써 많은 시간을 TV 시청으로 보내는 아동에게는 전통적인 성역할을 고수하게 하는 결과를 낳는다.

우리나라 유아들을 대상으로 전통적·비전통적 성역할 VTR 프로그램을 제작하여 유아의 성역할 고정관념에 미치는 효과를 알아본 연구에서도, 전통적 성역할 VTR 프로그램을 시청한 집단, 비전통적 성역할 VTR을 시청한 집단, 그리고 통제 집단 간에 유의한 차이가 있는 것으로 나타났다. 즉, 비전통적인 성역할 모델의 제시가 유아의 성역할 고정관념을 감소시켰으며, 성역할 VTR 프로그램을 시청한 후에 변화된 성역할 고정관념은 4주 후의 추후검사에서도 여전히 지속효과가 있는 것으로 나타났다.

이상의 연구결과에서는 TV는 보다 평등주의적인 성역할 개념을 제시해 줌으로써 아동들의 성역할 고정관념을 극복하거나 감소시키는 강력한 매체가 될 수 있음을 알 수 있다.

3) 영유아교사들의 인식 변화의 필요성

유아기는 성역할 발달이 급격하게 이루어지는 시기로서 부모, 형제 등의 가족 구성원, 유아교육기관의 교사, 다양한 인쇄 및 영상 매체 등을 통해 성역할관이 형성된다. 특히 이 시기에 유아들은 처음으로 공식적인 교육기관에 들어가서 계획적이고 조직적인 교육활동에 참여하면서 교사가 제공하는 교육환경, 교육자료, 교사와의 상호작용을 통해 많은 영향을 받게 된다. 교사는 부모만큼이나 중요한 영향을 미치기 때문에 유아교육기관 교사들의 성역할 인식이나 태도는 유아들의 성역할관 형성에 매우 중요한 요인이라 할 수 있다.

영유아교사들은 대체로 전통적인 성역할 인식과 태도를 가지고 있으며, 유아들 또한 놀이, 활동, 인식 면에서 성역할 고정관념이나 편견을 가지고 있는 것으로 나타났다. 그러나 교사들은 이러한 성역할 고정관념이나 편견을 적극적으로 일관되게 지도하려는 노력을 하고 있지 않는 것으로 나타났다. 교사들은 성역할 교육을 하고자 하는 의지는 있으나, 어떻게 해야 할지 내용이나 방법을 모르거나, 적절한 교재가 없어서 교육에 많은 어려움이 있으며, 교사들을 위한 성역할 교육이 필요하다고 반응하고 있다. 영유아교사들의 성역할 고정관념이나 태도는 의식적이든 무의식적이든 유아들과의 상호작용 속에서 표출되어 유아들에게 영향을 미치게 된다. 따라서 유아기부터 자연스럽게 양성평등적 성역할관이나 태도를 형성하기 위해서는 영유아교사들의 성역할 인식과 태도 변화가 선행되어야 한다.

영유아교사들의 인식 변화를 돕기 위한 방안은 다음과 같다.

첫째, 영유아교사들 스스로 성편견 자각 및 자기평가 기회를 가질 수 있도록 영유아교사들에 대한 장학활동을 활성화한다. 선행연구결과에서 지적한 바와 같이 교사들은 성역할 인식과 교육 실천 간에 차이를 보인다. 즉, 설문조사를 통한 자기평가에서는 교사 자신들의 교육활동에 대해 어느 정도 긍정적인 평가를 하는 경향이 있으나, 수업에 대한 참여관찰을 실시한 경우 교사들의 교육활동에서 많은 성역할 고정관념이나 편견이 드러나고 있으며, 오히려 더욱 심화시키는 경우도 있다. 교사들이 자신의 편견을 의식하지 못하고 문제의식 없이 교육활동을 전개하는 것이라면 매우 위험하다. 따라서 자신들의 인식과 실천의 차이를 자각하고 성역할 고정관념이나 편견을 수정할 수 있도록 하기 위해서는 영유아교사들의 수업 활동을 진단하고 분석하는 작업이 이루어져야 할 것이다. 이를 위해서는 유아교육기관 차원에서 또는 유아교육기관 간의 협력을 통해 교사들의 수업 활동을 체계적으로 진단, 분석하는 수업장학을 일정 주기별로 실시하여 교사들 스스로 자신의 교육활동을 반성적으로 검토하고 개선하도록 도와야 한다.

둘째, 영유아교사들의 성역할 고정관념이나 편견을 극복하고 수정하기 위한 적극적인 교사교육이 이루어져야 한다. 최근 유아교육에서는 반편견 교육(anti-bias education)에 대한 관심이 일고 있다. 성역할의 문제도 중요한 이슈로서 다루어지고 있는 실정이다(김영옥, 1998). 성편견적인 사회문화적 배경에서 성장한 영유아교사들은 이미 성역할 고정관념을 가지고 있기 때문에, 이미 형성된 인식을 변화시키기 위해서는 새로이 인식을 형성하는 과정보다 훨씬 더 적극적인 노력을 시도해야 한다. 따라서 성역할 인식을 수정하는 교육은 유아교육 교사를 양성하는 직전 교육에서부터 체계적으로 실시되어야 하며, 현직 교사들에게도 계속적인 연수회, 재교육, 워크숍(workshop) 등의 기회를 제공하고 적극적인 참여를 장려해야 한다. 인식이나 태도의 변화는 지식전달식의 교수방법을 통해서는 그 효과를 기대하기 어려우므로, 영유아교사들이 다양한 경험을 공유하고, 실제 체험해 보는 참여적인 교수방법이 활용되어야 한다.

셋째, 양성평등적 교육활동을 지원하는 적절한 교육환경 구성 및 교재·교구 등의 교육자원이 개발·보급되어야 한다. 영유아교사들이 성역할에 대해 바람직한 인식을 갖는다 해도 부적절한 환경과 교육자원으로 인해 실제 교육현장에서 실천하는 데는 많은 어려움이 있다. 최근에 와서 영유아교사들이 활용하는 지도자료집에서 일부 성역할 문제를 다루고 있지만, 여전히 많은 교사용 지도자료나 동화, 영상매체들에서 전통적인 성역할 인식과 편견이 나타나 있다. 이런 환경 속에서 유아들의 성역할 고정관념은 더욱 강화되어 가고 있다. 따라서 영유아교사들의 양성평등적 교수-학습활동이 가능하려면 교실의 시각적 환경 구성에서부터 적절한 교재·교구의 개발, 다양한 놀잇감의 활용 등이 이루어져야 한다. 특히 영유아교사들 스스로도 성편견이 배제된 양성성을 기르기 위한 교육자료들을 활용하는 한편, 이미 통용되고 있는 자료를 재해석하거나, 기존의 자료를 새로운 장면으로 부각하는 등 교수-학습 과정의 질을 향상하기 위한 적극적인 도전과 노력을 시도해야 한다.

성역할은 개인이 속한 집단 속에서 사회화 과정을 통해 얻어지며, 특히 교육은 성역할 습득에 중요한 영향을 미친다. 따라서 성을 구별하는 전통적인 사고에서 벗어나 긍정적인 성역할을 습득할 수 있도록 하기 위해서는 가정과 사회, 또한 유아교육기관에서 유아교육을 담당하는 교사들의 성역할 개념이 근본적으로 수정되어야 하며, 남녀의 역할을 구분하지 않는 새로운 성역할 학습을 위한 프로그램이 제시되어야 한다.

나중에 교사가 될 예비 교사로서 유아의 성역할 습득을 위해서는 지식적 측면과 함께 태도적 측면을 갖추고 있어야 한다. 성역할 발달에 대한 이론을 알고 유아의 발달적 측면에 맞추어 유아들이 긍정적인 성역할을 습득할 수 있도록 지지해 주는 역할을 해야 한다.

Chapter

09

도덕성

1 도덕성

1) 도덕성의 개념

도덕이란 예의, 태도 등 한 사회의 문화적 배경으로 성립되는 것으로서 사회 구성원들에게 긍정적 영향을 주는 보편적이면서 객관적으로 타당한 행동양식이다.

이러한 도덕성의 개념은 인간이 선을 추구하려는 마음에서 비롯되기도 하고, 인간의 삶에 좋은 영향을 미치는 요인과 나쁜 영향을 미치는 요인을 구별하여 합리적이며 긍정적인 가치체계를 구성하는 행동양식이기도 하다. 즉, 인간이 인간답게 살아가기 위해 사회에서 요구되는 바람직한 규칙이나 법, 규범을 준수하는 일상생활과 밀접한 관련이 있는 일상적 생활양식이라고 본다. 사회적 입장에서 보면 개인의 행동을 규제하는 기준이 되기도 한다(김재은, 1984).

도덕성은 정의적 요소, 인지적 요소, 행동적 요소로 구분하기도 하는데, 이는 도덕적 규범에 합당한 행동을 하고자 하는 태도와 마음가짐으로 보는 정의적 요소와 도덕적 인식과 판단능력이 필요한 인지적 요소, 그리고 이러한 도덕적 규범을 행동으로 보여주고자 하는 실천적 행동적 요소로 이루어진다.

2) 도덕성 교육의 필요성

(1) 유아기에 인간의 가치 및 개념과 태도가 형성된다.

사회 도덕성 교육은 유아들에게 필요한 지식이나 기술, 태도, 가치를 얻을 수 있도록 돕는 독특하고도 적합한 분야이다. 헤스와 이스튼(Hess & Easton, 1962)에 의하면 유아들이 사회적 현상을 이해하는 데 필요한 개념, 태도, 가치는 초등학교에 입학하기 전인 6세 이전에 그 모양이 형성되기 시작하며, 빠른 속도로 변화하여 초등학교 과정이 끝날 때쯤이면 사회에 대한 기본적인 개념, 태도, 가치가 굳게 성립된다고 밝히고 있다.

(2) 유아의 사회화는 다른 영역의 발달에 중요한 기초이자 배경이 된다.

인간 사회는 어떤 관습과 제도 위에 세워져 있으며 이러한 사회 속에서 자신과 타인, 그리고 상호 간의 통합에 대한 느낌을 유지, 발전시켜 감으로써 점차 사회화되어 간다. 유아는 자신을 돌보아 주는 이를 통하여 기본적인 신뢰감을 형성하고 나아가 주변 세계와의 관계 속에서 자아가 확립되어 간다. 따라서 유아는 안정된 자아를 통해서 문제해결에 대한 자신감이나 성취감을 얻게 되고, 현상에 대한 상상력과 탐구력이 동반되면서 인지발달이 촉진된다.

(3) 사회현상을 바르게 이해하고 집단에서 일어나는 문제에 유능하게 대처한다.

우리는 급격히 변화하는 사회 속에서 생활하고 있다. 세계의 모든 도시와 국가가 시간적으로 하나의 새로운 범주를 형성하고 있으며, 동시에 많은 사회문제에 직면하고 있다. 따라서 앞으로도 계속 변화되어 갈 사회를 살아가야만 되는 유아들에게 사회현상을 바르게 이해시키고 기본적인 가치와 개념을 얻게 하며, 새로운 문제에 대처할 수 있는 능력을 길러 주어야 한다.

(4) 의사결정 능력은 사회 도덕성 교육을 통해 신장된다.

유아들은 사회의 구성 요소들 간의 관계에서 많은 문제와 갈등을 경험하게 되는데, 이를 적절히 해결하고 처리할 수 있는 의사결정 능력은 사회교육을 통해 신장된다. 따라서 사회교육은 사회의 구성 요소에 대한 이해와 사회의 구성 요소들 간의 관계에 대한 이해, 그리고 다양한 공식적·비공식적 관계를 처리할 수 있는 능력과 기술을 갖추도록 교육해야 한다.

(5) 가정의 교육적 기능

오늘날 가정의 교육적 기능이 약해져 가정의 교육적 기능을 보충해 주어야 할 유아교육기관의 역할이 크다. 일하는 엄마들의 증가와 핵가족화로 인해 유아기에 가장 기본적이고 일차적 사회집단인 가정에서 이루어져야 할 사회성 교육이 점점 결핍된다. 따라서 유아교육기관에서의 사회지도는 시대적 요구에 따른 필요조건이다.

3) 도덕성의 정의

도덕성 발달이론에서 핵심적인 단어라 할 수 있는 도덕성(morality)을 정의하면 인간이 사회생활을 해 나가는 데 있어서 바람직하다고 생각하는 행동특성의 규범(norm)이며, 인간행동의 준칙이 되는 것으로서 상호존중을 기초로 하며 도덕성에 대한 관심은 동서고금을 초월하여 중요시되어 온 개념이다.

도덕이란 사회생활의 규범인 인간 행위의 준칙으로서 사회가 기대하는 바람직한 행동 규범에 부합되는 사고와 행동 체계이다.

① **인지적 차원**: 무엇이 도덕적 규범에 합치되는가를 인식하고 판단하는 능력
② **정의적 차원**: 도덕적 규범에 합치하고자 하는 성향, 도덕적 감성, 태도
③ **행동적 차원**: 도덕적 규범을 행동으로 실천하는 행동 자체

도덕행동은 단순히 규범에 맞는 실천적 행동만을 의미하는 것이 아니라 사회적 규범에 대한 판단과 사고, 태도와 성향을 모두 포함하는 실천적 행동이다.

2 도덕성의 발달이론

1) 정신분석학 이론

정신분석학적 이론은 인간이 내면적으로 지니고 있는 정의적 요소를 중요시한다. 유아는 내면적 규칙을 학습하고 습득해 나가면서 스스로의 행동양식을 조직해

나간다고 본다. 이를 프로이트는 초자아로 설명하고 있는데, 초자아는 이성의 부모에 대한 선망과 동성의 부모에 대한 질투심, 경쟁심 등에서 유아가 성적 감정을 억제하기도 하고, 그러한 과정을 통해 동일시, 모방 등으로 도덕성을 학습해 나간다고 본다. 이러한 과정을 통해 유아는 내면적 도덕성의 준거나 법규, 규범, 규칙 등을 학습하고 습득해 나가면서 도덕적 행동을 판단하고 평가, 조직하는 초자아의 발달에 의해 도덕성이 형성된다고 본다.

정신분석이론에서는 초자아를 통해 판단, 평가, 조직하고 결정한 도덕적 규범을 위반한 결과로 일어나는 '죄의식'을 중요시한다. 프로이트는 본능을 지니고 있는 유아가 도덕적 행동을 스스로 해낼 수는 없으나, 연령이 증가함에 따라 부모와의 관계를 통해서 허용되는 행동이 무엇인지와 허용되지 않는 행동이 무엇인지를 구별하게 되고 도덕성을 내면화해 가면서 사회의 도덕적 규범을 지키고자 하는 마음이 형성되면서 도덕성이 발달한다고 본다.

2) 행동주의적 이론

사회학습이론가인 반두라(Bandura, 1977)는 도덕성을 행동주의적 관점으로 본다. 즉, 유아는 성장해 가면서 사회적으로 접하게 되는 주변인물들(부모나 교사 등)의 도덕적 행동을 경험해 나가면서 주변인물이나 성인을 모델로 하여 모방학습을 하면서 도덕성을 습득해 나가기도 하며, 상벌의 보상을 통해 경험하게 되는 대리강화를 통해 도덕성을 발달시켜 나간다. 도덕성의 행동주의 이론은 도덕성을 모방과 강화에 의해 학습되는 행동으로 보며, 유아의 연령이나 지적인 발달(수준)보다는 어떤 경험을 하느냐를 도덕성 발달의 주요 요인으로 본다. 성인의 도움을 통해 유아의 도덕성 발달이 이루어지며 적절한 보상, 즉 상과 벌을 적용하여 도덕적 행동을 실천하도록 유도함으로써 유아의 도덕적 성향을 형성한다.

3) 인지적 이론

인지발달론적 관점은 '인지'와 '감정'을 동일한 정신상태에 있는 다른 국면 혹은 조망으로 본다. 즉, 도덕판단은 사람의 감정과 직관에 관한 것이지만 감정의 발달은 결국 인지적 구조에 근거하는 것이며 도덕적 질서에 관한 아동의 개념 발달의 일부라고 생각한다. 정신분석학적 관점에서 프로이트(Freud)는 감정이 정신에너지로부터 나와 다른 상황이나 대상에 대치되어 부모에 대한 느낌이 다른 사람에 대해서도 동일시 과정을 통하여 전이되는 것으로 설명한다. 그러나 인지발달론적 관점에서는 어떤 느낌이 무의식에서 무의식으로 또는 의식에서 의식으로 없어지지 않고 흘러 다니는 것이라기보다 느낌 그 자체가 재구조화되어 가는 사실을 강조한다. 즉, 도덕감정은 정해져 있는 무엇이라기보다 타인과 상호작용하는 어떤 인지구조의 해석적 결과로 보는 것이 타당하다고 주장한다.

4) 듀이(Dewey)가 정의한 도덕성

듀이는 『인간의 본성과 행위(1992)』라는 저서에서 "도덕성은 단순한 습관적 행위가 아닌 지성의 작용에 의한 행동"이라고 하여 도덕성의 합리적 특성을 강조한다. 즉, 예견된 결과를 고려해서 행동을 조성하고 통제해 가는 데서 가치가 형성되는 것이며, 이때 목적을 고려하고 이를 향한 행동을 할 수 있는 자유가 도덕성의 근거가 된다. 듀이에 의하면 자유는 윤리의 세계에서 실현되는 행동의 힘으로서 그것은 개인의 소유가 아니라 타인과 협동하여 조직된 유기체적 행동의 힘을 말한다. 도덕적 행위를 한다는 것은 그 행위를 할 수 있는 자유와 함께 인지적 판단능력이 있음을 전제한다. 따라서 이러한 관점에서는 도덕성을 어떤 규범에서 수동적으로 지키는 것이 아닌 구체적인 상황에서 자신과 자신이 처한 환경과의 관계를 고려하여 특정 행위의 결과를 예견하면서 내리는 가치판단으로 보게 된다. 이처럼 도덕적 행위가 개인의 자유로운 사유와 판단능력의 기초 위에서 이루어지기 때문에 상황을 탐구하여 반성적 사고를 할 수 있는 능력이 중요하게 취급된다.

인지발달론적 입장에서 도덕성은 인지발달에 의한다고 본다. 즉, 합리적으로 추리되는 도덕성의 내면화와 판단력을 통해 조직해 나가는 도덕성을 강조하는 인지적 관점은 합리적 근거에 입각한 실제적 판단력과 그로 인해 기인되는 행동이 도덕성이라고 본다. 즉, 도덕적 행위는 이성적인 사고를 통해 그 동기가 부여된다고 본다. 어떤 도덕적 정당성의 판단력이 내면화된 것이 도덕성의 주요한 핵심이며, 바로 이 도덕성의 정당하고 객관적으로 타당한 판단능력의 발달이 도덕성 발달이라고 본다.

피아제(Piaget, 1951)는 이러한 도덕성의 발달에는 규칙이 있으며, 유아의 도덕성 발달은 인지능력발달과 발달단계별로 요구되는 개개인의 판단능력에 기인한다고 보았으며, 그 규칙을 내면화하여 규칙에 따라 판단하는 객관성이 부여된 합리적인 판단능력이 도덕성의 주요 요인이다.

콜버그(Kohlberg, 1963)는 유아 개인의 도덕적 행위를 이해하기 위하여 갈등사태를 해결하는 데 사용되는 판단의 근거나 이유의 특성으로 도덕성을 규정한다. 도덕의 성숙도를 어떤 행동의 옳고 그름의 판단뿐만 아니라 왜 그런 행동이 나쁜지의 옳고 그름을 밝히는 행위로 보며, 각각 도덕성의 발달 정도의 차이이다. 최고의 도덕적 발달단계에 이르지는 않지만 거의 같은 순서의 경험 단계를 통해 도덕성을 습득해 나간다.

• 수준 1: 전인습적 수준

이 수준에서 아동은 행위의 결과에서 주는 보상과 처벌에 의해 옳고 그름을 판단하거나 규칙을 정하는 사람들의 물리적인 권위에 따라 도덕성을 고려하여 판단한다.

단계 1: 처벌과 복종 지향

규율을 어겨 받아야 할 벌이나 고통을 피하기 위해서 행동하거나 상을 받기 위해 행동하는 단계이다. 처벌을 피할 수 있는 힘 있는 사람에게 무조건적으로 복종하는 자체가 도덕적 가치를 갖는다.

단계 2: 도구적 상대주의 지향

자신이나 타인의 욕구를 도덕적으로 충족시키는 것이 옳은 행위이다. 참된 정의나 관용보다 자신에게 돌아오는 이익을 생각하는 수단적인 호혜성의 수준에 머문다.

- **수준 2: 인습적 수준**

이 수준에서는 가족, 사회, 국가의 기대를 유지하는 것 자체가 그 결과와는 무관하게 가치롭다. 이런 태도는 개인의 기대나 사회적 질서에 동조할 뿐만 아니라 적극적으로 질서를 유지하고 집단 및 그 구성원들에게 동일시하고 충성하는 것을 포함한다.

단계 3: 대인 간 조화 또는 착한 소년-소녀 성향

이 단계에서 옳은 행동은 타인을 기쁘게 하거나 도와주며, 타인으로부터 인정받는 것이다. 대다수의 사람이 갖는 고정관념에 동조한다. 타인의 반응이 도덕성 판단의 기준이 되지만, 물리적인 힘보다는 심리적인 인정 여부에 관심이 있으며 착해짐으로써 타인의 인정을 얻는다. 이 단계에서부터 사회적 규제를 수용하며 의도에 의해 행위의 옳고 그름을 판단하기 시작한다(김상균, 2005).

단계 4: 법과 질서 지향

권위, 고정된 규칙, 사회적 질서를 지향한다. 자신의 의무를 다하며, 권위자를 존중하며 사회적 질서를 유지하는 것이 옳은 행동이다(김상균, 2005).

- **수준 3: 후인습적 수준**

이 수준에서는 집단의 권위나 권리를 행사하는 사람들과는 무관하게 도덕적 가치와 원리를 규정하려는 노력을 보인다(김상균, 2005).

단계 5: 사회적 계약과 합법적 지향

개인의 권리를 존중하고 사회 전체가 인정하는 기준을 준수하는 것이 옳은 행동이다. 사회적 약속은 대부분의 구성원들의 보다 나은 이익을 위해 항상 변화될 수 있는 것이며, 이전 단계와 달리 도덕적 융통성을 갖는다.

단계 6: 보편적인 윤리적 원리 지향

옳은 행동은 자신이 선택한 윤리적 원리와 일치하는 양심에 의해 결정된다. 이 원리는 인간의 존엄성, 사랑, 정의, 공정성에 근거를 둔 추상적이고 보편적인 행동 지침이다. 단계 6의 도덕성은 지극히 개인적인 것으로 대다수가 허용하는 사회적 질서와 갈등을 뜻한다. 이 단계에 다다른 사람들은 개인의 양심이 가하는 처벌을 사회가 가하는 처벌보다 더욱 고통스럽게 생각한다.

피아제(Piaget)·콜버그(Kohlberg)의 도덕성 발달이론 비교

• 피아제와 콜버그의 도덕성 발달이론의 공통점

앞서 설명한 이론들을 보면 피아제의 이론을 확대 발달시킨 콜버그의 이론에는 피아제 이론과 공통점이 발연한다. 피아제·콜버그의 이론의 공통점은 다음과 같다.

① 두 학자는 모두 도덕성 발달이 단계별로 진행된다는 견해를 갖고 있다. 그들은 존재론적 발달이 질적으로 다른 단계를 통해 발달하고, 단계들은 위계가 있으며, 전 단계는 다음 단계에 통합되며, 순서는 뒤바뀌거나 생략되지 않고 일정하다고 보았다.

② 도덕판단의 의도성, 상대주의 등이 서로 다른 문화권에서도 여전히 존재함을 발견하였다.

③ 피아제처럼 콜버그도 아동의 행위보다는 그들의 도덕판단(moral judgement)의 발달에 초점을 두었다.

• 피아제와 콜버그의 도덕성 발달이론의 차이점

피아제의 도덕성 발달이론에 영향을 받아 콜버그의 도덕성 발달이론이 형성되었지만, 초기 이론과 다른 점이나 혹은 더 나은 점이 없다면 결국 똑같은 이론에 불과하다.

① 콜버그는 도덕성 발달에 관하여 주로 아동을 연구의 대상으로 하던 피아제의 이론을 발전시켜서 청소년 및 성인기에까지 확대하였다.

② 피아제는 각 단계마다 특정한 연령으로 묶여 있었고, 콜버그는 특정 연령으로 묶지 않고 순서가 일정하고 보편적이다.

5) 튀리엘(Turiel)의 영역구분모형

콜버그 이론의 비판에 대한 하나의 대안으로서 튀리엘(Turiel, 1983)은 도덕성의 영역구분모형을 제시한다.

(1) 도덕, 사회인습 및 개인 영역의 구분

도덕성의 영역구분모형에서는 도덕적 특성이 점진적으로 부가된다기보다 아동은 아주 이른 나이에 이미 도덕성의 중요한 영역들을 소유하고 있다고 주장한다. 도덕성의 영역구분모형은 도덕적·사회인습적·개인적 영역으로 나뉜다. 도덕적 영역은 시대 사회적 상황에 의해서도 바뀌지 않는 인간 고유의 권리나 존엄성, 생명의 가치, 정의, 타인의 행복, 신뢰, 책임감, 분배의 공정성 등과 같이 어느 시대, 사회, 문화권에서도 통용되는 근원적이고 보편적인 특성을 의미한다. 사회인습적 영역은 일정한 사회체계 내에서의 개인의 행동을 통합하여 사회적 상호작용을 조화시켜 주는 행동적 규범으로서 윗사람에 대한 인사나 관혼상제의 예법 등과 같은 상황적 맥락과 관련되는 특성을 의미한다.

(2) 영역 간의 개념적 조화

튀리엘이 아동의 능동적이고 구성적인 능력을 강조하는 점에서 듀이, 피아제, 콜버그의 상호작용적 관점을 이어가고 있지만 과연 사회인습적 영역과 도덕적 영역이 구분될 수 있는 것인지에 대해서는 여전히 문제가 남는다. 튀리엘은 초기 연구에서 도덕 및 사회인습의 영역구분에 초점을 모았으나 최근에는 양 영역의 조화가 어떤 개인, 환경 간의 상호작용 과정으로 형성되어 가는지의 발달과정을 추적하는 데 관심을 가진다.

6) 도덕교육에 대한 사회학습 이론가들의 견해

사회학습 이론가들은 도덕성 발달을 촉진하기 위해서는 행동적 측면이 중요하다고 생각한다. 그들은 어머니들이 보상과 처벌을 활용하여 올바르고 착한 행동이 아이들의 습관으로 형성되도록 도와주거나 도덕적으로 모범이 될 만한 모델을 제시하여 모방학습이 일어나도록 권장하는 것이 가장 효과적이라고 주장한다. 그러므로 이 관점에서는 아이들이 매일매일 경험할 수 있는 구체적이고 개별적인 상황 속에서 하나하나의 도덕적인 행동을 습관으로 형성하도록 관심을 가져야 하는데, 그러기 위해서는 개별적이고 계속적인 강화나 벌이 주어져야 한다. 예를 들면, 어린이들이 자기가 아끼는 물건을 남과 함께 가지고 놀면 바로 그 자리에서 머리를 쓰다듬으며 착하다고 격려해 주고, 남과 함께 가지고 놀지 않고 싸우는 행동을 하면 바로 그 행동을 처벌하여 다시 그런 행동을 하지 못하도록 행동을 수정해 주며, 주위에 착한 일을 하는 본받을 만한 사람이 있으면 자주 어울리게 하여 그의 행동을 보고 따라 할 수 있게 모방해서 학습할 수 있는 기회를 마련해 주는 것이다.

다시 말하자면 아이들의 도덕적 행동 수준을 높이기 위해서는 매일매일의 일상생활 속에서 하나하나의 행동에 관심을 가지고 잘하는 행동은 즉시 칭찬이나 격려 또는 보상을 주고, 잘못하는 행동은 교정해 주거나 처벌을 하여 곧바로 올바른 행동을 하게끔 반복적으로 연습훈련을 시키는 것이다. 비교적 연령이 낮은 아이들을 대상으로 이 방법을 활용한다면 짧은 시간 내에 많은 노력을 들이지 않고 좋은 효과를 기대할 수 있다.

7) 도덕교육에 대한 인지 이론가들의 견해

인지적 측면을 강조한 인지 이론가들은 아이들의 도덕성 수준을 높이기 위해서는 먼저 그들의 인지적 발달에 관심을 가져야 한다고 주장한다. 왜냐하면 도덕적 판단능력은 인지적 능력 수준에 따라서 형성되기 때문이라는 것이다. 도덕적 판단력을 키우기 위해서는 어려서부터 도덕적 행위의 근거를 따져 보고 행동하도록 하는 교육이 필요한데, "이런 행동은 하는 것이 좋으냐? 나쁘냐?"라는 질문을 하기보다는 "왜 그렇게 하는 것이 좋다고 생각하느냐?" 등과 같은 질문을 통해서 행동의 근거를 합리적으로 생각하도록 교육하는 것이 바람직하다. 인지 이론가들은 도덕교육의 효과를 극대화하기 위해서는 지적 발달이 뒷받침되어야 한다고 주장하는데, 그 이유는 지적 능력이 지체되어 있는 아이들을 상대로 왜 그렇게 생각하느냐의 토론식 교육방법은 효과를 기대할 수 없기 때문이다. 다시 말하자면 내 것과 남의 것에 대한 개념이 형성되어 있지 않은 지진아가 자기가 갖고 싶은 물건을 무조건 가져왔을 때, 남의 물건을 가져오는 것이 왜 나쁜 행동인지를 설명하고 이해시키는 것은 쉽지 않다. 그러나 정상적인 지적 능력을 가진 아이의 경우 왜 남의 물건을 가져오는 것이 나쁜지에 관해서 아이의 의견을 들어보고 보충 설명을 한다면 효과를 거둘 수 있다.

또 다른 예를 통해 이 이론의 장단점을 생각해 보기로 하자. 한 아이가 화가 몹시 치밀어 친구의 뺨을 때렸을 때, 이 이론가들은 때리는 것은 나쁘다고 인식시키는 것보다 왜 친구를 때리면 나쁜 것인지에 대해서 이야기해 보는 것이 효과적이라고 한다. 이 방법은 인지능력이 아직 발달하지 못한 연령이 어린 유아보다는 인지적 능력이 발달하여 여러 가지 조작이 가능하거나 논리적, 귀납적 사고가 가능한 아동들을 대상으로 할 때 그 효과를 극대화할 수 있다.

8) 도덕교육에 대한 정신분석 이론가들의 입장

도덕성 교육의 정의적 측면을 중시하는 정신분석학파들에 의하면 도덕성 발달은 성격의 구성 요소인 본능(원초아), 자아, 초자아 중에서 초자아의 발달과 더불어 일어난다고 보았다. 이 초자아는 남근기(3~5세)에 발달하는데, 이 시기에 경험하는 오이디푸스 갈등이나 엘렉트라 갈등을 해결하는 과정에서 어린이들은 성이 같은 부모를 동일시하게 되고 이 동일시 과정에서 부모의 행동뿐만 아니라 부모의 도덕 규준도 내면화하게 된다. 어린이들은 초자아가 발달할수록 도덕적 위반행위를 할 때 심한 죄책감이나 수치심 그리고 자부심을 상실하므로 이런 부정적 정서를 되도록 경험하지 않기 위해서 부도덕한 행위를 유발하는 여러 종류의 내적 욕구나 외적 유혹에 저항하면서 도덕적으로 성숙한다. 정신분석이론에서 볼 때 유아기는 양심의 기초가 형성되는 시기이므로 이때부터 유아의 충동을 억제할 수 있는 기회를 제공하는 것이 바람직하다.

예를 들자면 반드시 해야 할 일과 해서는 안 되는 일에 대해 정확히 인식시키고 그것을 위반했을 때는 적절히 양심기능에 호소함으로써 아이 스스로 죄책감을 느끼도록 하는 것이다. 아이들은 본능적인 욕구를 충족시키고자 할 때나 외부의 여러 가지 유혹을 느낄 때 현실적인 조건을 고려하면서 체면을 손상하지 않고, 즉 양심에 비추어서 부끄럽지 않을 때 자신의 욕구나 외부의 유혹을 해결하려고 한다. 아이들은 이러한 과정을 통해 양심기능이 발달하며 적절히 본능이나 자아기능을 억제하게 된다. 이때 잊어서는 안 될 사항은 부모와 자녀관계가 애정이 깊을 경우는 엄격한 훈육 방법으로 양심기능을 활성화할 수 있으나 신뢰하지 않는 부모와 자녀관계에서는 자녀의 반발이나 적대감을 일으킬 가능성이 크다는 점이다. 다시 말하자면 아이 스스로 부모의 사랑을 확신하고 있는 경우, 죄의식을 심하게 느끼더라도 자신을 쓸모없는 사람으로 인식하거나 부정적 자아개념을 형성하게 될 가능성이 적지만 부모의 사랑을 받지 못한다고 생각하고 있는 아이는 양심의 가책을 느끼게 되면 이러한 행동을 바로 잡으려 하기보다는 자신을 보호하기 위한 방어책으로 세상을 적대적으로 보면서 공격적 행동 형태를 취한다는 것이다.

예를 들면 다른 아이들보다 갖고 싶은 게 많은 아이에게 근검절약하는 정신을 가르치기 위해 물건을 사 달라고 조를 때마다 무조건 거절하는 것이 옳은가? 아니면 무조건 사주는 것이 옳은가? 정신분석 이론가들은 이런 질문에 대해 다음과 같은 해답을 줄 것이다. 아이들이 부모의 사랑을 충분히 받고 있다고 믿을 때까지는 가능한 한 아이들의 요구를 들어주어라. 그리고 어느 정도 아이의 요구가 충족된 다음, 아이의 마음에 여유가 생겼을 때, 집안 형편이나 주위 친구들의 상황 등 여러 가지 이야기를 자세히 들려주면서 다음에 일어나는 욕구를 아이 스스로 자제할 수 있도록 기회를 마련해 주어야 한다.

3 유아기 도덕성 발달을 위한 지도원리와 활동

1) 유아기의 도덕성 발달을 위한 지도원리

도덕성은 자기애의 억제, 자아애의 자각, 타인에 대한 통찰력, 부모와 권위에 대한 반응으로 형성되는 것이며, 도덕적 행동이란 일반적인 사회 경험에 의해서 발현되는 부산물이다. 즉, 도덕은 언제나 사회를 배경으로 성립되므로 도덕성의 발달은 사회성의 발달을 떠나서는 불가능하다. 또한, 사회는 도덕이 지켜지지 않는다면 옳고·그름, 정의·부정의 등의 가치기준의 혼란으로 일관성 없는 사회가 되고 말 것이다. 그러기에 유아기 때부터 자율과 책임을 전제로 한 도덕성을 습득하도록 하여야 하며, 어떠한 유아든지 혼자서 도덕성의 발달을 기할 수 없기 때문에 성인이 일상생활에서 사회에 기대하는 도덕적 행동과 가치, 규범을 알려주고, 적절한 행동에 격려를 함으로써 유아가 올바른 행동을 할 수 있게 지도하여야 한다.

도덕적인 행동을 하려면 먼저 사회적인 입장에서 무엇이 옳고 그른가를 판단할 줄 알아야 하는데, 어린이는 이러한 개념을 우선 부모를 통해 형성해 간다. 그리고 자라면서 차츰 가족 이외의 다른 사람들이나 동무들과의 접촉을 통해서 자신의 행동을 평가할 수 있는 기회를 가지게 된다. 이리하여 어린이는 옳고 그른 것에 대한 사회의 기준을 배우게 되고, 사회로부터의 인정이나 보상을 기대하며 집단의 규준에 맞는 행동을 하려고 한다.

유아에게 좋은 도덕성을 기르게 해주는 요인으로는

① 신체적 건강

② 정서적 안정과 사랑, 우정과 양보심

③ 모험심과 감성을 표현할 수 있는 기회와 수단

④ 자기 통제의 계속적 훈련

⑤ 넓은 사회적 시야의 체득

⑥ 정의에 대한 강한 욕구 등을 들 수 있다.

한편 법규, 규범, 양심, 죄책감, 수치심 등에의 인식이 어린이의 도덕성 발달에 중요한 역할을 한다는 점을 강조할 필요가 있다.

일반적으로 도덕교육은 지적 교육에 비해 늦게 시작해도 된다고 생각하는 부모들이 많다. 많은 어머니들이 유아기 자녀들이 저지르는 잘못된 행동을 너그럽게 이해하다 못해 재미있게 보아서 웃어넘기거나 귀엽게까지 생각하는 경우도 있다. 그러나 많은 학자들은 어머니들이 유아기에서부터 도덕교육에 관심을 가져야 한다고 강조한다. 효과적으로 도덕교육을 하기 위한 이론적 접근 방법은 다음과 같다.

첫째, 도덕적인 행동이 습관으로 형성되도록 하거나 타인의 도덕적 행동을 관찰할 수 있는 기회를 많이 부여하여 모방행동이 많이 일어나도록 하는 방법이 효과적이라는 사회학습 이론가들의 주장이다.

둘째, 수시로 가치가 변화하는 사회 속에서 이에 합당한 도덕적 행위를 하기 위해 상황을 정확히 판단할 수 있도록 판단능력을 키워 주는 것이 좋다고 생각하는 인지 이론가들의 입장이다.

셋째, 인간행동의 총사령탑인 양심기능을 활성화하는 것이 도덕적인 사람이 되게 하는 데 지름길이라는 정신분석 이론가의 견해 등이 있다.

2) 통합된 도덕성의 지도원리

초등학교 시기가 되면 아동들은 친구들과의 사회적 접촉을 통해서 도덕적 습관과 도덕적 인격이 상당한 정도로 고찰 또는 내면화된다. 따라서 이들에 대한 도덕성 지도는 학교교육을 통해서 변화될 수 있는 여지와 가능성이 매우 적다고 할 수 있다. 그러나 이러한 사실이 학교에서의 계획적인 도덕성 교육의 필요성과 가능성을 배제하는 것으로 해석해서는 안 된다. 어떤 종류의 인지적 학습이라도 도덕적으로 완전히 중성적인 학습이란 있을 수 없다. 아동들은 인지학습을 통해서도 지적 의미, 주어진 과제의 책임감 있는 수행, 협동 등의 도덕적 학습을 하거나 또는 반도덕적 학습을 하게 된다. 교사들의 무의도적인 언행이 아동들에게는 도덕적 규범으로 비치며 우연적 학습을 통하여 모방되고 양식화된다. 따라서 학교에서의 도덕성

지도는 계획적 학습의 수준에서뿐만 아니라, 기존의 교육과정에 의한 우연적 학습의 수준에서도 이루어지는 포괄적이고 통합적인 교육과정이 수립되고 준비되어야 한다.

도덕적 행위를 한 사회체제 내의 행동양식이라고 볼 때, 도덕적 행위는 개인의 필요와 가치지향 및 역할수행이라는 일면과 개인이 소유한 사회환경의 압력과 가치관 및 역할기대라는 다른 일면과의 상호작용의 소산물이다. 이렇게 생각할 때 진실로 효율적인 도덕성 교육을 위한 프로그램은 가정과 학교와 사회가 삼위일체가 될 때 비로소 가능하다.

3) 발달단계별 지도원리

도덕성 발달을 돕기 위한 지도상의 유의점을 발달단계별로 요약하면 다음과 같다.

(1) 유아기

첫째, 유아들은 덕목과 원리를 이해할 수 없으므로 말보다도 행동을 통해서 지도해야 한다.

둘째, 이 시기는 환경의 영향을 크게 받으므로 바람직한 환경조성에 힘써야 한다. 특히 부모의 언행이 모범적이어야 한다.

셋째, 조건형성의 이론, 특히 일관성의 원리에 입각해서 지도해야 한다.

(2) 아동기

첫째, 교우관계의 조정과 지도, 즉 착한 친구들과 사귀게 하는 것이 무엇보다도 중요하다.

둘째, 집단 구성원을 파악하고, 어떤 곳에서 무엇을 하면서 노는가를 언제나 주의 깊게 관찰해서 바람직한 방향으로 행동하도록 지도해야 한다. 그리고 '어린이회' 활동을 통해서 선행을 장려하는 것이 중요하다.

셋째, 부모와 교사는 서로 밀접한 유대를 갖고 지도해야 하며, 그들의 지도원칙은 일치되어야 한다.

넷째, 스포츠에 강한 흥미를 가지는 시기이므로 스포츠 규칙을 준수하는 정신을 길러야 한다. 이것이 바로 사회적 규범을 준수하는 소지가 되는 것이다.

4) 유아기 도덕성 발달의 활동

현대는 정보와 산업 사회로서 그 변화의 속도가 빠르고 생활의 양상이 대단히 복잡하다. 따라서 이러한 양상은 우리들에게 새로운 상황과 가치의 갈등을 경험하게 하고 있다. 그러므로 우리는 자라나는 어린이들에게 새로운 사회현상을 바르게 이해시키고 기본적인 가치와 갈등을 얻게 하며, 새로운 문제를 해결할 수 있는 능력을 갖출 수 있도록 교육해야 할 필요성을 느낀다. 유아의 사회성 발달과 사회화가 정상적으로 이루어지기 위해서는 사회 도덕성 교육이 반드시 필요하다.

수많은 가치들이 갈등하고 있는 현대사회를 살아가는 학생들에게 가치의 판단능력을 길러 주는 일은 매우 중요하다. 도덕적 가치의 판단능력이 있어야 도덕적으로 행동할 수 있다. 도덕적인 행동은 '상황에 따라 변화하며, 개인에 따라 상대적인 경우도 있다. 따라서 개인이 가지고 있는 가치가 무엇인가를 명료하게 해주어야 한다. 개인이 가지고 있는 가치를 존중해 주어야 한다. 가치는 사회 공동체가 요구하는 덕목이 아니라, 개개인의 삶의 방향을 제시해 주는 지침들이다. 일반화된 원리나 진리의 습득보다는 가치를 탐구하는 과정이 더욱 중요시된다. 선택의 기회가 많아진 현대 민주주의 사회에 잘 적응하기 위해서는 개인이 가치를 결정하도록 도움을 주어야 한다. 그러므로 학교의 도덕교육에서 콜버그의 도덕성 발달과 관련지어 가치명료화 수업이 절실히 요청된다. 가치명료화는 학생들 스스로 가치를 선택하고 선택한 것을 소중히 여기며, 행동에 반영될 수 있도록 내면화함으로써 도덕성의 인지적, 정의적, 행동적 요소를 고루 발전시킬 수 있는 민주적인 교육방법이기 때문이다.

5) 도덕적인 행동을 촉진시키기 위한 방법

아이들을 도덕적으로 훌륭히 키워 내기 위해서는 위에서 소개한 여러 가지 방법 중 양심에 호소하는 방법이 일반적인 상황에서 가장 효과적일 수 있다. 그러나 이 방법은 기초 도덕교육(도벽, 거짓말, 공격적 행위 등)에는 가장 큰 효과를 기대할 수 있으나 도덕적 가치 기준이 애매한 상황(교통량이 거의 없는 한밤중에 보행자 신호를 기다리는 상황, 건강하고 젊은 사람이 구걸을 할 때 등)에는 한계점이 있다. 그러므로 한 가지 관점으로만 접근하려고 하기보다는 세 가지 방법을 절충해서 자기의 아이에게 적합한 방법, 그리고 도덕적 행동을 하는 바로 그 상황에 적합한 방법을 찾아야 한다. 아이의 성격이 충동적일 경우 정신분석적 접근이 효과적일 수 있고 아이의 성격이 온순하고 사려 깊으면 인지적 접근 방법이 바람직하다.

Chapter 10

공격성

1 공격성의 개념 및 중요성

영유아의 공격성은 영유아가 의도성이 동반되는 공격적 행동의 특성만으로 정의되는 공격성 또는 다른 사람을 해할 수 있는 잠재적 성격을 지닌 행동 등으로 개념 정리가 되기도 한다. 즉, 대부분의 영유아의 공격성에 대한 연구 결과는 두 가지로 구분되는데, 수단적인 공격과 적대적인 공격이다. 이 두 가지의 공격성에서 대부분의 영유아의 공격성은 수단적인 공격성을 보이는 사례가 많다는 것이다. 예를 들어, 영유아는 단순히 좋아하는 장난감을 갖고 싶어서 상대방에게 공격을 하는 경우가 대부분이며, 피해를 주었을 때 상대방에게 피해를 준 상황을 인지하기보다는 장난감을 자기 것으로 만든 것에 대한 수단적 생각이 더욱 강하다는 것이다(최혜순, 1993; 이진수, 2004).

일반적인 공격성의 개념을 정의해 보면 다음과 같다.

공격성은 자신의 의도와 상관없이 표출된 행동 또는 자신의 의도나 어떠한 동기에 의해 공격적 표출이나 언어적·비언어적 표출 행동 등으로 반사회적 행동으로 보이기도 하는 행동이다. 이는 정신적인 피해나 신체적 피해를 상대방이나 타인에게 주어 자기 자신의 목적한 바를 성취하는 해를 끼치는 행동이나 바람직하지 못한 행동을 의미하기도 한다(이진수, 2004; Bandura, 1973).

이와 같이 공격성의 개념은 자기 자신이 전혀 의도하지 않은 상황에서 의도성과 상관없이 상대방이나 타인에게 피해를 입힌 행동, 또는 자기 자신이 의도적으로 자신이 목적한 바를 이루기 위해 상대방이나 타인에게 피해를 주는 행동 등으로 공격성의 개념이 정의되기도 하는데, 페리와 버시(Perry & Bussey, 1984)는 자신의 의도와 목적한 바를 이루기 위한 언어적·비언어적 행동으로 상대방에 대한 공격성을 정의하였다. 반두라(Bandura, 1973)는 공격성을 물질적 손해나 피해의 결과라고 개념 정의하였다. 이처럼 공격성이란 자기 자신의 생각이나 의도와 상관없이 순간적인 실수나 우발적인 행동에 의하여 상대방이나 타인에게 피해를 주게 되는 공격 행동도 공격성의 개념에 포함되며, 반면에 자신이 생각한 의도나 목적한 바를 이루기 위해

의도적으로 행한 공격의 결과가 상대방이나 타인에게 결과적으로 해를 끼치지 않는 공격 행위는 공격 행동으로 간주되지 않기도 한다고 정의되기도 한다(최기영 외, 2008).

이상에서 살펴본 바와 같이 공격성은 자신의 필요나 욕구 등으로 인한 수단적(instrumental) 의도에 의해 행동하는 공격성, 즉 상대방이나 타인에게 피해를 주었다고 생각하는 것보다 자신의 욕구를 채우기 위해서 공격적 행동을 하게 된 것이 더 크다고 생각하는 경우의 공격성과 적대적(hostile)인 감정에서 행동으로 표출되는 공격성 등으로 정의되기도 한다. 적대적 공격성은 자신의 의도와 목적을 이루고자 의도적으로 상대방이나 타인에게 해를 입히고자 하는 의도와 목적을 가진 행동을 의미한다.

반두라(1973)는 자기 자신이 의식할 수 있는 의도성과 목적이 동반된 공격적 행동의 결과 및 공격적 행동을 심리적인 것과 신체적인 것을 포함하여 정의하였다. 즉, 관찰을 통해 결과적으로 보이는 행동뿐만 아니라 공격자 본인이 상대방이나 타인에게 피해를 주는 행동을 공격성의 개념으로 정의하였다.

이상에서 공격성에 대한 다양한 이론을 통해 개념 정의를 해 보았다.

공격성의 개념 정의를 요약해 보면, 공격적인 행동이 자기 자신의 의도나 목적에 의한 행동이거나 아니면 자기 자신의 의도나 목적과 상관없이 우발적인 행동이거나 일체의 타인이나 상대방에게 피해를 준 공격성의 행동으로 개념 정의가 요약되며, 공격성의 원인이나 조건 등이 사회적으로 연관된 문제 등 다양하게 고려된 개념 정의가 필요하다.

공격성에 대한 개념 정의 및 요약을 정리하면 표 10-1과 같다.

표 10-1 공격성에 대한 개념 정의 및 요약

공격성에 대한 다양한 개념 정의

- 페리와 버시(Perry & Bussey, 1984)
  공격성이란 자신의 의도와 목적한 바를 이루기 위한 언어적·비언어적 행동으로 상대방에 대한 공격성을 정의함
- 최기영 등(2008)
  공격성이란 자기 자신의 생각이나 의도와 상관없이 순간적인 실수나 우발적인 행동에 의하여 상대방이나 타인에게 피해를 주게 되는 공격 행동도 공격성의 개념에 포함되며, 반면에 자신이 생각한 의도나 목적한 바를 이루기 위해 의도적으로 행한 공격의 결과가 상대방이나 타인에게 결과적으로 해를 끼치지 않는 공격 행위는 공격 행동으로 간주되지 않기도 한다고 정의함
- 반두라(Bandura, 1973)
  자기 자신이 의식할 수 있는 의도성과 목적이 동반된 공격적 행동의 결과 및 공격적 행동을 심리적인 것과 신체적인 것을 포함하여 정의함. 즉, 관찰을 통해 결과적으로 보이는 행동뿐만 아니라 공격자 본인이 상대방이나 타인에게 피해를 주는 행동을 공격성의 개념으로 정의함

출처: 최기영·우수경·양진희·이학선·이인원(2008). 최혜순(1993).
Perry & Bussey(1984). Bandura(1973).

공격성의 개념 정의 요약 및 개선점

공격성의 개념 정의를 요약해 보면, 공격적인 행동이 자기 자신의 의도나 목적에 의한 행동이거나 아니면 자기 자신의 의도나 목적과 상관없이 우발적인 행동이거나 일체의 타인이나 상대방에게 피해를 준 공격성의 행동으로 개념 정의가 요약되며, 더 나아가 사회 문화가 더욱 복잡해지면서 공격성의 원인이나 조건 등이 사회적으로 연관된 문제 등 다양하게 고려된 세부적인 개념 정의가 필요하다.

1) 영유아기의 공격성

영유아기의 공격성은 대체로 상대방이나 타인에게 해를 입히는 공격성의 정도에 있어서는 비교적 안정성을 보이며, 여아보다는 남아에게서 많이 나타나고 있다. 이는 영유아기는 아직 체력적으로 강한 상태가 아니기도 하고 공격성의 의도가 주로

자신의 장난감을 쟁취하기 위한 행동으로서 수단적 목적이 강하기 때문이기도 하다. 즉, 상대방이나 타인에게 신체적 해를 입히고자 하는 목적보다는 장난감을 갖고 싶어 하는 목적이 더 강하다는 것이다.

그러나 영유아의 공격성은 문제 행동의 유발이나 원인이 되기도 하고 폭력적 행동의 습관성, 친구 관계에 있어서의 다툼이나 어려움, 부적응, 더 나아가 학교생활을 하게 되었을 때의 공격적 행동에 대한 낙인이나 부적응으로 연결될 가능성, 또 더 나아가 성인이 되었을 때 사회관계에 있어서의 어려움, 부적응 등의 문제 요인이 될 수 있으므로, 다양한 교육적 관심과 교육적 전문성을 발휘한 교육적 지원이 필요하다(최기영 외, 2008).

영유아의 공격성은 대체로 단순한 생각에 의한 행위 결과이거나 수단적 목적을 이루기 위한 행동이다. 이는 영유아기는 놀이를 매우 좋아하는 특성을 지니고 있으며, 2019 개정 누리과정을 국가수준 교육과정으로 영유아교육기관에서 전면 실시하게 되면서, 하루 종일 놀이중심 수업에 참여하게 되면서 주로 자신의 놀이도구로 쓰이는 장난감이나 놀이교구 등을 쟁취하기 위해 공격적인 행동이 일어나는 경우가 많다. 때로는 친구 관계 등을 통해 일어나는 의견의 불일치 등으로 인해 감정의 표현 행위나 일시적 분노의 표현 행위 등으로 의도적인 피해를 상대방이나 타인에게 입히는 경우도 있다.

영유아교육기관에서의 영유아들의 생활을 관찰하여 본 결과에 의하면 유아들의 공격성은 주로 단순한 동기에 의한 장난감 소유 본능에서 오는 수단적인 공격성을 보이는 경우가 대체적으로 많으며, 점차 성장해 가면서 연령이 증가할수록 적대적 공격이 증가하는 경우가 많다. 또한 영유아기에 좌절의 경험을 많이 겪게 되는 경우 공격성이 나타나는 경우도 있다.

영유아 시기는 아직 언어적 능력이 성장 단계에 놓여 있으므로 주로 신체적 공격성을 많이 나타내며, 연령이 올라가면서 언어적 표현 능력이 완성되어 가고 증진되어 가면서 언어적 공격성을 나타내는 경우가 증가한다.

일반적인 공격성과 관련된 연구 결과에 의하면 영유아기의 공격적인 행동의 습관적 표현 행위는 점차 성장해 가면서 초·중·고 시기나 성인기까지 공격적 행동의 품성이 지속되는 것으로 알려져 있다. 또한 가정이나 영유아교육기관에서 공격적 행동을 하는 상대방이나 타인의 모습을 보게 되면서 공격성을 학습하게 된다고 사회학습자인 반두라(1973)는 주장하였다.

이러한 공격성에 대한 주장에 의하면 영유아기의 공격성에 대한 예방적 차원의 교육이나 공격성의 지속을 치료하고 방지하는 전문성을 겸비한 적극적인 교육지원이 절실히 요구된다.

영유아기의 공격성의 종류를 세분화해 보면 다음과 같다.

첫째, 단기적인 주변 환경의 일시적 변화에 대한 적응의 어려움이나 충격으로 영유아의 상황적이고 일시적인 공격성의 행동이 나타날 수 있다. 예를 들어, 동생이 태어나고 부모의 사랑을 혼자 누리다가 동생에게 그 사랑이 전이된 경우의 사랑의 박탈감, 그로 인한 긴장감 생성, 질투심 등으로 인한 단기적이고 일시적인 공격성은 주변에서 흔히 관찰되는 공격성의 예이다.

둘째, 몇 개월 이상 계속되는 장기적이고 일관적인 공격성은 영유아에게 고정된 공격성의 행동으로서, 주로 현대사회의 특징적 현상이기도 하다. 즉, 현대사회는 물질적으로 풍요로워지면서, 이를 누리기 위한 경제적 여건 충족을 위해 대부분의 부부가 직장생활을 할 수밖에 없는 환경에 놓임으로 인하여 자녀 역시 영유아기에 곧바로 사회생활을 시작하는 경우가 대부분이다. 세상에 태어나자마자 영유아는 영유아교육기관에서의 사회생활이 불가피해지는 경우가 많고, 그로 인해 다양한 사회관계와 사회적 상호작용의 과정을 겪게 되고 그 속에서 경험과 적응의 과정을 겪으면서 상호 간 부딪침과 부딪힘을 수도 없이 겪어가면서 경험하게 되는 일들을 해결해 나아가고자 하는 행동의 결과로 지속적이고 장기적인 공격성이 나타날 수도 있다.

이는 영유아 시기의 공격성에 대한 현실 상황에 적절한 전문적인 교육적 지원과 예방 등의 전문성 있는 교육적 대응이 매우 중요함을 상기시켜 주는 예이다.

영유아기 공격성의 특징 및 종류를 정리하면 표 10-2와 같다.

표 10-2 영유아기 공격성의 특징 및 종류

영유아기 공격성의 특징

- 영유아교육기관에서의 영유아들의 생활을 관찰하여 본 결과에 의하면 영유아들의 공격성은 주로 단순한 동기에 의한 수단적인 공격성을 보이는 경우가 대체적으로 많으며, 점차 성장해 가면서 연령이 올라갈수록 적대적 공격이 증가하는 경우가 많다.
  영유아 시기는 아직 언어적 능력이 성장 단계에 놓여 있으므로 주로 신체적 공격성을 많이 나타내며, 연령이 올라가면서 언어적 표현 능력이 완성되어 가고 증진되어 가면서 언어적 공격성을 나타내는 경우가 증가한다.
- 영유아의 공격성은 대체로 단순한 생각에 의한 행위 결과이거나 수단적 목적을 이루기 위한 행동이다. 이는 영유아 시기는 놀이를 좋아하고 영유아교육기관에서 놀이중심 수업에 참여하게 되면서 주로 자신의 놀이도구로 쓰이는 장난감이나 놀이교구 등을 쟁취하기 위해 공격적인 행동이 일어나는 경우가 많다. 때로는 친구 관계 등을 통해 일어나는 의견의 불일치 등으로 인해 감정의 표현 행위는 일시적 분노의 표현 행위 등으로 의도적인 피해를 상대방이나 타인에게 입히는 경우도 있다.

출처: 최기영 · 우수경 · 양진희 · 이학선 · 이인원(2008). 이진수(2004). 최혜순(1993). 이영자 · 유효순 · 이정욱(2001).

영유아기 공격성의 세부 내용

- 단기적인 주변 환경의 일시적 변화에 대한 적응의 어려움이나 충격으로 영유아의 상황적이고 일시적인 공격성의 행동이 나타날 수 있다. 예를 들어, 동생이 태어나고 부모의 사랑을 혼자 누리다가 동생에게 그 사랑이 전이된 경우의 사랑의 박탈감, 그로 인한 긴장감 생성, 질투심 등으로 인한 단기적이고 일시적인 공격성은 주변에서 흔히 관찰되는 공격성의 예이다.
- 몇 개월 이상 계속되는 장기적이고 일관적인 공격성은 영유아에게 고정된 공격성의 행동으로서, 현대사회는 거의 대부분의 부부가 함께 직장생활을 함으로 인하여, 영유아기에 곧바로 사회생활을 시작하는 경우 다양한 사회관계 속에 놓임으로 인해 사회적 상호작용의 과정 속에서 적응해 나아가는 과정에서 나타나는 행동의 결과로 나타나는 장기적인 공격성이 나타날 수도 있다.

영유아기 공격성의 영향 및 대책

일반적인 공격성과 관련된 연구 결과에 의하면 영유아기의 공격적인 행동의 습관적 표현 행위는 점차 성장해 가면서 초·중·고 시기나 성인기까지 공격적 행동의 품성이 지속되는 것으로 알려져 있다. 따라서 영유아기의 공격성에 대한 적극적인 자세의 전문성을 포함한 교육 및 공격성에 대한 예방, 치료 등의 교육적 방법 적용이 절실히 요구된다.

2 공격성 이론 고찰

영유아의 공격성에 대한 개념 정의에 있어서 다양한 연구의 역사적 과정과 결과는 영유아의 공격적 행위가 본능적 요인인가, 환경적 요인인가의 측면에서 연구되고 고찰되어 왔다. 현대사회에서의 공격성 이론은 영유아가 세상에 태어나자마자 영유아교육기관 등에서 사회생활을 시작하게 되는 현대사회의 특성, 즉 환경적 상황 등을 고려해 공격성 이론이 연구되고 고찰되는 과정에 놓여 있다.

영유아의 공격성이 인간의 선천적 본능에 의한 행동이라고 보는 연구 결과에서는 영유아의 공격성을 인간 본성의 본능적 결과임을 주장하여, 이러한 본능적 공격성에 대한 규범적 질서가 필요하다고 보아 엄격한 질서유지와 제재가 필요함을 주장하였으며, 공격성에 대한 환경적 요인을 주장하는 연구 결과에서는 환경적 요인을 통해 공격적 행동을 야기하는 원인적 요소에 대한 개선과 제거 등으로 효과적인 교육방법의 지원 적용이 필요하다고 주장하고 있다. 공격성의 원인에 대해 정리하면 표 10-3과 같다.

표 10-3　영유아기 공격성의 원인 및 이론 고찰

영유아기 공격성의 원인
• **선천적 원인** 영유아의 공격성을 인간 본성의 본능적 결과임을 주장하여, 이러한 본능적 공격성에 대한 규범적 질서가 필요하다고 보아 엄격한 질서유지와 제재가 필요함을 주장 • **후천적 원인** 환경적 요인을 통해 공격적 행동을 야기하는 원인적 요소에 대한 개선과 제거 등으로 효과적인 교육방법의 지원 적용이 필요하다고 주장

출처: 최기영 · 우수경 · 양진희 · 이학선 · 이인원(2008). 최혜순(1993).

공격성의 이론 고찰	
• 프로이트(S. Freud)의 본능적 공격성 이론	• 사회학적 견해의 공격성 • 사회학습론적 공격성

출처: 이진수(2004). 이영자 · 유효순 · 이정욱(2001).

1) 프로이트(S. Freud)의 본능적 공격성 이론

프로이트의 정신분석이론은 공격성의 원인을 본능에 의한 행동의 결과라는 입장을 밝히는 대표적 이론이다. 인간의 본성 속에 본능적으로 공격하고자 하는 욕구가 내면 깊숙이 내재되어 있다고 보는 이론이다. 어떤 개인이 의도한 결과의 공격성이나 의도하지 않은 경우의 우발적 공격성이나 모두 인간의 내면 속에 깊숙이 자리 잡고 있는 공격하고자 하는 욕구가 작용하는 것이라고 보는 이론이다.

예를 들어, 한 인간이 인생을 살아가는 생활 과정 속에서 어떠한 사회관계적인 갈등적 상황이나 여러 가지 다른 사회적 상황에 놓이게 되면 인간의 내면 속에서 공격성의 욕구가 발생하게 되고, 그 공격성의 욕구가 외부로 분출할 어떠한 극적인 정점에 이르게 되면 공격 행동으로 나타나게 된다고 보았다.

이는 본능적으로 인간이 자기보호본능과 동시에 자기 자신을 지키고자 일어나는 공격적 본능으로서, 이러한 공격적 욕구는 인간이 자기 자신을 본능적으로 지키고자 하는 가장 기본적인 욕구라고 보았다. 프로이트는 이러한 본능적인 공격적 행동을 놀이 활동이나 사회관계 속에서 끊임없이 일어나는 자기 자신에 대한 보호본능과 연결시켜, 생존본능적 공격적 욕구라고 보았다.

프로이트는 인간에게 본능적으로 내재되어 있는 공격적 욕구가 적절하게 조절되지 못하면 어떠한 상황에 처했을 때 순간적으로 자기조절 능력이 상실되어 공격적 행동으로 분출(폭발)하게 되는데, 수압설(hydraulic pressure theory)을 주장하여 평소의 적절한 수압의 조절이 필요하다고 하였다. 프로이트는 수압설에 대하여 다음과 같이 설명하였다.

인간이 지니고 있는 자기보호본능으로 인한 공격성은 인간 내면의 세계에 깊숙이 내재되어 있기 때문에 이를 제어하고 조절해야 하는데, 억압적인 방법이 아닌 가끔씩 주기적으로 공격적 에너지를 분출하여 공격적 행동의 조절 및 제어가 필요하다고 보았다. 이는 어떤 용기 속에 들어 있는 물의 압력에 비유하여 수압설이라고 하였다.

이러한 조절의 과정을 통해 인간이 본능적으로 가지고 있는 공격성의 한 부분을 수용하거나 또는 바람직한 행동으로 전환하여 표출하도록 하는 승화의 형태로 공격성을 예방하거나 적절히 조절할 수 있다고 하였다. 또한, 이러한 방법의 적용이 필요하다고 주장하였다.

비교 행동학자들(로렌츠 등)도 모든 동물에게서도 공격적 행동의 잠재력이 내재되어 있다고 주장하면서 프로이트의 본능적 공격성 이론과 같이 인간 역시 본능적 공격성을 본능적으로 지니고 있다고 선천적 공격성을 주장하였다.

진화론적 입장에서는 인간에게 본능적으로 잠재되어 있는 선천적으로 존재하는 공격성이 자기 자신을 본능적으로 보호하고자 하는 자기보호본능 등의 법칙에 따라 자기 자신의 생존문제에 있어서 아주 중요한 수단적인 요인이 된다고 보았다.

이렇듯 인간에게 잠재된 공격적 욕구는 선천적으로 내재된 욕구로 보았으며,

적절한 조절이나 교육적 지원을 통해 공격성을 예방하거나 감소시킬 수 있다고 보았다.

프로이트의 선천적 공격성 이론을 정리하면 표 10-4와 같다.

표 10-4 프로이트(S. Freud)의 선천적 공격성 이론

프로이트의 선천적 공격성 이론
• 공격성의 선천적 원인 주장 프로이트의 정신분석이론에서는 공격성을 인간이 본능적으로 지닌 내면 속에 공격하고자 하는 욕구가 기본적으로 내재되어 있다고 보았다. 한 개인이 의도한 경우의 공격성과 의도하지 않은 경우의 공격성 모두, 인간이 살아가면서 직면하게 되는 공격적 행동을 유발하는 어떠한 상황이 발생되면 인간은 공격성의 욕구가 올라오고 그 욕구가 어떠한 극한 정점에 이르게 되면 공격 행동으로 나타나게 된다고 보았다. 이러한 공격적 욕구는 인간이 자기 자신을 본능적으로 지키고자 하는 가장 기본적인 욕구라고 보았다. 이러한 공격적 행동은 놀이 활동 등의 움직임이 활발한 활동성 있는 일이나 상황 등을 통해 발생하는 일들 속에서 순간적으로 자기 자신을 지키고 보호하고자 하는 생존본능적 공격적 욕구라고 보았다.
↓
• 수압설: 선천적 본능적 공격성의 조절 방법 적용 필요 주장 (공격적 욕구의 주기적 적절한 분출 및 교육적 방법 적용 필요)

출처: 이진수(2004). 박영미(2021). 이영자 · 유효순 · 이정욱(2001). 장선철 · 김수영(2007).

2) 사회학적 공격성

사회학적 공격성에서 주장하는 내용을 살펴보면, 인간이 어린 시절부터 기본적 욕구에 대한 좌절의 경험이 많을수록 공격적 행동이 많이 나타난다고 보았다. 예를 들어, 어린 시절에 인간이 기본적으로 지닌 욕구에 대한 과중한 억압, 심한 갈등, 부모의 지나친 엄격한 훈육방식, 공정성이 결여된 강요 등의 경험은 좌절감을 주어

그 좌절감의 학습의 결과가 공격적 행동으로 나타난다고 주장하였다.

예를 들어, 사회학적 공격성에 대한 실험에서(Lewin, 1941, 재인용) 한 집단의 어린이들에게 좋은 장난감으로 가득한 장난감 방을 보여주었다. 어린이들은 창밖에서 장난감 방을 들여다보고 있으면서도 장난감을 가지고 놀지 못하도록 하였다. 어린이들은 장난감을 눈앞에 보고 있으면서도 가지고 놀지 못하는 과정을 겪으면서 본능적으로 올라오는 놀이에 대한 욕구가 좌절되었다. 그러한 좌절의 경험을 겪게 한 후 오랜 시간을 기다리게 한 다음에서야 어린이들에게 장난감을 가지고 놀게 해주었다. 실험 결과 오랜 시간 눈앞에 보이는 장난감을 보고도 장난감을 가지고 놀지 못한 욕구 좌절을 경험한 어린이들은 장난감을 가지고 놀도록 하는 순간 장난감을 가지고 즐겁게 놀이 활동을 하는 것이 아니라 장난감을 향해 파괴적인 행동을 하였다. 즉, 장난감을 짓밟고 부수고 벽에 내던지는 등의 행동을 하였다. 반면에 다른 집단의 어린이들에게는 장난감 방을 보자마자 즉시 장난감 방에서 놀이를 할 수 있도록 하였다. 장난감을 가지고 놀고 싶은 욕구에 대하여 욕구 좌절을 경험하지 않았던 어린이들은 장난감을 가지고 놀이 활동에 열중하며 재미있게 놀았으며, 차분하게 놀이 활동에 몰입하였고 파괴적 행동이 적었다.

이처럼 사회학적 공격성에서는 이 두 집단의 어린이들에게서 나타난 결과에서와 같이 인간이 지니고 있는 기본적 욕구를 다양한 사회화된 방법으로 충족시켜 주었을 때 공격성을 예방하거나 적절히 조절하는 능력이 생겼다고 보았고, 인간이 기본적으로 지니고 있는 욕구를 사회화된 다양한 방법으로 충족하지 못한 경우의 성숙되지 못한 경우에는 공격적 욕구를 예방 또는 적절한 방법으로 표현하거나 조절할 수 있는 능력이 결여된 모습으로 공격적 행동이 나타난다고 보았다.

사회학적 공격성 이론에서 주장하는 이 실험 결과는 고전적 실험으로서 인간의 기본적인 욕구 좌절의 경험이 학습되어 공격성을 유발하는 주요 원인이 된다고 주장하였다. 결과적으로 인간은 욕구 충족의 결핍이 극대화될수록 좌절감과 분노감이 극대화되고, 이러한 욕구 좌절의 경험을 통해 나타나는 결과는 파괴적이고 분노적인 감정을 조절하지 못하게 되는 원인이 되어 공격적 행동을 유발하는 중요한 원인이 된다는 것이다.

인간이 부모나 혹은 누군가에 의해 억압되고 주지적인 강요가 지속적으로 이루어질 때 학습되는 좌절감, 즉 인위적인 욕구 좌절의 경험은 우발적이거나 실수에 의해 순간적으로 일어나는 일시적 공격적 행동보다 더 파급력이 큰 파괴적 분노와 공격적 행동을 일으킨다고 보았다. 반면에 욕구 좌절에 대한 공정성이나 정당성이 개개인에게 인정되어 타당성이 이해될 경우에는 공격적 행위가 줄어든다고 보았다.

사회학적 공격성 이론을 정리하면 표 10-5와 같다.

표 10-5 사회학적 공격성 이론

사회학적 공격성 이론
• 사회학적 공격성 이론 사회학적 공격성에서 주장하는 견해는 공격적 행동의 원인을 한 개인이 지니고 있는 기본적 욕구를 억압당하거나 사회화된 다양한 방법으로 충족되지 못한 좌절감의 경험이 누적되고 학습되어 분출되는 미성숙함으로 인한 공격성의 원인이 된다고 보았다.
↓
인간은 본인이 기본적으로 지니고 있는 욕구에 대하여 충족이 결핍되었을 때 좌절과 분노의 행위를 유발하는 원인이 될 수 있다고 보았다. 어릴 적 누군가에 의한 억압되고 강요된 규칙 등은 욕구 좌절을 경험하게 하고, 이는 결과적으로 파괴적이고 분노적인 감정을 불러일으켜 공격적 행동을 유발하는 중요한 원인이 된다는 것이다. 부모나 누군가에 의해 학습된 억압되고 강요된 의도적이고 인위적인 욕구 좌절 경험은 우발적이거나 실수에 의해 일어나는 순간적이고 일시적인 공격적 행동보다 더 많은 파괴적 분노와 공격적 행동을 일으키는 원인이 된다고 보았다. 그러나 욕구 좌절을 일으키는 원인이 우연적으로 발생하거나 공정성과 정당성이 있다고 이해될 경우는 공격적 행위가 감소한다고 보았다.

출처: 이진수(2004).

3) 사회학습론적 공격성

공격성의 원인이 주변 환경(인적 환경, 물적 환경 등)에 의해 학습된 결과로 보는 사회학습론적 공격성에서 주장하는 견해는, 공격성이란 인적 환경과 물적 환경 등 일체의 주변에서 경험하는 환경에 의해 경험되고 학습된 것이라고 보았다. 인간은 이러한 환경의 영향을 받으면서 성장의 과정 속에서 공격적 행동에 대한 예방 및 조절 능력을 경험하게 되면서 공격적 행동에 대한 욕구를 조절해야만 한다는 것을 인지하게 되고, 그러한 학습된 과정의 결과 인간의 공격적 행위는 한정된 상황에서 부득이한 경우에만 일어난다고 보았다(Bandura, 1963).

사회학습론적 공격성 이론에서는 어린이들에게 공격하지 못하게 하도록 교육하는 것이 아니라 공격성에 대한 판단력을 키워 주는 것, 즉 공격적 행동이 타당한 경우와 타당하지 않은 경우에 대하여 교육하고 지원해야 한다는 것이다.

예를 들어, 어린이들에게 공격적 행위에 대한 정당성에 대해 교육하게 되면 어린이들의 공격성은 증가되며, 공격성은 불공정하고 좋지 않은 행동이라고 교육을 하게 되면 공격성은 감소하게 된다는 것이다. 즉, 여러 가지 다양한 사회적 경험과 상황을 겪으면서 당면한 어떠한 상황 속에서 상대방에게 공격성을 나타내는 경우가 있기도 하고, 반면에 다른 상황에 직면했을 때의 다른 상대방에게는 공격성을 나타내지 않게 되도록 공격적 행위의 여부를 판단하는 능력을 학습하게 된다는 것이다.

이처럼 사회학습이론에서는 인간은 당면한 상황에 따라 공격성을 나타내기도 하고 공격성을 스스로 조절하기도 한다고 보았다. 그런데 이러한 학습의 과정은 '강화'와 '모방'에 의해서 학습이 된다고 사회학습론자들은 주장하였다.

반두라(Bandura, 1963)는 사회학습이론을 '보보인형' 실험을 통하여 연구 결과를 정립(주장)하였다.

이 실험에서 한 어린이에게 성인이 보보인형에게 공격적 행동을 하는 모습을 관찰하도록 하였다. 그 후 이 어린이는 공격적 행동이 증가하였으며, 본인이 관찰한 공격적인 성인의 행동을 그대로 '모방'하였다. 즉, 본인도 인형을 주먹으로 때리고 발로 차기도 하며 망치로 때리기도 하였다. 즉, 공격적인 성인의 행동을 그대로 '모방'한 것이다. 반면에 다른 한 어린이에게는 성인이 보보인형을 차분하게 다루는 조립하는 장면을 관찰하도록 하였다. 이 어린이는 공격적 행동이 증가하지 않았다(이진수, 2004).

그러나 이 실험에서 중요한 것은 어린이들이 무조건 성인의 행동을 '모방'하려는 것은 아니며, 성인의 행동을 관찰하면서 호감이 가고 '친밀감'이나 '친숙감'을 느꼈을 때 더 많이 그 성인의 행동을 '모방'하는 것으로 나타났다. 또한, 강력한 전율이 느껴질 경우도 어린이 본인의 생각에 좀 더 중요성이 느껴지고 더 많이 '모방'의 행동을 하는 것으로 나타났다.

이처럼 사회학습이론에서는 공격성에 대한 학습의 중요한 기제는 '모방'이라고 주장하였다. 어린이들은 내면의 세계에서 호기심이 강한 특징과 타인을 모방하려는 성향을 지니고 있어서 타인의 행동을 관찰하면서 동시에 '모방'하려는 성향을 지니고 있기 때문에 타인의 행동을 관찰하고 모방한다. 이러한 '모방'을 통해 학습된 것을 현실에서 행동으로 나타내야 하는지 아니면 억제하고 조절해야 하는지를 학습한다고 보는 것이다.

이와 같이 사회학습이론에서 공격성은 학습된 것이라고 보았으며, 공격성의 주요한 원인으로 '모방'과 더불어 '강화'를 예로 들어 실험하였다.

즉, 어린이들이 공격적 행동과 관련한 어떠한 상황에서의 어떠한 특정한 행동에 대해 '강화'를 해주면(대가, 보수, 상 등) 그 행위가 증가됨을 볼 수 있었고, 어떠한 특정한 행동에 대해 벌이나 좋지 않은 대가의 반응을 주었을 때 같은 행위를 반복할 가능성은 줄어든다고 보았다.

사회학습이론에서는 '모방'과 '강화'에 의해 학습된 결과에 의해 공격적인 행동이 예방되거나 상황에 따라 조절되는 공격의 주요한 원인이 된다고 하였다.

사회학습론적 공격성 이론을 정리하면 표 10-6과 같다.

표 10-6 사회학습론적 공격성 이론

사회학습론적 공격성 이론	
• 사회학습론적 공격성 이론(Bandura, 1963) 사회학습론적 공격성 이론에서 주장하는 견해는, 공격성이란 환경에 의해 주로 학습된 것이라고 보았다. 즉, '모방'과 '강화'를 통해 학습된 경험이 공격적 충동을 예방하기도 하고 상황에 따라 조절되어 공격적 행위는 한정된 상황에서만 일어나게 된다고 보았다.	
↓	
• 모방 성인이나 타인의 공격적 행동과 관련된 행동을 관찰하게 되면서 '모방'을 통해 학습된 것을 현실에서 행동으로 나타내야 하는지 아니면 억제하고 조절해야 하는지를 학습한다고 보는 것	• 강화 어린이들은 '모방'을 통한 어떤 특정한 행동에 대해 강화에 의한 대가(보수, 상 등)를 주면 그 행위가 증가됨을 볼 수 있었고, 어떠한 행동에 대해 벌이나 좋지 않은 대가의 반응을 주었을 때 같은 행위를 반복할 가능성은 줄어든다고 보았다. 이처럼 공격적인 행동은 학습된 것이라고 보았으며, '강화'는 공격의 주요한 원인이 된다고 보았다.

출처: 이진수(2004). 최기영 · 우수경 · 양진희 · 이학선 · 이인원(208). 박영미(2021). 이영자 · 유효순 · 이정욱(2001).

3 영유아의 공격성에 영향을 주는 요인 및 교육 지원 방법

공격성에 영향을 주는 요인을 살펴보면 매스미디어의 폭력적 내용, 주변의 공격적 행동과 환경, 공격적 욕구, 처벌에 대한 두려움 등을 예로 들 수 있다(최혜순, 1993; 이진수, 2004).

현대사회는 컴퓨터 게임 등의 다양한 매스미디어의 개발과 전파로 인하여 영유아가 접하는 매스미디어의 다양한 형태(게임 등)를 통해 영유아에게 있어서 폭력성과 공격성 등의 공격적 행동에 미치는 영향이 매우 증가하고 있는 실정이다.

현대사회는 누구나 개인적으로 지니고 있는 스마트폰의 영향 그 외 텔레비전, 컴퓨터, 비디오, 오디오, 게임기 등의 매스미디어를 통해 공격적 행동에 매우 크게 영향을 받는다.

다음으로 공격적 행동을 자주 하는 상대방이나 주변 환경에 놓이면 그러한 행동을 자기도 모르게 모방하여 공격적이 된다고 보는 견해가 있다(최혜순, 1993). '처벌에 대한 두려움'이 공격적 행동을 억제하는 효과가 있다고 보는 주장도 있으나 오히려 너무 심한 처벌은 일시적인 공격성 감소에 효과가 있으나 장기적으로는 역효과를 가져올 수가 있다고 보았다(이진수, 2004).

이러한 연구 결과가 비공격적 행동 양식의 교육적 지원 방법을 제시한다면 공격적인 행동을 예방하고 잘 조절하며 더 나아가 공격적 행동을 감소시키고 비공격적인 행동 양식을 증가하기 위해서는 어린 시절부터 공격적 행동이 좋지 않다는 가치관을 통해 자율적 도덕심을 함양하고 자기 자신의 자발적 동기로 내면화하는 것이 바람직할 것이다.

지금까지 공격성에 영향을 주는 요인에 대해 알아보았다. 표 10-7에서는 공격성에 영향을 주는 요인과 그에 따르는 바람직한 교육적 지원방법의 예에 대해 제시하였다.

표 10-7 공격성에 영향을 주는 요인과 교육적 지원방법의 예

영유아의 공격성에 영향을 주는 요인			
공격성에 영향을 주는 요인으로 매스미디어의 폭력성과 주변 환경의 공격성, 공격적 욕구, 처벌의 두려움 등을 예로 들 수 있다. 현대사회는 컴퓨터 게임 등의 다양한 앱 개발로 인하여 영유아가 접하는 매스미디어의 다양한 형태(게임 등)를 통해 영유아가 접하게 되는 폭력성과 공격성이 공격적 행동에 미치는 영향이 매우 증가하고 있는 실정이다.			
• 매스미디어의 폭력성	• 주변 환경의 공격성	• 공격 욕구	• 처벌과 보복의 두려움

출처: 최혜순(1993). 이진수(2004). 장선철 • 김수영(2007).

비공격적 행동 양식의 교육적 지원 방법의 예
이러한 연구 결과는 공격적인 행동을 예방하고 잘 조절하고, 더 나아가 공격적 행동을 감소시키며 비공격적인 행동 양식을 증가하기 위해서는 어린 시절부터 공격적 행동이 좋지 않다는 가치관을 통해 자율적 도덕심을 함양하고 자기 자신의 자발적 동기로 내면화하는 것이 바람직할 것이다. 비공격적 행동 양식을 지원하기 위한 방법의 예를 아래와 같이 제시해 본다. 예1) 따뜻하고 안정된 주변 환경 조성해 주기(인적 환경·물적 환경) 예2) 친사회적 행동에 대한 모델링 되어주기 예3) 원인과 결과를 이해하고 상대방의 입장을 이해하는 태도 지원해 주기 예4) 다양한 놀이공간 및 놀이매체 제공해 주기 예5) 나눔, 배려, 협력의 친사회적 능력 기르기 예6) 사회적 조망수용능력 기르기 예7) 친구와의 갈등에 대처 및 해결하는 능력 기르기 예8) 공격욕구에 대한 조절 능력 기르기 예9) 친사회적 행동 능력 기르기 예10) 긍정적인 태도 기르기 예11) 매스미디어의 무분별한 접촉으로부터 보호 및 교육적 지원해 주기

출처: 박영미(2021). 이은화·김영옥(1993).

Chapter 11

국가수준 교육과정
- 사회관계를 중심으로 -

1 국가수준 공통 교육과정: 사회관계 중심으로

1) 유치원 교육과정: 국가수준 교육과정 누리과정

2019 개정 유치원 교육과정은 놀이중심 유치원 교육과정으로서 유아의 흥미를 존중하고 유아가 자유롭고 즐겁게 놀이에 참여하도록 하며, 유아 스스로 놀이과정 속에서 교육의 목표를 이루도록 하는 놀이중심 수업을 강조하였다. 특히, 놀이중심 수업의 과정 속에서 유아 개개인의 존중은 물론 유아중심, 유아주도적 놀이활동을 통한 유아 상호 간 상호작용이 활발하게 일어나도록 하여, 5개 영역 통합적 접근 및 인성교육 등 다양한 사회관계를 경험하도록 하였다.

교육부에서는 교육부 고시 제2019-189호에 의거 「유아교육법」 제13조 제2항에 의거 개정 유치원 교육과정을 다음 (1), (2), (3)과 같이 고시하였다(교육부·교육부장관, 유치원교육과정. 누리과정 해설서 2019).

(1) 국가수준 공통 교육과정 누리과정의 성격

국가수준 교육과정 개정 누리과정은 3~5세 유아를 위한 국가수준의 공통 교육과정으로서 국가수준의 공통성을 유지하면서 동시에 각 지역사회의 특성 및 기관, 그리고 개개인의 수준에 대한 고려 및 존중과 다양성을 동시에 추구한다.

교육부, 보건복지부의 2019 개정 누리과정 고시문 및 해설서에서는 누리과정의 성격을 아래와 같이 고시하였다.

누리과정은 3~5세 유아를 위한 국가수준의 공통 교육과정이다.

가. 국가수준의 공통성과 지역, 기관 및 개인 수준의 다양성을 동시에 추구한다.

나. 유아의 전인적 발달과 행복을 추구한다.

다. 유아 중심과 놀이 중심을 추구한다.

라. 유아의 자율성과 창의성 신장을 추구한다.

마. 유아, 교사, 원장(감), 학부모 및 지역사회가 함께 실현해 가는 것을 추구한다.

(2) 누리과정의 구성방향

누리과정의 구성방향은 세 가지로 구분하였다. 누리과정이 추구하는 인간상, 누리과정의 교육 목적과 목표, 누리과정의 구성 중점 등 세 가지 누리과정의 구성방향을 인지하고 자세히 알아보면 다음과 같다.

가. 누리과정이 추구하는 인간상

누리과정이 추구하는 인간상은 그림 11-1과 같다.

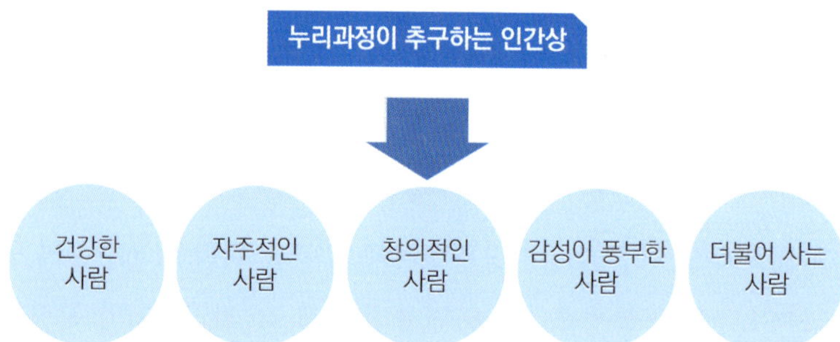

그림 11-1 누리과정이 추구하는 인간상

출처: 교육부. 유치원교육과정 2019.12(교육부 고시 제2019-189호). 누리과정 해설서. p. 34.

나. 누리과정의 목적과 목표

가) 누리과정의 목적

유아가 놀이를 통해 심신의 건강과 조화로운 발달을 이루고 바른 인성과 민주 시민의 기초를 형성하는 데에 있다.

나) 누리과정의 목표

- 자신의 소중함을 알고, 건강하고 안전한 생활 습관을 기른다.
- 자신의 일을 스스로 해결하는 기초능력을 기른다.
- 호기심과 탐구심을 가지고 상상력과 창의력을 기른다.
- 일상에서 아름다움을 느끼고 문화적 감수성을 기른다.
- 사람과 자연을 존중하고 배려하며 소통하는 태도를 기른다.

다. 누리과정의 구성 중점

가) 누리과정 구성의 중점

- 3~5세 모든 유아에게 적용할 수 있도록 구성한다.
- 추구하는 인간상 구현을 위한 지식, 기능, 태도 및 가치를 반영하여 구성한다.
- 신체운동·건강, 의사소통, 사회관계, 예술경험, 자연탐구의 5개 영역을 중심으로 구성한다.
- 3~5세 유아가 경험해야 할 내용으로 구성한다.
- 0~2세 보육과정 및 초등학교 교육과정과의 연계성을 고려하여 구성한다.

(3) 국가수준 교육과정 누리과정의 영역별 목표 및 내용: 사회관계를 중심으로

'국가수준 교육과정 누리과정 영역별 목표 및 내용: 사회관계를 중심으로'를 정리하면 표 11-1과 같다.

표 11-1 국가수준 교육과정 누리과정의 영역별 목표 및 내용: 사회관계를 중심으로

신체운동·건강	
신체활동 즐기기	신체를 인식하고 움직인다.
	신체 움직임을 조절한다.
	기초적인 이동운동, 제자리 운동, 도구를 이용한 운동을 한다.
	실내외 신체활동에 자발적으로 참여한다.
건강하게 생활하기	자신의 몸과 주변을 깨끗이 한다.
	몸에 좋은 음식에 관심을 가지고 바른 태도로 즐겁게 먹는다.
	하루 일과에서 적당한 휴식을 취한다.
	질병을 예방하는 방법을 알고 실천한다.
안전하게 생활하기	일상에서 안전하게 놀이하고 생활한다.
	TV, 컴퓨터, 스마트폰 등을 바르게 사용한다.
	교통안전 규칙을 지킨다.
	안전사고, 화재, 재난, 학대, 유괴 등에 대처하는 방법을 경험한다.

의사소통	
듣기와 말하기	말이나 이야기를 관심 있게 듣는다.
	자신의 경험, 느낌, 생각을 말한다.
	상황에 적절한 단어를 사용하여 말한다.
	상대방이 하는 이야기를 듣고 관련해서 말한다.
	바른 태도로 듣고 말한다.
	고운 말을 사용한다.
읽기와 쓰기에 관심 가지기	말과 글의 관계에 관심을 가진다.
	주변의 상징, 글자 등의 읽기에 관심을 가진다.
	자신의 생각을 글자와 비슷한 형태로 표현한다.
책과 이야기 즐기기	책에 관심을 가지고 상상하기를 즐긴다.
	동화, 동시에서 말의 재미를 느낀다.
	말놀이와 이야기 짓기를 즐긴다.

사회관계	
나를 알고 존중하기	나를 알고 소중히 여긴다.
	나의 감정을 알고 상황에 맞게 표현한다.
	내가 할 수 있는 것을 스스로 한다.
더불어 생활하기	가족의 의미를 알고 화목하게 지낸다.
	친구와 서로 도우며 사이좋게 지낸다.
	친구와의 갈등을 긍정적인 방법으로 해결한다.
	서로 다른 감정, 생각, 행동을 존중한다.
	친구와 어른께 예의바르게 행동한다.
	약속과 규칙의 필요성을 알고 지킨다.
사회에 관심 가지기	내가 살고 있는 곳에 대해 궁금한 것을 알아본다.
	우리나라에 대해 자부심을 가진다.
	다양한 문화에 관심을 가진다.

예술경험	
아름다움 찾아보기	자연과 생활에서 아름다움을 느끼고 즐긴다.
	예술적 요소에 관심을 갖고 찾아본다.
창의적으로 표현하기	노래를 즐겨 부른다.
	신체, 사물, 악기로 간단한 소리와 리듬을 만들어 본다.
	신체나 도구를 활용하여 움직임과 춤으로 자유롭게 표현한다.
	다양한 미술 재료와 도구로 자신의 생각과 느낌을 표현한다.
	극놀이로 경험이나 이야기를 표현한다.
예술 감상하기	다양한 예술을 감상하며 상상하기를 즐긴다.
	서로 다른 예술 표현을 존중한다.
	우리나라 전통 예술에 관심을 갖고 친숙해진다.

자연탐구	
탐구과정 즐기기	주변 세계와 자연에 대해 지속적으로 호기심을 가진다.
	궁금한 것을 탐구하는 과정에 즐겁게 참여한다.
	탐구과정에서 서로 다른 생각에 관심을 가진다.
생활 속에서 탐구하기	물체의 특성과 변화를 여러 가지 방법으로 탐색한다.
	물체를 세어 수량을 알아본다.
	물체의 위치와 방향, 모양을 알고 구별한다.
	일상에서 길이, 무게 등의 속성을 비교한다.
	주변에서 반복되는 규칙을 찾는다.
	일상에서 모은 자료를 기준에 따라 분류한다.
	도구와 기계에 대해 관심을 가진다.
자연과 더불어 살기	주변의 동식물에 관심을 가진다.
	생명과 자연환경을 소중히 여긴다.
	날씨와 계절의 변화를 생활과 관련짓는다.

출처: 교육부·보건복지부(2019). 2019 개정 누리과정 해설서. p. 150.

누리과정의 영역별 목표 및 내용

Ⅰ. 신체운동·건강	Ⅱ. 의사소통	Ⅲ. 사회관계	Ⅳ. 예술경험	Ⅴ. 자연탐구
목표: 실내외에서 신체활동을 즐기고, 건강하고 안전한 생활을 한다.	목표: 일상생활에 필요한 의사소통 능력과 상상력을 기른다.	목표: 자신을 존중하고 더불어 생활하는 태도를 가진다.	목표: 아름다움과 예술에 관심을 가지고 창의적 표현을 즐긴다.	목표: 탐구하는 과정을 즐기고, 자연과 더불어 살아가는 태도를 가진다.
1. 신체활동에 즐겁게 참여한다. 2. 건강한 생활습관을 기른다. 3. 안전한 생활습관을 기른다.	1. 일상생활에서 듣고 말하기를 즐긴다. 2. 읽기와 쓰기에 관심을 가진다. 3. 책이나 이야기를 통해 상상하기를 즐긴다.	1. 자신을 이해하고 존중한다. 2. 다른 사람과 사이좋게 지낸다. 3. 우리가 사는 사회와 다양한 문화에 관심을 가진다.	1. 자연과 생활 및 예술에서 아름다움을 느낀다. 2. 예술을 통해 창의적으로 표현하는 과정을 즐긴다. 3. 다양한 예술표현을 존중한다.	1. 일상에서 호기심을 가지고 탐구하는 과정을 즐긴다. 2. 생활 속의 문제를 수학적, 과학적으로 탐구한다. 3. 생명과 자연을 존중한다.

Ⅲ. 사회관계
목표: 자신을 존중하고 더불어 생활하는 태도를 가진다.
1. 자신을 이해하고 존중한다. 2. 다른 사람과 사이좋게 지낸다. 3. 우리가 사는 사회와 다양한 문화에 관심을 가진다.

출처: 교육부·보건복지부(2019). 2019 개정 누리과정 해설서. p. 150.
2022 https://i-nuri.go.kr/main/html.do?menu_idx=121 누리과정 포털 사이트 <학부모누리: 교육부. 보건복지부. 육아정책연구소>

2) 사회관계 목표 및 세부 내용

가. 사회관계 목표 및 세부 내용을 정리하면 표 11-2와 같다

표 11-2 국가수준 교육과정 누리과정의 사회관계 영역별 목표 및 세부 내용

누리과정의 사회관계 목표 및 세부 내용	
나를 알고 존중하기	• 나를 알고 소중히 여긴다. • 나의 감정을 알고 상황에 맞게 표현한다. • 내가 할 수 있는 것을 스스로 한다.
더불어 생활하기	• 가족의 의미를 알고 화목하게 지낸다. • 친구와 서로 도우며 사이좋게 지낸다. • 친구와의 갈등을 긍정적인 방법으로 해결한다. • 서로 다른 감정, 생각, 행동을 존중한다. • 친구와 어른께 예의 바르게 행동한다. • 약속과 규칙의 필요성을 알고 지킨다.
사회에 관심가지기	• 내가 살고 있는 곳에 대해 궁금한 것을 알아본다. • 우리나라에 대해 자부심을 가진다. • 다양한 문화에 관심을 가진다.

출처: 교육부·보건복지부(2019). 2019 개정 누리과정 해설서. p. 82.

나. 2019 개정 누리과정 5개 영역 이해하기

표 11-3 국가수준 교육과정 2019 개정 누리과정 이해하기

국가수준 교육과정 2019 개정 누리과정 이해하기
• 5개 영역 내용 간략화 ※ 각 영역에 포함된 내용은 신체운동 · 건강 영역 12개, 의사소통 영역 12개, 사회관계 영역 12개, 예술경험 영역 10개, 자연탐구 영역 13개로서 총 59개로 간략화하였다.
• 총론과 영역별 내용의 관계 ※ 개정 누리과정 고시문 총론에서는 5개 영역을 어떻게 운영해야 하는지 안내하고 있다. 교사는 영역별 내용을 총론의 해설과 연계하여 이해하는 것이 필요하다.
• 유아의 실제경험 강조 ※ 59개 내용은 연령으로 구분하지 않고 3~5세의 모든 '유아가 경험해야 할 내용'으로 구성하였다. 연령별로 나누어 제시하지 않은 이유는 유아가 늘 자신의 방식에 따라 가장 적합하게 놀이한다는 유아 경험의 실제를 존중하기 위해서이다. 교사는 59개의 내용을 유아의 놀이 특성과 연계하여 융통성 있게 이해하고 유아의 놀이를 중심으로 교육과정을 실천할 수 있다.
• 영역별 목표와 내용범주의 연계 ※ 개정 누리과정의 영역별 목표와 내용범주는 그 의미가 서로 연계되어 있으므로, 이에 대한 해설은 '목표 및 내용범주 이해하기'에 함께 제시하였다. 이는 유아가 59개의 내용을 놀이를 통해 자연스럽게 배우며 목표를 경험할 수 있음을 의미한다.
• 내용 이해와 유아 경험의 실제를 연계하여 제시 ※ 개정 누리과정은 59개 내용을 유아가 경험해야 할 내용으로 제시하였다. 교사는 이를 가르쳐야 할 내용이라고 생각하기보다는 유아가 놀이하며 자연스럽게 배우는 경험으로 이해할 필요가 있다. 이를 위하여 개정 누리과정은 영역별 내용에 대한 설명을 유아 경험의 실제와 연계하여 제시하였다. 59개 내용에 대한 설명은 '내용 이해'로, 유아가 유치원과 어린이집에서 경험하는 내용은 '유아 경험의 실제'로 함께 제시하여 교사가 영역별 내용과 유아의 경험을 바로 연계하여 이해할 수 있도록 구성하였다. 아래의 예를 들어본다.

내용 이해	유아 경험의 실제
가족의 의미를 알고 화목하게 지낸다. 유아가 자신의 가족구성원을 알고, 가족과 함께 생활하며, 가족은 서로 돕고 살아간다는 것을 경험하는 내용이다. 가족의 구성원이 다양함을 이해하고 존중하는 내용이다.	4세 유아는 가족과 지냈던 일에 대해 그림을 그리며 웃으면서 말한다. "엄마, 아빠랑 캠핑 갔는데 정말 재미있었어요. 아빠가 밥하고 고기를 구웠고, 엄마는 식탁을 차렸어요. 저는 물컵을 꺼냈어요. 밥을 다 먹고 나서, 같이 공놀이도 하면서 놀았어요."

59개 내용은 유아의 놀이에서 통합적으로 나타나는 경험이므로, '내용 이해'와 '유아 경험의 실제' 예시는 일대일 대응 방식으로 기술하지 않았다. 따라서 '내용 이해'와 '유아 경험의 실제'의 예시 수는 범주마다 다르다.

• 5개 영역의 통합적 이해

※ 교사가 유아의 놀이를 59개의 내용별로 이해하지 않고, 통합적으로 이해할 수 있도록 하였다. 교사는 유아가 5개 영역의 내용을 통합적으로 경험하며 추구하는 인간상을 향해 성장해 간다는 점을 이해할 필요가 있다. 또한, 교사는 놀이에 따라 5개 영역 중 일부 영역을 놀이와 연결 지을 수 있으며, 교사마다 놀이에 대한 이해와 해석이 다를 수 있다는 점을 인식해야 한다.

• 59개 내용 설명과 평가를 할 때 유의점

※ 59개 내용의 해설에 제시한 '유아 경험의 실제' 및 '○○영역의 통합적 이해'는 놀이 분석 사례나 평가의 예시가 아니다. 이 예시들은 교사가 유아의 놀이에서 이루어지는 배움을 잘 이해할 수 있도록 돕기 위한 설명이다. 교사는 이 설명을 유아의 놀이에서 나타나는 의미와 배움을 연계하여 이해하는 데 활용할 수 있다. 따라서 교사는 해설서에 제시된 59개의 내용을 유아의 발달 및 성취기준으로 인식하여 개별 유아의 놀이를 관찰하고 평가하는 틀로 활용하지 않도록 유의한다.

출처: 교육부·보건복지부(2019). 2019 개정 누리과정 해설서. pp. 58-60.

다. 5개 영역 통합적 이해 세부 내용 및 교사의 유의점

유아가 놀이중심 수업을 하는 과정 속에서 유아가 개정 누리과정의 5개 영역의 내용을 통합적으로 경험해 나아가고 있는지, 그와 더불어 개정 누리과정에서 추구하는 인간상의 목표를 향해 성장해 가고 있는지에 대해 관찰하고 이해할 필요가 있다. 또한, 한 개의 영역을 놀이하면서 그 과정 속에서 5개 영역과 연결 지을 수 있으며, 교사의 개인적 생각에 따라 또는 놀이의 방향에 따라 놀이에 대한 이해와 해석이 다를 수 있다는 점을 이해해야 한다. 교사는 개정 누리과정의 59개 내용을 유아의 놀이에서 나타나는 다양한 의미와 배움의 과정으로 연계하여 이해하도록 하며, 국가수준 교육과정에 맞는 유아의 발달 및 성취기준으로 정확히 인식하여 유아 개개인의 놀이를 관찰하되 유의점은 평가하는 틀로 활용하지 않도록 한다.

개정 누리과정 영역별 내용을 2019 누리과정 총론의 해설과 연계하여 내용을 분석해 보았을 때 교사가 중요시해야 할 내용은 표 11-4와 같다.

표 11-4 국가수준 교육과정 2019 개정 누리과정에서의 교사의 유의점

국가수준 교육과정 2019 개정 누리과정에서의 교사의 유의점
• 유아의 실제 경험을 중요시하여야 하며 3~5세 유아가 모두 경험해야 할 내용으로 구성한다. ※ 연령별로 나누어 제시하지 않은 이유는 유아가 늘 자신의 방식에 따라 가장 적합하게 놀이한다는 유아 경험의 실제를 존중하기 위해서이다.
• 유아의 놀이가 충분히 이루어지도록 하며 하루 일과에서 바깥 놀이를 포함하여 편성하여 운영한다.
• 유아가 흥미와 관심에 따라 놀이에 자유롭게 참여하고 즐기도록 한다.
• 유아가 놀이를 통해 배우도록 한다.
• 5개 영역의 내용이 통합적으로 유아의 경험과 연계되도록 한다.

출처: 교육부·보건복지부(2019). 2019 개정 누리과정 해설서. p. 58.

라. 2019 개정 누리과정 사회관계 이해

5개 영역의 통합적 이해를 통해 교사의 유의점을 살펴보았다. 이러한 내용을 기반으로 2019 개정 누리과정 사회관계 관련 이해를 돕기 위해 표 11-5와 같이 요약하였다.

표 11-5 국가수준 교육과정 2019 개정 누리과정에서의 사회관계 이해

1 목표

자신을 존중하고 더불어 생활하는 태도를 가진다.

1) 자신을 이해하고 존중한다.
2) 다른 사람과 사이좋게 지낸다.
3) 우리가 사는 사회와 다양한 문화에 관심을 가진다.

2 내용

내용범주	내용
나를 알고 존중하기	나를 알고 소중히 여긴다. 나의 감정을 알고 상황에 맞게 표현한다. 내가 할 수 있는 것을 스스로 한다.
더불어 생활하기	가족의 의미를 알고 화목하게 지낸다. 친구와 서로 도우며 사이좋게 지낸다. 친구와의 갈등을 긍정적인 방법으로 해결한다. 서로 다른 감정, 생각, 행동을 존중한다. 친구와 어른께 예의바르게 행동한다. 약속과 규칙의 필요성을 알고 지킨다.
사회에 관심 가지기	내가 살고 있는 곳에 대해 궁금한 것을 알아본다. 우리나라에 대해 자부심을 가진다. 다양한 문화에 관심을 가진다.

목표 및 내용범주 이해하기

사회관계 영역의 목표와 내용범주는 유아가 자신을 이해하고 존중하며, 친구와 가족 또는 다른 사람들과 사이좋게 지내며, 유아가 속한 지역사회와 우리나라, 다양한 문화에 관심을 갖는 내용으로 구성하였다.

- '나를 알고 존중하기'는 기존 누리과정의 '나'와 관련된 세부 내용을 통합하여 새롭게 제시하였다.
- 유아가 자신과 가장 가까운 가족 및 친구를 중심으로 다른 사람과의 관계에서 경험하는 사회적 가치나 태도를 '더불어 생활하기'로 통합하여 제시하였으며, 또한 예(禮), 존중, 배려, 협력 등의 인성 덕목을 반영하였다.
- '사회에 관심 가지기'에서는 문화 다양성을 이해하고 존중하는 내용이 포함되어 있다.

'나를 알고 존중하기' 유아가 자신을 나타낼 수 있는 것과 자신의 감정을 알고 상황에 맞게 적절하게 표현하며, 자신이 할 수 있는 것을 스스로 해 봄으로써, 긍정적인 자아존중감과 자율성을 경험하는 내용이다.

'더불어 생활하기' 유아가 가족의 의미와 소중함을 알며, 친구와 서로 돕고 양보, 배려, 협력하며 사이좋게 지내고, 사람들마다 감정, 생각, 행동이 각기 다름을 알고 존중하여, 친구와의 갈등을 여러 가지 긍정적인 방법으로 해결하는 내용이다. 또한 친구와 어른께 예의 바른 태도로 말하고 행동하며, 사회 공동체의 일원으로서 약속과 규칙의 필요성을 알고 지키는 내용이다.

'사회에 관심 가지기' 유아가 사회 구성원으로서 자신이 사는 지역에 관심을 가지고 탐구하며, 우리나라의 상징, 언어, 문화를 알아 가면서 대한민국 국민으로서 긍지와 자부심을 가지는 내용이다. 그리고 다른 나라의 다양한 문화에 관심을 가지고 존중하는 경험을 담고 있다.

출처: 교육부·보건복지부(2019). 2019 개정 누리과정 해설서. pp. 82-83.

국가수준 교육과정 2019 개정 누리과정에서의 사회관계 내용을 세부적으로 알아보면 아래의 표 11-6, 표 11-7, 표 11-8과 같다.

가) 나를 알고 존중하기

표 11-6 국가수준 교육과정 2019 개정 누리과정에서의 사회관계 – 나를 알고 존중하기

내용범주 나를 알고 존중하기

사회관계 목표 및 내용	
목표	내용
나를 알고 존중하기	• 나를 알고 소중히 여긴다. • 나의 감정을 알고 상황에 맞게 표현한다. • 내가 할 수 있는 것을 스스로 한다.

내용 이해	유아 경험의 실제
• **나를 알고 소중히 여긴다.** 유아가 자신을 나타내는 나이, 성별, 모습 등에 대해 알고, 자신을 소중히 여기며 가치 있는 존재로 느끼는 내용이다. • **나의 감정을 알고 상황에 맞게 표현한다.** 유아가 자신의 감정에 대해 알고 다양한 상황에서 자신의 감정을 적절하게 표현하는 내용이다.	5세 반 유아들이 숨바꼭질을 하려고 모여든다. 유아가 “나는 진짜 잘 숨을 수 있어.”라고 말하자, 다른 유아들이 “나도 잘하거든. 나는 몸이 작아서 아무 데나 숨을 수 있어.”, “나도 잘 숨거든!”이라고 말한다. 이때 다른 유아가 “나도 할래.” 하며 다가온다. 먼저 숨바꼭질을 하던 유아가 “너는 늦게 왔으니까 먼저 술래 해!”라고 말한다. 늦게 온 다른 유아는 “그런 게 어딨어! 네가 하기 싫어서 그런 거잖아. 가위바위보로 정해. 나도 술래 하기 싫다고!”라고 말한다.
• **내가 할 수 있는 것을 스스로 한다.** 유아가 자신이 할 수 있는 일을 알고 자신감을 가지며 자율적으로 실천해 가는 내용이다.	유아가 등원하자마자 선생님에게 오늘 자신이 도우미인 것을 확인하며 말한다. “저는 도우미 하는 날이 좋아요. 저는 화분에 물 주는 것도 잘하고, 친구들에게 간식을 나눠 주는 것도 잘할 수 있어요.”라고 말한다. 선생님이 “그럼 오늘의 도우미는 제일 먼저 무엇을 할 생각이야?”라고 웃으며 묻자, “화분에 물 주러 가야지.”라고 말하며 물을 뜨러 화장실 쪽으로 간다.

출처: 교육부·보건복지부(2019). 2019 개정 누리과정 해설서. p. 84.

나) 더불어 생활하기

표 11-7 국가수준 교육과정 2019 개정 누리과정에서의 사회관계 - 더불어 생활하기

내용범주 더불어 생활하기

사회관계 목표 및 내용	
목표	내용
더불어 생활하기	• 가족의 의미를 알고 화목하게 지낸다. • 친구와 서로 도우며 사이좋게 지낸다. • 친구와의 갈등을 긍정적인 방법으로 해결한다. • 서로 다른 감정, 생각, 행동을 존중한다. • 친구와 어른께 예의 바르게 행동한다. • 약속과 규칙의 필요성을 알고 지킨다.

내용 이해	유아 경험의 실제
• 가족의 의미를 알고 화목하게 지낸다. 유아가 자신의 가족구성원을 알고, 가족과 함께 생활하며, 가족은 서로 돕고 살아간다는 것을 경험하는 내용이다. 가족의 구성원이 다양함을 이해하고 존중하는 내용이다.	4세 유아는 가족과 지냈던 일에 대해 그림을 그리며 웃으면서 말한다. "엄마, 아빠랑 캠핑 갔는데 정말 재미있었어요. 아빠가 밥하고 고기를 구웠고, 엄마는 식탁을 차렸어요. 저는 물컵을 꺼냈어요. 밥을 다 먹고 나서, 같이 공놀이도 하면서 놀았어요."
• 친구와 서로 도우며 사이좋게 지낸다. 유아가 친구들과 함께 놀이하는 즐거움을 느끼고 친구와 서로 도우며 배려하고 협력하며 더불어 살아가는 내용이다.	유아들이 도화지에 물감을 흘리면서 무늬를 만들고 있다. 4세 수연이가 높은 위치에서 물감을 흘러내리게 하다가 물감이 현우의 팔에 튄다. 현우가 얼굴을 붉히며 "야! 내 팔에 물감이 튀었잖아!"라고 말하자 수연이는 "미안해, 이제 작게 뿌릴게."라고 말하며 아까보다 낮은 위치에서 물감을 흘러내리게 한다.
• 친구와의 갈등을 긍정적인 방법으로 해결한다. 유아가 친구와 갈등이 생겼을 때 자신의 감정과 생각을 제대로 표현하고 배려, 양보, 타협 등을 통해 해결하는 내용이다.	유아들이 고무줄뛰기를 하고 있다. 고무줄뛰기를 하고 싶은 유아들이 많아지자 서로 먼저 뛰겠다고 큰소리로 이야기한다. 5세 유아들이 누가 먼저 할지 순서를 정해야 한다고 말한다. 이때, 우재가 "우리 먼저 온 순서대로 여기 이름을 적으면 되잖아."

내용 이해	유아 경험의 실제
	라고 말하더니 3세 도하 손을 잡아 이끈다. "도하야, 아까 네가 제일 먼저 왔지? 여기에 네 이름 적어 봐. 못 적으면 형아가 적어 줄까?"라고.
• 서로 다른 감정, 생각, 행동을 존중한다. 유아가 다른 사람들의 감정, 생각, 행동에 관심을 갖고 감정, 생각, 행동이 서로 다를 수 있음을 이해하고 존중하는 내용이다. • 친구와 어른께 예의 바르게 행동한다. 유아가 친구와 어른께 배려, 존중, 공경하는 마음을 담아 예절을 실천하는 내용이다.	5세 유아가 '가위바위보'하여 이긴 사람이 한 계단씩 올라가는 놀이를 한다. 먼저 계단을 올라간 두 유아가 계단을 다 오르지 못한 유아를 남겨 두고 미끄럼틀로 뛰어간다. 혼자 남은 유아가 "나 혼자만 여기 있잖아." 하며 울먹이자, 미끄럼틀로 뛰어가던 유아가 되돌아와 친구의 어깨를 두어 번 토닥이며 "같이 가자."라고 말한다. 그리고 손을 잡고 함께 계단을 올라 미끄럼틀 쪽으로 달려간다.
• 약속과 규칙의 필요성을 알고 지킨다. 유아가 다른 사람과 더불어 살아가기 위해 필요한 약속과 규칙이 있음을 이해하는 내용이다. 상황에 따라 필요한 약속과 규칙을 의논하여 정하고 지키는 내용이다.	실내 놀이를 마친 뒤 5세 반의 몇몇 유아들이 놀이할 때 불편한 점이 있었다고 말한다. 하선이가 "우리끼리 약속 좀 만들어야겠다."라고 말하자 유아들이 매트 위에 모여 앉았고, 진지하게 이야기를 나누며 놀이 약속을 정한다. 다음날, 유아들끼리 정한 약속을 교사는 색종이에 적어 칠판에 붙여준다. 한 유아는 놀이 약속 옆에 손가락 도장을 찍으며 "내가 지킬 수 있는 약속이 이거야."라고 말한다.

출처: 교육부·보건복지부(2019). 2019 개정 누리과정 해설서. pp. 85-87.

다) 사회에 관심가지기

표 11-8 국가수준 교육과정 2019 개정 누리과정에서의 사회관계 – 사회에 관심가지기

내용범주 **사회에 관심가지기**

사회관계 목표 및 내용	
목표	**내용**
사회에 관심가지기	• 내가 살고 있는 곳에 대해 궁금한 것을 알아본다. • 우리나라에 대해 자부심을 가진다. • 다양한 문화에 관심을 가진다.

<table>
<tr><th>내용 이해</th><th>유아 경험의 실제</th></tr>
<tr><td>• 내가 살고 있는 곳에 대해 궁금한 것을 알아본다.

유아가 자주 접하는 가까운 주변 지역과 이웃에 대해 관심을 가지고, 궁금한 것을 알아보며, 지역 구성원으로서 유대감과 소속감을 느끼는 내용이다.</td><td>유아들이 함께 블록으로 동네를 만든다. 유아들은 도서관을 만들면서 이야기를 나눈다. “여기는 도서관! 우리 도서관 가봤지? 우리 동네에 도서관이 있으니까 좋다. 그치?”, “응, 선생님한테 내일 또 도서관 가자고 말씀드리자.”</td></tr>
<tr><td>• 우리나라에 대해 자부심을 가진다.

유아가 우리나라의 전통에 친숙해지고, 우리나라의 상징, 언어, 문화 등을 경험하면서, 우리나라에 대해 자랑스러운 마음을 가지는 내용이다.</td><td rowspan="2">바깥 놀이터에서 유아들과 선생님이 이야기를 나눈다.
우재: 너희들은 우리나라에서 누가 제일 좋아?
유아들: 이순신 장군! 세종대왕!
교사: 왜 좋아하는데?
시연: 한글을 만들었잖아요. 나는 한글을 진짜 잘 쓰는데, 한번 보세요. (모래 바닥에 나뭇가지로 자신의 이름을 쓴다.)
유아들: 나도 내 이름 써야지. 아! 맞다. 내일 한글날이라고 했지.</td></tr>
<tr><td>• 다양한 문화에 관심을 가진다.

유아가 다른 나라의 다양한 문화와 생활양식에 대해 관심을 가지고, 문화의 다양성을 이해하며 존중하는 내용이다.</td></tr>
</table>

출처: 교육부·보건복지부(2019). 2019 개정 누리과정 해설서. pp. 85-87.

2 제4차 표준보육과정: 0-2세 사회관계 중심으로

1) 제4차 표준보육과정 0–1세 사회관계 목표 및 내용

표 11–9 제4차 표준보육과정 0–1세 사회관계 목표 및 내용

0–1세 사회관계 목표	
목표	내용
나를 인식하고 친숙한 사람과 관계를 맺는다.	• 나를 고유한 존재로 안다. • 안정적인 애착을 형성하고 또래, 교사와 함께 지낸다.

내용 범주		내용
나를 알고 존중하기	➡	• 나를 인식한다. • 나의 욕구와 감정을 나타낸다. • 나와 친숙한 것을 안다.
더불어 생활하기	➡	• 안정적인 애착을 형성한다. • 또래에게 관심을 가진다. • 다른 사람의 감정과 행동에 관심을 가진다. • 반에서 편안하게 지낸다.

출처: 보건복지부(2020). 제4차 어린이집 보육과정 0-2세 고시문. 2020.8월. p. 12.

2) 제4차 표준보육과정 2세 사회관계 목표 및 내용

표 11-10 제4차 표준보육과정 2세 사회관계 목표 및 내용

2세 사회관계 목표	
목표	내용
나를 알고, 다른 사람과 더불어 생활하는 경험을 한다.	• 나를 알고 긍정적으로 여긴다. • 다른 사람과 즐겁게 지내기 위한 태도를 기른다.

내용 범주	내용
나를 알고 존중하기	• 나와 다른 사람을 구별한다. • 나의 감정을 표현한다. • 내가 좋아하는 것을 한다.
더불어 생활하기	• 가족에게 관심을 가진다. • 또래와 함께 놀이한다. • 다른 사람의 행동과 감정에 반응한다. • 반에서의 규칙과 약속을 알고 지킨다.

출처: 보건복지부(2020). 제4차 어린이집 보육과정 0-2세 고시문. 2020.8월. p. 19.

Chapter 12

교수·학습 방법 및 평가
- 영유아 사회교육을 중심으로 -

1 교수 · 학습 방법 및 평가[1]: 영유아 사회교육을 중심으로

영유아교육기관에서 교사의 역할은 영유아 교육과 보육에 대한 전문적 소양과 더불어 지식, 기능, 태도를 기반으로 모든 면에서 매우 중요하고 다양하다. 특히 영유아 사회교육에 있어서 인성 및 기본생활습관의 활동을 지원해 주고 안내하는 일, 그리고 놀이중심 수업의 사회교육에 있어서 매우 중요한 기반이 되는 전문성을 갖춘 상호작용의 지원, 함께 만들어 가는 놀이중심 교육과정의 이해, 누리과정 수업 프로그램 예상안을 계획하고 구성해 나아가는 과정, 놀이중심 수업의 지원자 및 조력자로서의 역할, 영유아를 배려하고 존중하고 격려해 주는 자로서의 역할 등 영유아 사회교육의 중요한 기반이 되는 교사의 역할에 대한 전문성과 기본 소양, 다양성 등에 대한 중요성을 다시 한번 더 강조하는 바이다.

이러한 모든 일과 더불어 영유아에게 국가수준 교육과정의 교육적 근거 및 객관적 타당성에 맞게 올바르게 평가하는 교수·학습방법 적용 및 평가자로서의 역할은 영유아교육기관에서의 교사로서의 일들을 수행해 나아가는 데 있어서 기본적인 배경을 이루는 매우 중요한 또 하나의 영역이고 역할이라고 할 수 있다.

이와 같이 영유아 사회교육을 중심으로 한 교수·학습 방법 및 평가에 있어 중요한 일은 영유아를 대할 때 교육전문가다운 상호작용의 방법 적용이 매우 중요한데, 이는 전체 영유아에게 지원하는 전문성이 인정되는 객관적으로 타당하고 교육적인 상호작용이 지원되어야 하며, 유아 개개인을 세심히 관찰하고 귀 기울이는 능력, 그와 함께 영유아에 대한 존중과 배려의 마음을 통한 지원이 영유아 사회교육에 있어서 매우 필요하다.

놀이중심 누리과정 수업에서 교사는 영유아의 놀이를 관찰하고 관찰을 통해 영유아의 놀이 탐색과정, 발달 수준, 흥미, 요구 등을 발견할 수 있어야 하며, 이러한 관찰을 통해 모은 정보를 기반으로 놀이중심 교육과정과 학습활동을 구성해 나아

1) 출처: 교육부·보건복지부(2019). 2019 개정 누리과정 해설서 pp. 44-55. pp. 120-121.

가는 데 있어서 영유아의 바람직한 성장의 목표를 이루어 가도록 유용성과 효과성을 적극 발휘할 수 있어야 한다.

이에 영유아교육기관에서 교사들이 교수·학습 방법 및 평가에 좀 더 용이하게 접근하여 영유아 사회교육 활동에 도움이 되도록 영유아교육기관에서의 사회교육을 중심으로 교수·학습방법과 평가활동에 대해 제시해 보고자 한다.

1) 2019 개정 누리과정에서의 사회교육(사회관계) 교수·학습방법[2]

영유아교육기관에서의 교사는 사회교육(사회관계) 교수·학습방법을 계획하고 구성하는 데 있어서, 2019 개정 누리과정의 교수·학습방법의 주요 기반이 되는 것은 '놀이중심'이라는 점을 생각하고 교수·학습방법을 계획하고 구성해야 한다. 이에 영유아교사는 유치원 교육과정의 개정 취지, 교육 목표, 교육 목적 등을 정확히 살펴보고 그와 연계되는 교수·학습방법을 계획, 구성해 나아가야 할 것이다.

영유아 사회교육(사회관계)을 계획하고 구성하는 데 있어서 기본이 되는 것은 영유아 개개인을 존중하는 것이다. 영유아에게 자율성을 부여하고 자기주도적으로 수업을 탐색하며 구성해 나아갈 수 있도록 적극적으로 지원해 주는 방향으로 계획되어야 한다는 것이다. 아울러 유아 또한 놀이의 동반자이자 상대방이 되는 친구들을 배려하고 협력하는 태도로 친구들과 상호작용하며 놀이에 자유롭게 참여하며 즐기도록 하는 교수·학습방법을 계획하기 위하여 전문성이 부여된 상호작용의 방법 적용은 물론 유아의 관심, 흥미가 무엇인지를 신중히 관찰해 보아야 한다.

2019 개정 누리과정에서의 교수·학습방법 적용은 유아가 존중되고 유아가 행복해야 함을 더욱 강조하고 있으며 유아의 기본 인권이 매우 중요하게 여겨지고 있다. 이는 영유아 사회교육을 실천하는 데 있어서 매우 중요한 기반이 되는 내용이다. 또한, 유아가 놀이 활동 과정 속에 흥미롭게 몰입하도록 구성되어야 하며, 이러한 과정에서 자유롭게 탐색하고 몰입하도록 자율성을 부여하고 자기주도적인 놀이중심 수업을 할 수 있도록 지원해야 함을 강조하고 있다. 또한, 유아가 현재 관심을

2) 출처: 교육부·보건복지부(2019). 2019 개정 누리과정 해설서. p. 134.

가지고 있는 것에 대해 존중해 주고, 자율적으로 자유롭게 놀이 활동에 참여하도록 지원함을 강조하고 있다.

이렇듯 자기주도적 놀이중심 수업은 영유아가 스스로 몰입하고 자유롭게 이끌어 가는 놀이를 의미하며, 영유아가 매우 존중되어야 함을 강조하고 있다.

이와 같이 영유아 사회교육에 있어서 중요한 기반이 되는 영유아 존중, 놀이중심 교수·학습방법을 계획하고 구성하기 위해 교사는 놀이에 대한 충분한 이해가 있어야 하며, 이러한 이해를 위해 직접 영유아의 놀이 활동에 참여해 보는 것도 권장되고 있다. 교사는 이러한 놀이에 대한 공감과 경험적 이해를 바탕으로 자기주도적 놀이를 지원할 수 있는 교수전략과 교수·학습방법의 전문성을 지니고 있어야 한다.

유아 존중 및 유아의 자기주도적 놀이중심 수업을 더욱 강조하고 중점적으로 추구하는 2019 개정 누리과정에서는 교수·학습방법을 표 12-1과 같이 제시하고 있다.

표 12-1　2019 개정 누리과정 교수·학습방법 비교 및 주요 내용 요약

2019 개정 누리과정 교수·학습방법 비교		
3~5세 연령별 누리과정(2015) 교수·학습방법		2019 개정 누리과정 교수·학습방법
가. 놀이를 중심으로 교수·학습활동이 이루어지도록 한다. 나. 유아의 흥미를 중심으로 활동을 선택하고 지속할 수 있도록 한다. 다. 유아의 생활 속 경험을 소재로 하여 지식, 기능, 태도 및 가치를 습득하도록 한다. 라. 유아와 교사, 유아와 유아, 유아와 환경 간에 능동적인 상호작용이 이루어지도록 한다. 마. 주제를 중심으로 여러 활동이 통합적으로 이루어지도록 한다. 바. 실내·실외 활동, 정적·동적 활동, 대·소집단 활동 및 개별 활동, 휴식 등이 균형 있게 이루어지도록 한다. 사. 유아의 관심과 흥미, 발달이나 환경 특성 등을 고려하여 개별 유아에게 적합한 방식으로 학습하도록 한다.	➡	교사는 다음 사항에 따라 유아를 지원한다. 가. 유아가 흥미와 관심에 따라 놀이에 자유롭게 참여하고 즐기도록 한다. 나. 유아가 놀이를 통해 배우도록 한다. 다. 유아가 다양한 놀이와 활동을 경험할 수 있도록 실내·외 환경을 구성한다. 라. 유아와 유아, 유아와 교사, 유아와 환경 간에 능동적인 상호작용이 이루어지도록 한다. 마. 5개 영역의 내용이 통합적으로 유아의 경험과 연계되도록 한다. 바. 개별 유아의 요구에 따라 휴식과 일상생활이 원활히 이루어지도록 한다. 사. 유아의 연령, 발달, 장애, 배경 등을 고려하여 개별 특성에 적합한 방식으로 배우도록 한다.

출처: 교육부·보건복지부(2019). 2019 개정 누리과정 해설서. p. 134.

2019 개정 누리과정 교수·학습방법 주요 내용 요약
• 유아가 놀이에 자유롭게 참여하고 즐기며 놀이를 통해 배운다. • 다양한 경험지원을 위해 실내·외 환경을 구성하며 상호작용의 중요성을 인식하고 지원한다. • 5개 영역의 통합적 이해 및 유아의 경험이 연계되도록 하며 적정한 휴식과 일상생활을 지원한다. • 유아 개별 특성을 존중한 적합한 방식을 지원하도록 한다.

출처: 교육부·보건복지부(2019). 2019 개정 누리과정 해설서. p. 134.

이와 같이 2019 개정 누리과정에서의 교수·학습방법은 유아존중, 유아주도, 유아의 흥미, 유아의 관심, 다양한 놀이환경, 상호작용의 중요성, 유아의 실제 경험적 수업 등에 있어서 놀이를 통한 교수·학습방법 지원이 강조됨을 알 수 있다. 사회교육과 관련한 교수·학습방법 역시 이러한 방법으로 계획하되 결과적으로 영유아 사회교육이 5개 영역의 통합적 연결과 이해 및 유아의 경험이 연계되고 지원되도록 계획하고 구성되어야 할 것이다.

(1) 2019 개정 누리과정에서의 교수·학습방법 세부 내용[3)]

영유아교육기관에서 교사가 바람직한 교수·학습방법을 지원하는 일은 매우 중요한 일이며, 교수·학습방법을 계획하고 구성해 나아가는 데 있어서 어느 분야에서의 자율성은 부여되었으나 기본적으로 2019 개정 누리과정에서의 교수·학습방법과 연계되어야 할 것이며, 이를 위해 세부내용을 이해하고 있어야 한다.

2019 개정 누리과정에서의 교수·학습방법 세부내용을 살펴보면 표 12-2, 표 12-3, 표 12-4, 표 12-5와 같다.

표 12-2 2019 개정 누리과정 교수·학습방법 세부내용(1)

2019 개정 누리과정 교수·학습방법 세부내용(1)
가. 유아가 흥미와 관심에 따라 놀이에 자유롭게 참여하고 즐기도록 한다.
개정 누리과정에서는 유아가 자신의 흥미와 관심에 따라 자유롭게 참여하고 주도하는 놀이를 강조한다. 유아가 주도하는 놀이는 유아가 자신만의 방식으로 자유롭게 이끌어 가는 놀이를 의미한다. 교사는 놀이에 대한 이해를 바탕으로 유아가 주도하는 놀이를 지원할 수 있어야 한다. 유아는 놀이하며 자신의 유능함을 드러내고 즐겁게 배우며 성장한다. 일상에서 자연스럽게 자연, 사물, 사람 등을 만나며 세상과 교감하는 방식은 놀이를 통해 깊어진다. 유아에게 놀이는 앎이자 삶의 방식이다. 유아는 놀이를 통해 자신이 경험한 세상을 재구성하며 세상에 대한 이해를 넓혀 나간다. 유아가 주도하는 놀이는 성인의 간섭과 통제가 최소화되고 유아가 다양한 놀이환경과 만날 때 활발하게 나타난다. 따라서 실내의 제한된 흥미 영역에서 교사가 미리 준비한 놀이를 선택하게 하는 방식보다는 유아가 자유롭게 놀이하며 즐기는 방식으로 바꾸어 갈 필요가 있다. 교사는 유아가 주도하는 놀이에 내재된 의미와 가치를 파악하고 그것을 이해하는 과정에서 유아에게 무엇을 지원해 줄 수 있을지를 발견할 수 있다. 교사는 놀이 상황과 맥락에 따라 새롭게 생성되는 유아의 놀이를 존중하고 이해하면서 유아가 필요로 하는 놀이자료, 놀이공간, 놀이규칙과 안전 등을 고려하여 필요한 지원을 할 수 있다.

출처: 교육부·보건복지부(2019). 2019 개정 누리과정 해설서. pp. 44-45.

3) 출처: 교육부·보건복지부(2019). 2019 개정 누리과정 해설서. pp. 44-47.

표 12-3 2019 개정 누리과정 교수·학습방법 세부내용(2)

2019 개정 누리과정 교수·학습방법 세부내용(2)
나. 유아가 놀이를 통해 배우도록 한다.
개정 누리과정은 놀이를 통한 유아의 배움을 강조하고 있다. 유아는 어디서나 자유롭게 놀이하며 배울 수 있지만, 특히 교육과정으로서 누리과정을 운영하는 유치원과 어린이집에서 이루어지는 유아의 놀이는 교사의 지원을 통해 더욱 유의미한 배움이 될 수 있다. 교사는 다양한 방식으로 유아가 놀이를 통해 배우고 성장할 수 있도록 돕고 지원하는 역할을 해야 한다.

↓

나-1 놀이를 통한 배움의 이해	나-2 놀이와 연계한 활동을 통한 유아의 배움 지원	나-3 자율성을 바탕으로 유아의 놀이 배움 지원

출처: 교육부·보건복지부(2019). 2019 개정 누리과정 해설서. pp. 45-47.

나. 유아가 놀이를 통해 배우도록 한다.
나-1 놀이를 통한 배움의 이해 4)

↓

유아가 놀이하는 모습을 관찰하면서 놀이를 통해 삶의 과정을 간접 경험하면서 미래의 삶에 대한 다양한 생각을 하게 되고 성장해 가는 모습을 관찰할 수 있다. 이러한 놀이의 중요성을 인식하고 놀이 속에서 배움이 일어나고 있다는 사실을 인지하고, 이러한 유아놀이를 이해하고 존중하며 지원해야 한다.

4) 출처: 교육부·보건복지부(2019). 2019 개정 누리과정 해설서. pp. 45-47.

나. 유아가 놀이를 통해 배우도록 한다.
나-2 놀이와 연계한 활동을 통한 유아의 배움 지원 5)

교사는 교수 · 학습방법에 있어서 유아의 놀이 활동을 계획하고 구성해 나아갈 때 세심히 인지해야 할 것은 현재 유아의 관심과 흥미가 집중된 놀이 활동 내용이 무엇인지에 대해 민감하고 세심하게 관찰하고 유아가 현재 흥미로워하면서 관심 있게 탐색해 나아가고자 하는 놀이의 내용과 연계하여 놀이 활동을 지원해야 한다.
이는 유아의 흥미와 관심이 놀이 활동과 연결될 때 유아는 비로소 놀이 활동에 즐겁게 몰입하게 되고 그 속에서 저절로 배움이 일어나게 되기 때문이다.

나. 유아가 놀이를 통해 배우도록 한다.
나-3 자율성을 바탕으로 유아의 놀이 배움 지원 6)

2019 개정 누리과정 놀이중심 교육과정에서는 교사의 자율성을 바탕으로 교수 · 학습방법 지원이 가능하며, 이를 통해 유아가 놀이를 통해 일상생활의 경험을 하도록 하고 배움에 몰입하고 배움이 일어나도록 지원할 수 있도록 되어 있다. 여기서 교사의 자율성이란 객관적으로 타당성과 교육적 목적에 기반을 둔 자율성을 의미한다.
부연 설명해 보면, 유아의 놀이 상황에 따라 유아주도적 놀이 활동의 진행 과정 속에서 그날의 교육내용과 교육목표에서 벗어나게 되는 뜻밖의 유아의 흥미가 집중되는 다른 놀이 내용이나 상황이 발생했을 경우, 그 상황에서의 유아의 탐색 과정과 흥미로움을 존중하여 교수 · 학습을 진행할 수 있다는 것이다. 즉, 수업과정 중 어느 순간 유아가 교육내용과 상관없는 내용에 흥미가 집중될 경우 현재의 교육내용과 내용이 다소 다르더라도 유아의 흥미 집중 상황을 존중해 주고, 그 상황에서도 배움이 일어나도록 유아의 놀이과정 중의 관심과 상황에 따라 교육적 판단을 자율적으로 할 수 있다는 의미이다.
예를 들어, 생활주제 '봄동산' 수업 활동을 하기 위해 교사는 아이들과 함께 봄꽃을 관찰하러 화단에 나갔는데, 아이들이 갑자기 흙에 기어 다니는 개미에 관심과 흥미를 갖게 되었을 때, 그 상황에 맞추어 유아의 흥미와 관심을 존중해 주고 공감해 주며, 개미에 대해 함께 탐색해 보는 시간을 가질 수 있다는 의미로 해석해 볼 수 있다.

5) 출처: 교육부 · 보건복지부(2019). 2019 개정 누리과정 해설서. p. 46.
6) 출처: 교육부 · 보건복지부(2019). 2019 개정 누리과정 해설서. p. 47.

이상에서 살펴본 바와 같이 2019 개정 누리과정에서의 유아교육기관에서의 놀이를 통한 배움의 과정의 예를 그림 12-1과 같이 안내하고자 한다.

유아교육기관에서의 놀이를 통한 배움의 과정의 예		
배려마을 병원놀이	여름 바닷속 협동하는 물고기 탐색놀이	나눔마을 시장놀이

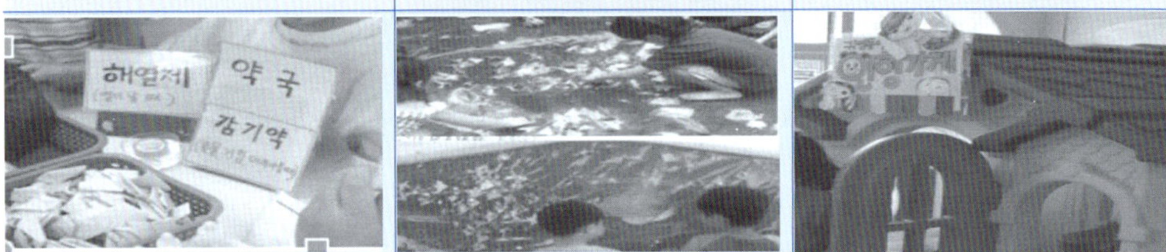

나눔, 배려, 협력의 친사회성 기르기 특색활동 중 '배려마을 병원놀이'를 통해 놀이과정 속에서 배움에 즐겁게 몰입하고 있는 유아들의 모습	나눔, 배려, 협력의 친사회성 기르기 특색활동 중 '협동하는 바닷물고기' 놀이를 통해 배움의 놀이과정에 즐겁게 몰입하고 있는 유아들의 모습	나눔, 배려, 협력의 친사회성 기르기 특색활동 중 '나눔마을 시장놀이'를 통해 배움의 놀이과정에 즐겁게 몰입하고 있는 유아들의 모습

그림 12-1 유아교육기관에서의 놀이를 통한 배움의 과정의 예

표 12-4 2019 개정 누리과정 교수·학습방법 세부내용(3)

2019 개정 누리과정 교수·학습방법 세부내용(3)
다. 유아가 다양한 놀이와 활동을 경험할 수 있도록 실내·외 환경을 구성한다.
개정 누리과정에서 놀이환경은 유아가 놀이하는 실내·외 모든 공간과 놀이자료를 포함한다. 유아가 보고 듣고 만지며 자유롭게 표현할 수 있는 놀이환경은 놀이가 다양하게 이루어지도록 하는 중요한 교육적 자원이다. 따라서 교사는 다양한 실내외 놀이환경과 풍부한 놀이자료를 제공하여 유아의 놀이가 활성화되도록 돕는다.

출처: 교육부·보건복지부(2019). 2019 개정 누리과정 해설서. p. 47.

다-1 다양하고 안전한 실내·외 놀이공간 구성	다-2 풍부한 놀이자료 제공

출처: 교육부·보건복지부(2019). 2019 개정 누리과정 해설서. pp. 48-49.

다. 유아가 다양한 놀이와 활동을 경험할 수 있도록 실내 · 외 환경을 구성한다.
다–1 다양하고 안전한 실내 · 외 놀이공간 구성 7)

유아에게 놀이중심 수업을 지원하는 데 있어서 인적 환경과 더불어 물적 환경을 지원하는 일은 매우 중요한 일이다.
교수 · 학습방법에 있어서 실내 · 외 환경적 요인은 유아가 놀이를 통한 수업과정에 몰입하도록 하는 데 있어서 미치는 영향이 매우 크다. 성장단계에 놓여 있고 매우 활발한 언어적 발달 단계에 놓여 있는 유아는 시각적인 요소에 매우 민감하며, 보이는 것에 대한 호기심과 탐색해 보고자 하는 욕구가 강하다.
유아는 주변의 환경을 통해 생각의 폭을 넓혀 가기도 하고 호기심과 궁금증에 대해 해결해 나아가고자 하는 욕구가 발생되기도 한다. 이는 유아가 놀이할 수 있는 놀이공간을 구성해 주어 유아의 놀이가 다양하게 지원될 수 있어야 함을 의미한다.
유아의 관심과 흥미, 유아가 원하는 것 등과 더불어, 유아 스스로 자율적인 탐구심이 생성되도록 자기주도적 놀이공간 구성을 지원해야 한다. 그와 더불어 유아가 놀이 중심 활동에 몰입해 있을 때 안전하게 보호받을 수 있도록 모서리진 곳, 구석진 곳, 뾰족한 곳, 미끄러운 곳 등을 미리 파악하여 예방적 안전한 환경 조성도 지원해야 한다.
이러한 안전한 환경 속에서 유아가 자유롭고 활발하게 놀이에 참여하고 탐색 과정을 즐길 수 있도록 실내 · 외 공간을 구성해 주고 지원해 주어야 한다.

7) 출처: 교육부 · 보건복지부(2019). 2019 개정 누리과정 해설서. pp. 48-49.

다. 유아가 다양한 놀이와 활동을 경험할 수 있도록 실내·외 환경을 구성한다.
다-2 풍부한 놀이자료 제공 [8]

유아교육기관에서의 놀이자료, 즉 유아가 놀이에 사용할 수 있는 놀잇감, 매체, 재료와 도구 등은 다양하고 풍부해야 한다. 이는 유아기는 흥미의 집중시간은 단기적이면서도 다양한 매체에 대한 호기심이 매우 풍성하다는 특성을 고려하여야 하기 때문이다.
놀이 매체는 유아로 하여금 세상에 대한 간접 경험의 기회를 제공해 주기도 하고, 자유로운 탐색의 기회를 주는 중요한 매체이므로 교사는 유아가 다양한 놀이와 활동을 경험할 수 있도록 실내·외 환경 구성을 해 주어야 한다(그림책, 음악놀이 도구, 미술놀이 도구, 재활용품, 일상생활에서 사용하는 물건 등). 이를 통해 유아가 자유롭게 탐색하도록 지원해 주어 유아의 창의적인 생각이나 놀이의 방식을 적극 격려해 주고 존중해 주며 인정해 주어야 한다. 이러한 교육환경적 지원은 유아의 사회교육에 있어서 중요한 요소가 된다.

이상에서 살펴본 바와 같이 다양한 놀이와 활동을 경험할 수 있도록 영유아교육기관의 실내·외 교육환경을 구성해 주고 지원해 주는 일은(실내·외 교육환경, 교육적인 교육자료와 매체 등) 영유아의 놀이를 통한 배움의 활동에 있어서 매우 중요한 요소이다.

8) 출처: 교육부·보건복지부(2019). 2019 개정 누리과정 해설서. pp. 48-49.

유아가 다양한 놀이와 활동을 경험할 수 있도록 5개 영역 통합적 이해를 바탕으로 한 사회생활과 연관된 실내·외 환경 구성을 지원해 준 상황의 예를 그림 12-2, 그림 12-3, 그림 12-4와 같이 안내하고자 한다.

유아가 다양한 놀이와 활동을 경험할 수 있도록 지원한 실내·외 환경 구성의 예(1)
–5개 영역 통합적 이해를 중심으로 사회관계 관련 환경 지원–

사회관계 관련 실내·외 환경 지원과 유아놀이의 연결(1)

- **실내환경 지원**
  배려마을 병원놀이, 나눔마을 시장놀이 등 사회생활 관련 교육적 호기심과 놀이 탐색과정을 지원하는 다양한 실내환경
- **현관환경 지원**
  유치원에 등원하면서 대화를 나눌 수 있는 공간 조성(평소 유아와 친숙한 인형으로 환경 조성(안녕맨, 루비토끼, 토순이 등)

그림 12-2 유아가 다양한 놀이와 활동을 경험할 수 있도록 실내·외 환경 구성 지원의 예(1)

유아가 다양한 놀이와 활동을 경험할 수 있도록 지원한 실내·외 환경 구성의 예(2)
–5개 영역 통합적 이해를 중심으로 사회관계 관련 환경 지원–

사회관계 관련 실내·외 환경 지원과 유아놀이의 연결(2)

- 실내환경 지원
  질서를 지켜주는 숫자주사위놀이, 나눔의 문학병풍놀이, 협력하는 개미집 이야기판, 서로 돕는 물고기와 대화해요, 가을 허수아비의 가족사랑 이야기, 명화감상, 우리들의 놀이계획표, 영역별 놀이자료, 유아가 만든 놀이자료 등
- 실외환경 지원
  곰돌이는 나의 친구, 봄에 피는 꽃밭 이야기, 중앙 정원의 기린과 나누는 이야기 등

그림 12-3 유아가 다양한 놀이와 활동을 경험할 수 있도록 실내·외 환경 구성 지원의 예(2)

유아가 다양한 놀이와 활동을 경험할 수 있도록 지원한 실내 환경 구성의 예(3)
–사회관계 관련 놀이매체를 중심으로–

실내환경 지원과 유아놀이의 연결(3)

• 실내환경 지원
유아가 놀이에 호기심과 흥미를 느낄 수 있도록 지원하고 배움이 일어나도록 지원하는 실내환경 중 놀이도구 및 매체 지원의 예 ☞ 유아차 놀이, 인형극 무대, 사회생활 도서대 등

예) 매일 아침 유치원 현관에서 원아들을 아침 맞이하는 원장선생님께서 3세반 유아들을 위해 인형유아차를 준비하여 유아를 맞이하니 3세반 유아들뿐 아니라 4세반, 5세반 유아들도 매우 즐거워하면서 등원하는 과정에서도 자신의 감정과 생각을 즐겁게 표현하는 모습을 볼 수 있었다. 때로는 유아들이 미술시간에 만들어서 드린 종이목걸이와 그림 손 편지를 가지고 나와서 등원 맞이를 할 때도 아이들의 반응은 같은 반응이었다.
그 외 교실에서의 교육 놀이 활동 매체의 다양한 지원도 아이들의 놀이 활동을 지원하고 다양한 생각과 배움의 성장을 지원하는 역할을 한다.

그림 12-4 유아가 다양한 놀이와 활동을 경험할 수 있도록 실내 환경 구성 지원의 예(3)

표 12-5 2019 개정 누리과정 교수·학습방법 세부내용(4)

2019 개정 누리과정 교수·학습방법 세부내용(4)
라. 유아와 유아, 유아와 교사, 유아와 환경 간에 능동적인 상호작용이 이루어지도록 한다.
유치원과 어린이집에서 유아는 또래, 교사 및 자신을 둘러싼 환경 등과 관계를 맺으며 성장한다. 또한 유아는 놀이에서 또래 친구와 교사, 자연환경 등과 적극적으로 상호작용하면서 세상을 이해하고 배움을 이루어 간다. 교사는 유아가 놀이에서 만나는 다양한 관계에 관심을 기울이고 함께 상호작용을 하며 배움을 지원해야 한다.

↓

라-1 유아와 유아 간의 상호작용	라-2 교사와 유아 간의 상호작용	라-3 유아와 환경 간의 상호작용

출처: 교육부·보건복지부(2019). 2019 개정 누리과정 해설서. pp. 49-50.

영유아교육기관에서의 놀이 활동 과정 중 유아는 교사, 친구, 놀잇감 및 주변 환경 등과 다양한 상호작용을 하면서 배움의 연속성을 경험한다. 또한, 교사의 상호작용 지원의 영향에 따라 영유아는 사회 정서적, 언어적, 인지적, 유아의 태도, 유아의 신체 발달과 상황, 유아의 놀이의 지속성에 영향을 미친다. 유아의 상호작용의 대상과 상호작용 지원의 영향을 **그림 12-5**와 같이 안내한다.

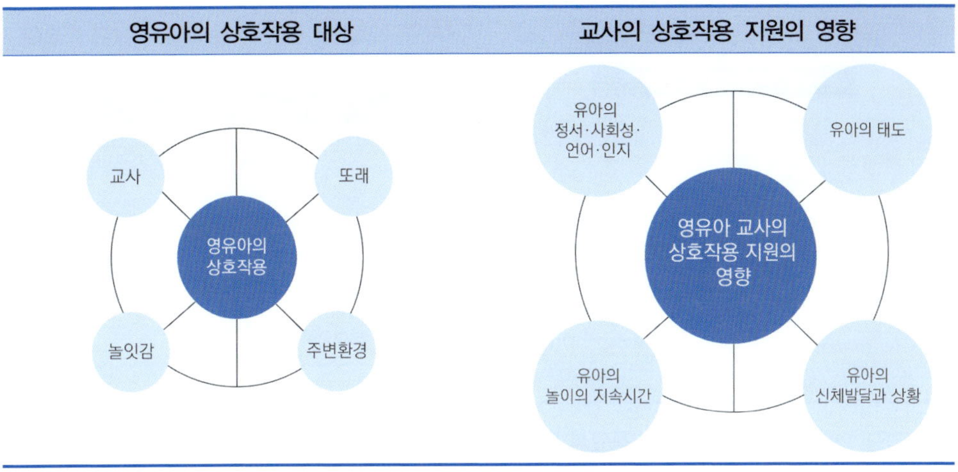

그림 12-5 영유아의 상호작용의 대상 및 지원의 영향

출처: 교육부·보건복지부(2019). 2019 개정 누리과정 해설서. pp. 47-50; 송혜린 외(2012).

그림 12-5에서와 같이 영유아교육기관에서의 교수·학습방법 중 가장 중요한 요소인 교사의 상호작용의 전문성과 기본태도는 놀이중심 수업의 중요성이 강조되는 2019 개정 누리과정에서 필수적인 조건이며 매우 중요하다고 할 수 있다.

영유아의 놀이 참여와 사회적 참여를 증진시키며 놀이 기술을 증진시켜 주고 영유아가 놀이 활동 과정 중 결정적 순간을 활용할 때, 영유아와 개별적 접촉이 필요할 때 교사의 상호작용의 전문성에 따라 영유아에게 미치는 영향은 매우 클 것이다.

이처럼 2019 개정 누리과정이 실시되는 영유아교육기관에서의 교수·학습방법에 있어서 매우 중요한 기반이 되는 상호작용에 있어서의 교사의 기본태도에는 영유아에 대하여 신뢰하기, 경청하기, 격려하기, 도전 및 장려하기, 개발하기, 존중하기, 참여하기, 지원하기 등이 있는데, 교사의 상호작용에 관한 전문성 및 태도에 대하여 그림 12-6과 같이, 교사의 전문성을 발휘한 상호작용의 예를 그림 12-7과 같이 안내하고자 한다.

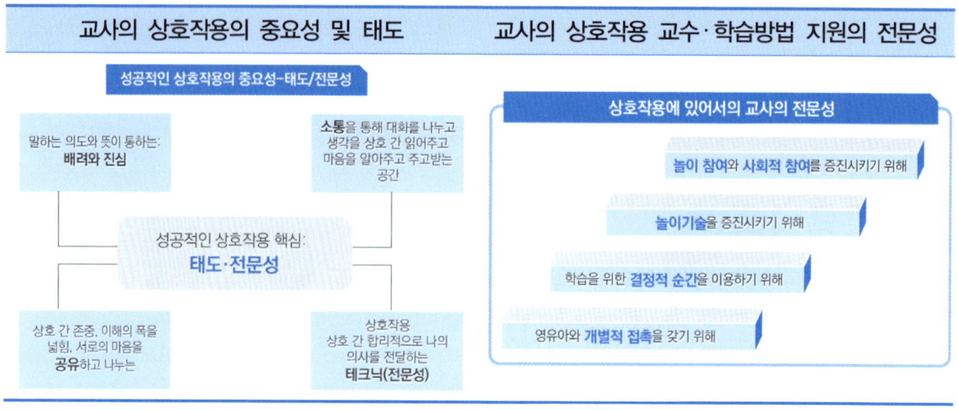

그림 12-6 교사의 상호작용의 중요성 및 태도. 교사의 상호작용 교수·학습방법 지원의 전문성

출처: 교육부·보건복지부(2019). 2019 개정 누리과정 해설서. pp. 49-50; 송혜린 외(2012).

라. 유아와 유아, 유아와 교사, 유아와 환경 간에 능동적인 상호작용이 이루어지도록 한다.
라-1 유아와 유아 간의 상호작용 9)

2019 개정 누리과정에서는 놀이중심 수업이 강조되므로 유아와 유아 사이에 오고 가는 상호작용이 매우 활발하게 진행된다. 교사는 유아들이 자율적이고 활발한 놀이의 탐색과정을 즐길 수 있도록 유아가 주도하는 놀이 상황에서의 친구 간에 주고받는 대화를 능동적으로 이루어질 수 있도록 장려하고 지원해 주어야 한다.

사회관계 중심 – 유아와 유아 간의 상호작용을 긍정적으로 지원해 주는 교사의 예

• 유아와 유아의 상호작용 교수 · 학습방법 지원의 예
종이접기 속 이야기 놀이로 '나눔', '배려', '협력'의 친사회성 기르기 놀이 활동 수업에서 유아들은 상어를 물리치기 위해 협력하는 작은 물고기들 이야기를 듣고 난 후 다 같이 협력하여 각 유아가 종이접기로 만든 물고기를 놀이 매체로 '바닷속 협동하는 물고기 놀이'를 하는 과정에서 유아와 유아 간의 상호작용이 활발해졌고, 교사는 그러한 상황을 관찰하면서 유아와 유아 간의 상호작용을 적극적이고 전문적인 소양을 발휘하여 개입하고 긍정적으로 지원해 주었다.

그림 12-7 사회관계 중심 - 유아와 유아 간의 상호작용을 긍정적으로 지원해 주는 교사

9) 출처: 교육부 · 보건복지부(2019). 2019 개정 누리과정 해설서. p. 49.

라. 유아와 유아, 유아와 교사, 유아와 환경 간에 능동적인 상호작용이 이루어지도록 한다.
라-2 교사와 유아 간의 상호작용 10)

유아의 놀이과정을 관찰하는 교사는 유아의 놀이과정을 자세히 살펴보고 필요한 상황에서는 유아와의 상호작용을 다양한 방법으로 적용해야 한다. 이는 언어적(음성언어), 비언어적(신체언어, 미소, 표정, 몸짓 등의 제스처 등) 방법을 모두 동원하여 유아의 관심과 질문 등에 적절한 상호작용을 지원해 주어야 한다. 또한, 유아의 질문이나 호기심 등에 대하여 긍정적인 수용과 격려의 지원을 해 주어야 한다. 유아와 함께 교감하면서 유아의 마음을 읽어 주는 교사의 태도가 필요하다.

사회관계 중심 - 교사와 유아 간의 상호작용을 긍정적으로 지원하는 교사

- **교사와 유아의 상호작용 상황 교수·학습방법 지원의 예**
  교사는 이솝이야기를 듣고 교육 연극놀이를 하게 된 유아들과 모여 앉아 유아의 이야기를 들어주면서 적극적인 경청과 공감해 주기, 피드백 해주기, 마음 알아주기, 친절하게 상호작용해 주기, 언어적 비언어적 표현해 주기 등으로 교사와 유아 간의 상호작용을 촉진하는 역할을 하였다.

그림 12-8 교사와 유아 간의 상호작용을 긍정적으로 지원하는 교사

10) 출처: 교육부·보건복지부(2019). 2019 개정 누리과정 해설서. pp. 49-50.

2019 개정 누리과정은 놀이중심 수업을 강조하고 있는바, 영유아교육기관 평가영역에서 상호작용의 항목이 기관평가 항목에 세부적으로 적용되는 주요 평가영역 중의 하나이다. 이는 교수·학습방법에 있어서 교사와 유아 간의 상호작용이 매우 중요함을 반영하는 것이다. 상호작용에 있어서의 교사의 역할 및 상호작용의 예를 알아보면 그림 12-9와 같다.

상호작용의 기반이 되는 교사와 유아 간의 라포 형성을 위한 교사의 기본적 태도
–사회관계 중심 교수·학습방법 지원으로–

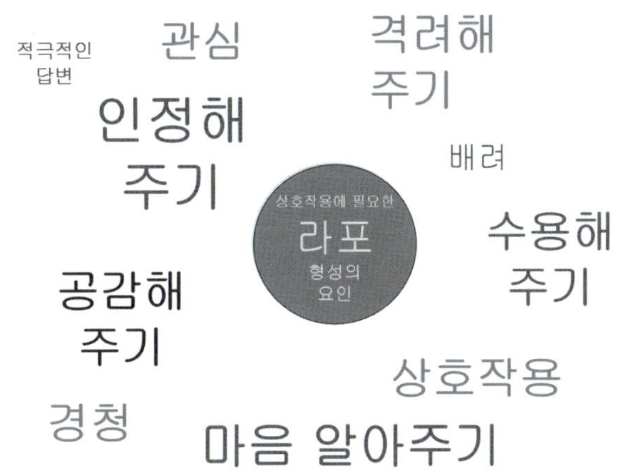

교사는 영유아의 상호작용 지원을 위하여 먼저 해야 할 일을 알아야 한다. 교사와 영유아 간의 신뢰, 즉 라포 형성이 기반이 되었을 때 상호작용은 활성화되기 때문이다.
교사와 유아 간 라포 형성을 위해서는 마음 알아주기, 적극적인 경청, 공감해 주기, 관심 가져주기, 인정해 주기, 적극적인 답변(반응)해 주기, 질문해 주기, 격려해 주기, 배려해 주기, 수용해 주기 등의 교사의 기본적 태도가 필요하다.

그림 12-9 상호작용의 기반이 되는 교사와 유아 간의 라포 형성의 기본적 태도

출처: 교육부·보건복지부(2019). 2019 개정 누리과정 해설서; 송혜린 외(2012).

라. 유아와 유아, 유아와 교사, 유아와 환경 간에 능동적인 상호작용이 이루어지도록 한다.
라-3 유아와 환경 간의 상호작용 11)

2019 개정 누리과정 놀이가 강조되는 교육과정에서는 유아가 환경과 상호작용할 수 있도록 지원하는 교육적 환경 구성 지원이 필요하다. 이러한 환경은 유아에게 호기심을 유발하고 생각능력을 확장시켜 주어 스스로 생각하게 하는 기회를 준다. 또한, 이러한 교육적 환경을 접하게 되는 순간 유아는 언어적 표현의 기회가 다양해지게 되어 활발한 상호작용에 도움이 되기도 한다. 예를 들어, 다양한 명화를 유아들이 다니는 복도나 계단 등에 게시해 두면 유아들은 그 명화에 대해 관심을 가지게 되고 더 나아가 그림의 내용에 대해 생각하게 되며 자신이 생각한 내용을 언어로 표현하게 된다. 즉, 생각능력과 상호작용이 활발해지도록 지원해 주는 것이다.

11) 출처: 교육부·보건복지부(2019). 2019 개정 누리과정 해설서. p. 50.

환경과 유아 간의 상호작용의 교수·학습방법을 긍정적으로 지원하는 교사의 예를 그림 12-10과 같이 제시하였다.

환경과 유아 간의 상호작용의 교수·학습방법을 긍정적으로 지원하는 교사의 예
–사회관계를 중심으로–

- **환경과 유아 간의 상호작용 교수·학습방법 지원의 예**
  교사는 유치원 중앙 현관 가운데에 영유아들이 등원하면서 바로 보이는 곳에 생활주제에 맞추어 다양한 교육적 환경을 구성해 주었다. 유아들은 생활주제에 맞게 변화하는 환경에 관심을 갖게 되면서 그 환경의 내용에 대해 유아와 유아 간 상호작용이 활발히 일어나기 시작했으며 교사(원장선생님)는 이렇게 상호작용이 활발하게 일어나는 유아들에게 더욱 활발한 상호작용을 지원해 주는 역할을 하였다.

12월에 유치원 현관에 사람보다 훨씬 커다란 산타할아버지!
아이들이 등원하면서 저절로 산타할아버지와 인사도 나누게 되고 산타할아버지에게 하고 싶은 말을 하게 유도하는 환경 조성 지원의 예이다.

유치원 중앙 정원의 백설공주와 일곱 난쟁이를 바라보며, 유아들은 동화의 이야기를 나누고 새로운 이야기도 만들어 냈다.

사슴과 눈사람을 바라보며 유아들은 사물과 대화도 나누고 사슴과의 이야기를 만들어 가기도 하였다.

유치원 수족관의 물고기에게 이름을 지어주고, 매일 물고기와 이야기를 나누는 유아들!
명화를 감상하면서 새로운 자기의 생각을 이야기하는 유아들을 관찰할 수 있었다.

그림 12-10 환경과 유아 간의 상호작용 교수·학습방법을 긍정적으로 지원하는 교사의 역할

표 12-6 2019 개정 누리과정 교수·학습방법 세부내용(5)

2019 개정 누리과정 교수·학습방법 세부내용(5)
마. 5개 영역의 내용이 통합적으로 유아의 경험과 연계되도록 한다.
교사는 개정 누리과정에 포함된 5개 영역의 내용이 유아가 놀이를 하며 통합적으로 경험하는 것임을 이해해야 한다. 5개 영역의 내용을 유아의 경험과 연계하는 방식은 다양하다. 우선 유아는 놀이를 하며 이미 5개 영역을 통합적으로 경험한다. 예를 들면, 유아는 모래놀이를 하며, 신체를 움직이고, 친구와 대화도 하며, 그림도 그릴 수 있다. 모래와 물을 섞으며 물질의 변화에 대해 호기심과 탐구심을 가질 수도 있다. 이처럼 유아는 놀이를 통해 여러 가지 영역을 통합적으로 경험하며, 이러한 경험은 영역별로 이루어지지 않는다. 교사는 유아의 놀이에서 5개 영역의 내용이 자연스럽게 통합적으로 나타나는 것을 발견함으로써, 유아가 놀이하며 배우고 있음을 알 수 있다. 또한 5개 영역의 내용은 정해진 생활 주제 이외에도 유아의 관심과 흥미에 따라 다양하게 통합할 수 있다. 예를 들면, 교사는 유아가 놀이하면서 자연스럽게 경험하게 되는 계절이나 국경일과 같은 친근한 주제, 유아가 놀이하면서 관심을 보이는 동화나 곤충, 그네 등과 같은 주제를 중심으로 유아의 경험과 5개 영역을 통합적으로 연계하여 지원할 수 있다. 유아가 관심을 가지는 그림책, 사물, 우연한 상황 등도 충분히 유아의 경험을 통합적으로 연계하여 지원할 수 있는 자원이 될 수 있다. 교사는 자율성을 바탕으로 유아의 놀이 상황과 맥락에 따라 5개 영역을 다양한 방식으로 융통성 있게 유아의 경험과 연계하여 지원할 필요가 있다.

출처: 교육부·보건복지부(2019). 2019 개정 누리과정 해설서. pp. 50-51.

2019 개정 누리과정에서의 교수·학습방법 적용에 있어서 '유아 경험의 실제' 강조 및 사회관계 영역의 교수학습과정에서의 '5개 영역 통합적 이해'는 교사가 영유아의 놀이에서 이루어지는 교수학습과정 속에서의 배움을 잘 이해하도록 해주어 교수·학습방법 계획 및 구성에 도움을 준다.

교사는 교수학습과정 속에 있는 유아의 놀이에 대한 의미와 배움(교육적 목표 도달)을 연계하여 이해하고 교수·학습방법을 적용하는 데 있어서 다음의 안내하는 내용을 기반으로 활용할 수 있다. 따라서 교사는 사회관계 영역에서의 유아의 발달 및 성취기준을 인식하여 5개 영역의 통합적 이해를 할 수 있어야 한다.

누리과정은 궁극적으로 통합적 교육을 지향한다. 사회관계 영역의 교육과정의 교수·학습방법의 실제에 대한 기본적인 배경은 국가수준 교육과정 누리과정 개정의 취지를 알아보고, 이 내용을 기반으로 하여 사회관계 교수·학습방법을 구성하고 반영하여 궁극적으로 5개 영역의 통합적 목표를 이루도록 해야 한다.

2019 개정 누리과정에서는 교사가 자율성을 가지고 통합의 방식을 다양하게 운영할 수 있도록 하였다. 유아는 놀이 활동의 교수학습과정 속에서 자연스럽게 5개 영역을 통합하여 경험하게 되면서, 그 과정 속에서 유아의 놀이 활동을 존중함과 동시에 5개 영역의 통합을 실천할 수 있다. 또한, 교수학습과정에서의 자율성을 강조하여 그날의 정해진 생활주제가 아니더라도, 유아의 놀이과정 속에서 새롭게 발견되는 내용 등을 교수학습과정에 자율적으로 적용하여 유아의 관심과 흥미를 중심으로 상황에 맞게 교수학습과정을 통합적으로 실천할 수 있다.

그렇다면 누리과정에서의 국가수준 교육과정 개정의 취지 및 사회관계 교수학습 과정의 5개 영역 통합적 이해에 대한 예를 표 12-7과 같이 안내하고자 한다.

표 12-7 국가수준 교육과정 누리과정 개정의 취지 및 사회관계 교수학습과정의 통합적 이해의 예

국가수준 교육과정 누리과정 개정의 취지	
미래 사회에 부응하는 새로운 교육과정	• 미래 사회는 지식이 많은 사람보다는 지식을 잘 활용할 수 있는 사람을 필요로 한다. 또한, 자연과 생명을 존중하며 다른 사람과 함께 살아가는 바른 인성을 갖추고, 창조적 사고로 지속 가능한 사회를 만들어 갈 수 있는 역량을 갖춘 사람이 필요하다. 「2019 개정 누리과정」에서는 새로운 시대의 요구에 따라, 교육내용을 간략화하고 유아가 주도하는 놀이를 통해 배움이 구현될 수 있도록 유아 · 놀이 중심 교육과정으로 나아가고자 하였다.
유아의 놀이가 중심이 되는 교육과정	• 2019 개정 유치원 교육과정에서는 유아의 놀이에 중심을 두고 유아가 주도적이고 중심이 되는 놀이가 살아 있는 교육과정을 만들고자 하였다. 이는 교사가 놀이의 본질과 가치에 대해 좀 더 깊이 있게 생각하고 유아가 놀이를 통해 삶을 경험하고 배워 가도록 유아 놀이의 가치와 의미를 이해하고, 유아의 놀이를 통한 배움을 지원하도록 하는 데 중점을 두었다. 유아가 일상생활 속 놀이에서 온몸의 감각으로 자연과 세상을 만나도록 하고 유아가 놀이과정 속에서 다른 사람과의 관계형성 속에서 중요한 한 구성원으로서 성장해 가도록 한다.
유아의 놀이를 지원하기 위한 교사의 자율성	• 교사는 유아와 가장 가까이 있는 사람으로, 그 누구보다 유아의 놀이를 잘 아는 전문가이다. 교사는 유아의 놀이에 대한 의미를 이해하고 지원하며 유아와 함께 성장하고 배워 나간다. 교사는 활동을 계획하고 준비하는 데 많은 시간을 보내기보다는 유아의 놀이를 이해하고 지원하는 데 더 많은 시간을 보낼 필요가 있다. 교사는 유아의 놀이 흐름에 따라 가장 적합한 교육적 지원이 무엇인지를 상황에 따라 판단하고 실천해야 한다. 개정 누리과정에서는 국가수준의 공통기준을 최소화하여 교사의 자율성과 다양성을 존중하였다. 개정 누리과정은 교사가 자율성을 기반으로 유아가 놀이하며 배운다는 가치를 믿고 유아가 중심이 되고 놀이가 살아나는 교육과정을 유아와 함께 실천해 갈 수 있도록 하였다.

출처: 교육부 · 보건복지부(2019). 2019 개정 누리과정 해설서. pp. 12-14.

표 12-8 2019 개정 누리과정 교수·학습방법 세부내용(6)

2019 개정 누리과정 교수·학습방법 세부내용(6)
바. 개별 유아의 요구에 따라 휴식과 일상생활이 원활히 이루어지도록 한다.
유치원과 어린이집에서 유아의 하루 일과는 놀이와 휴식을 적절하게 안배하여 운영하며, 개별 유아의 요구를 반영해야 한다. 유치원과 어린이집에서는 유아의 건강 상태, 날씨나 계절, 기관의 상황 등에 따라 하루 일과를 융통성 있게 운영할 수 있다. 획일적인 하루 일과를 운영하기보다는 배변이나 낮잠, 휴식 등 유아마다 다른 신체 리듬을 반영하여 하루 일과를 운영해야 한다. 교사는 놀이의 상황과 개별 유아의 요구 등을 적절히 반영하여 일과가 원활하게 이루어지도록 운영해야 한다.

출처: 교육부·보건복지부(2019). 2019 개정 누리과정 해설서. p. 51.

표 12-9 2019 개정 누리과정 교수·학습방법 세부내용(7)

2019 개정 누리과정 교수·학습방법 세부내용(7)
사. 유아의 연령, 발달, 장애, 배경 등을 고려하여 개별 특성에 적합한 방식으로 배우도록 한다.
교사는 유아의 연령과 발달, 장애, 배경 등의 다양한 특성을 이해하고 각 특성을 최대한 고려하여 배움을 지원해야 한다. 유아는 서로 다른 관심과 능력을 가지고 있으며 다양한 맥락 속에서 자신만의 방식으로 놀이하고 배운다. 같은 연령이라도 개별 유아의 특성이 다르듯이 유아가 놀이하는 모습도 다르게 나타난다. 또한 유아가 가정에서 경험하는 다양한 문화적 특성을 서로 인정하고 존중하며 가치 있게 여길 수 있어야 한다. 교사는 유아의 특성에 적합한 지원을 위해 발달적 특성이나 장애 정도, 문화적 배경을 우선적으로 파악해야 하며, 필요할 경우 관련 기관 또는 전문가와 협력할 수 있다.

출처: 교육부·보건복지부(2019). 2019 개정 누리과정 해설서. p. 51.

이상에서 2019 개정 누리과정에서의 교수·학습방법의 세부내용을 알아본 바와 같이 유아 주도적, 놀이중심을 강조하는 2019 개정 누리과정에서는 교수·학습방법에 있어서 상호작용이 활발하게 잘 이루어지도록 지원해 주어야 하는 교사의 전문적 소양이 필요하며(교사와 유아, 유아와 유아, 환경과 유아 간 상호작용), 유아가 호기심을 가지고 즐겁게 놀이하면서 배움의 성장이 이루어지도록 지원해야 한다. 2019 개정 누리과정에서는 유아에게 실제 생활의 경험적 놀이를 지원하도록 되어 있으며, 이를 위해 놀이의 특성, 의미, 가치를 정확히 알고 영유아에게 교육적 놀이 환경과 놀이 활동을 지원해 주어야 한다. 또한, 놀이 활동을 확장하도록 지원하는 역할을 교수·학습방법에 적용해야 하며, 5개 영역이 통합적으로 연결되도록 계획해야 한다.

지금까지 안내한 2019 개정 누리과정에서의 사회관계 중심 교수·학습방법을 적용한 놀이 활동 교수·학습방법 계획 및 구성 전개과정을 다음과 같이 제시한다.

♡사회관계 중심 교수·학습방법 현장적용의 사례 예♡

종이접기 속 친사회성 이야기놀이

본 놀이중심 교수-학습방법 활동안은
생활주제「**가을의 동식물과 자연**」☛ 주제「**가을 개미와 우리 생활 (2)**」
☛ 소주제「**겨울을 준비하는 개미에게서 배워요**」라는 이야기를 중심으로
유아들이 주제에 맞게 **종이접기 속 이야기 놀이를 만들어** 가면서
〈겨울을 준비하는 개미〉들이 어떻게 서로 돕고 사는지 --
나눔, 배려, 협력의 친사회성 생각을 열어보는 활동이다.

겨울을 준비하는 개미에게서 배워요

↓

교수 학습 과정안 흐름 →

「가을의 동식물과 자연」 가을 개미와 우리 생활 겨울을 준비하는 개미에게서 배워요	종이접기 속 이야기놀이 (겨울을 준비하는 개미들의 나눔 · 배려 · 협력 생활 이야기)	겨울을 준비하는 개미 생활 모델링 협동 이야기놀이	친사회성 – 나눔 · 배려 · 협력 생활 실천하기
	친사회성 – 나눔 · 배려 · 협력 동일시	친사회성 – 나눔 · 배려 · 협력 간접경험 이야기놀이 (모델링 · 역할)	친사회성 – 나눔 · 배려 · 협력 내면화 (실천적 지식)

출처: 이승복(2012). 유치원 수업명인제 수업실천사례보고서. p. 16. 경기도교육청.

교수학습 예상활동 수업설계의 예

교수학습과정안 작성 → 사전 협의 → 수업안 수정 및 자료제작 → 수업연구실시 → 반성적 저널쓰기 및 수업분석 실시(환류) → 피드백

출처: 이승복(2012). 유치원 수업명인제 수업실천사례보고서. p. 16. p. 19. 경기도교육청.

사회관계 - 친사회성 사랑마음~ 놀이중심 배움중심 교수·학습방법의 예

사회관계-친사회성 관련 놀이중심 배움중심 교수·학습방법

꼬마종이작가들의 종이접기 속 이야기	친사회성 후속 놀이(나눔·협력·배려) ♡특색교육활동	엄마와 함께하는 사랑나눔 ♡행사
친사회적 가치를 동일시하는 과정	친사회적 가치의 내면화 과정	
✎손가락들의 협동 이야기(4월) ✎봄꽃(4월) ✎바닷속 물고기들의 서로 돕는 협동생활 이야기(5월) ✎아름다운 우리동네 만들기(6월)	✎역할극 -♡사랑나눔 두레 장터놀이 2회(6월, 7월) -♡희망배려 병원놀이 1회(6월) ✎협동놀이 -우리동네 만들기(6월) ✎신나는 바깥놀이 세상 체험활동 -♡바닷속 물고기들의 협동이야기 놀이 ✎자연 생태계에서 배우는 사랑나눔 이야기(2학기 활성화 예정) -♡꿀벌과 개미: 개미의 겨울 준비(10월, 11월)	✎엄마와 함께 협동놀이 -♡사랑나눔 두레 장터놀이를 위한 바캉스 시장 가방 만들기 1회(7월)
종이접기 속 이야기	친사회성 후속놀이	엄마와 함께 나누는 사랑나눔 행사

출처: 이승복(2012). 유치원 수업명인제 수업실천사례보고서. p. 10. 경기도교육청.

2) 2019 개정 누리과정에서의 평가[12)]

2019 개정 누리과정에서의 특징 중 하나는 평가의 간략화이다.

개정 누리과정에서의 평가는 평가의 목적, 평가의 대상, 평가의 방법, 평가의 활용을 기본 원리로 하는 간략한 문구로 기술하도록 제시하고 있다.

또한, 유아에 대한 이해와 누리과정 운영 개선을 위한 현장중심의 자율적 평가가 실행될 수 있도록 지원하고 있다. 즉, 2019 개정 누리과정에서는 영유아교육기관과 학급(반)의 특성을 반영한 수준에서 평가의 자율적 시행을 강조하고 있다.

교사가 평가를 하는 데 있어서 교수학습과정 속에서 놀이를 통해 배움을 이어가는 유아의 실제 경험을 강조하고 평가와 연계하여 이해하도록 평가의 자율성을 보장하였다.

또한, 교사에게 자율성이 부여되고 놀이와 상호작용이 강조된 평가에서 고려해야 할 주요 내용을 평가의 목적, 대상, 방법, 결과 활용으로 제시하였다.

누리과정을 운영하는 교수학습과정의 일상 속에서 유아가 실제 놀이하는 경험적 놀이의 내용과 교사의 적극적인 지원 내용을 기록한 교육계획안 등을 유아 평가 및 누리과정 운영 평가와 연계하여 활용할 수 있도록 하였다.

2019 개정 누리과정에서의 평가는 교수·학습방법을 계획하는 과정에 있어서, 지난 놀이 활동에 대한 피드백 및 환류 적용을 통해 교수·학습방법을 새롭게 구성해 나아가는 데 있어서 매우 유용하게 적용이 되며, 더욱 효과적인 놀이 활동을 계획 구성해 나아가도록 지원하는 매우 중요한 역할을 한다.

평가는 더욱 좋은 방법의 발전적인 놀이 활동을 계획 및 구성 적용하도록 하여 효과적인 유아의 성장과 발달을 지원하는 중요한 역할을 한다.

효과적이고 타당성 있는 평가를 위해서는 국가수준 교육과정에 맞는 평가의 방법을 적용하고 지원해야 한다.

2019 개정 누리과정에서의 평가의 목적을 잘 수행하기 위해서는 유아의 놀이 활동 및 놀이의 탐색 과정 속에서 유아의 관심과 생각을 존중하고 배려해 주며, 전문

12) 출처: 교육부·보건복지부(2019). 2019 개정 누리과정 해설서. pp. 52-55.

성을 발휘한 상호작용 지원과 더불어 관찰, 경청하기, 귀 기울임 등을 통해 유아와의 친밀감을 조성하고 유아의 발달 수준, 흥미, 요구 등을 파악하여 적절한 평가를 하는 것이다. 이러한 평가를 기반으로 놀이 활동을 회상하고 다음 놀이 활동에 환류 적용하여 더욱 좋은 교수학습과정을 구성해 나아갈 수 있도록 지원이 되는 평가가 되어야 한다.

이와 같이 2019 개정 누리과정에 적합한 적절한 평가를 통해 더욱 효과적인 방향의 놀이 활동이 지원되도록 2019 개정 누리과정의 평가 비교표를 표 12-10과 같이 안내하고자 한다.

표 12-10 2019 개정 누리과정 평가 비교표

2019 개정 누리과정의 평가 비교표	
3-5세 연령별 누리과정(2015) 평가	2019 개정 누리과정 평가
가. 누리과정 운영 평가 (1) 운영 내용이 누리과정의 목표와 내용에 근거하여 편성 · 운영되었는지 평가한다. (2) 운영 내용 및 활동이 유아의 발달수준과 흥미 · 요구에 적합한지를 평가한다. (3) 교수 · 학습방법이 유아의 흥미와 활동의 특성에 적합한지를 평가한다. (4) 운영 환경이 유아의 발달특성과 활동의 주제, 내용 및 효율성 등을 고려하여 구성되었는지를 평가한다. (5) 계획안 분석, 수업 참관 및 모니터링, 평가척도 등 다양한 방법을 활용하여 평가한다. (6) 운영 평가의 결과를 반영하여 운영계획을 수정 · 보완하거나 이후 누리과정 편성 · 운영에 활용한다. 나. 유아 평가 (1) 누리과정 목표와 내용에 근거하여 유아의 특성과 변화 정도를 평가한다. (2) 유아의 지식, 기능, 태도를 포함하여 평가한다. (3) 유아의 일상생활과 누리과정 활동 전반에	평가는 다음 사항에 중점을 두고 실시한다. 가. 누리과정 운영의 질을 진단하고 개선하기 위해 평가를 계획하고 실시한다. 나. 유아의 특성 및 변화 정도와 누리과정의 운영을 평가한다. 다. 평가의 목적에 따라 적합한 방법을 사용하여 평가한다. 라. 평가의 결과는 유아에 대한 이해와 누리과정 운영 개선을 위한 자료로 활용할 수 있다.

걸쳐 평가한다. (4) 관찰, 활동 결과물 분석, 부모면담 등 다양한 방법을 사용하여 종합적으로 평가하고, 그 결과를 기록한다. (5) 유아평가 결과는 유아에 대한 이해와 누리과정 운영 개선 및 부모 면담 자료로 활용할 수 있다.		

출처: 교육부·보건복지부(2019). 2019 개정 누리과정 해설서. p. 135.

표 12-11에서는 2019 개정 누리과정에서의 평가를 2015 3~5세 누리과정 평가와 비교하여 제시하고 있다. 2019 개정 누리과정에서의 평가를 표 12-11에서 살펴보면 유아를 존중하고 유아가 자기주도적으로 놀이를 계획하도록 지원하며, 놀이 과정 속에서 스스로 탐색하도록 하며, 유아가 즐겁게 놀이에 몰입하면서 교육적인 목적에 도달하도록 놀이지원자로서의 교사의 역할을 제안하고 있다.

표 12-11 2019 개정 누리과정에서의 평가

2019 개정 누리과정에서의 평가
유아교육기관에서 유아가 중심이 되고 놀이가 살아나는 누리과정의 운영을 되돌아보고 개선해 나아가는 과정이다. 즉, 누리과정 운영의 질을 진단하고 개선하기 위해 평가를 계획하고 실시한다. 개정 누리과정은 유치원과 어린이집에서 유아 · 놀이 중심 교육과정을 운영하는 데 도움이 되고자 평가를 간략화하고 각 기관의 자율적인 평가를 강조하였다. 유치원과 어린이집은 평가의 목적, 대상, 방법, 결과의 활용을 바탕으로 누리과정 평가를 자율적으로 실시할 수 있다.

출처: 교육부·보건복지부(2019). 2019 개정 누리과정 해설서. p. 52.

평가는 다음 사항에 중점을 두고 실시한다.			
가. 누리과정 운영의 질을 진단하고 개선하기 위해 평가를 계획하고 실시한다.	나. 유아의 특성 및 변화 정도와 누리과정의 운영을 평가한다.	다. 평가의 목적에 따라 적합한 방법을 사용하여 평가한다.	라. 평가의 결과는 유아에 대한 이해와 누리과정 운영 개선을 위한 자료로 활용할 수 있다.

출처: 교육부·보건복지부(2019). 2019 개정 누리과정 해설서. p. 53.

가. 누리과정 운영의 질을 진단하고 개선하기 위해 평가를 계획하고 실시한다. 13)

유아교육기관에서는 지역의 특성을 고려한 평가, 각 기관의 상황과 학급의 상황을 고려한 평가, 설문조사 요구조사를 고려한 평가, 누리과정 운영을 좀 더 바람직한 방향으로 나아가도록 하는 평가 등을 각 기관이나 학급에서 자율적으로 계획·수립한다.
평가는 유아중심적 평가 및 놀이중심 누리과정 운영 등에 대하여 자체적으로 평가하여, 누리과정 운영의 질을 주기적으로 관찰하여 진단하고 평가 결과를 통해 2019 개정 누리과정 운영을 효과적으로 지원하도록 한다.

나. 유아의 특성 및 변화 정도와 누리과정의 운영을 평가한다. 14)

2019 개정 누리과정에서의 평가는 유아 개개인의 특성 및 변화에 대한 관찰을 통한 유아 평가와 누리과정 운영 평가로 이루어진다.
유아 평가는 유아교육기관에서 유아가 행복하도록 하고 5개 영역의 통합적 발달을 지원하도록 하는 데 목적을 둔다. 교사는 일상생활 속에서 유아의 놀이 활동 및 행동의 변화를 발견하기도 하고 관찰하기도 하면서 유아의 놀이 활동 과정 속에서 배움 및 성장에 대한 지원을 위한 평가를 한다. 교사는 유아가 놀이의 과정 속에서 각자의 특성, 유아의 흥미와 관심, 놀이자료의 적절성과 활용도 등을 세심히 관찰하여 평가에 적용하고 일상생활 활동 과정에서의 유아의 행동이나 상호작용의 과정, 친구관계 등을 관찰하여 평가를 통해 피드백하고 이해하여 다음 놀이 활동에 환류 적용하여 교수·학습방법을 계획 구성하도록 한다.
유아교육기관의 2019 개정 누리과정 운영 평가에서는 놀이시간의 적절성, 휴식, 유아의 자기주도적 놀이 활동, 자율성, 놀이에 대한 적절한 지원 등에 대한 평가를 한다.

13) 출처: 교육부·보건복지부(2019). 2019 개정 누리과정 해설서. p. 53.
14) 출처: 교육부·보건복지부(2019). 2019 개정 누리과정 해설서. p. 53.

다. 평가의 목적에 따라 적합한 방법을 사용하여 평가한다.[15)]

유아교육기관에서는 평가의 목적에 맞는 방법으로 평가하며, 유아중심의 놀이가 살아나는 누리과정 운영에 대하여 자체적으로 평가하여 교육과정의 운영의 질을 평가 및 진단하고, 나은 방향으로 개선하고 발전시키도록 한다.
유아교육기관에서는 각 기관이 있는 지역적 특성과 각 기관의 상황과 요구조사 학급의 특성을 반영한 운영의 상황과 학부모 및 지역사회의 요구조사 등을 고려하여 누리과정의 운영을 개선 및 발전해 나아가도록 각 기관별 자율적으로 평가를 계획하고 수립하도록 한다.
유아교육기관은 평가 방법을 평가 목적에 맞도록 자율적으로 운영하는데 유아들의 현장에서의 실제 놀이 상황과 상호작용의 과정을 관찰 기록할 수 있고, 유아의 놀이 결과물 등을 포트폴리오 및 수집하여 평가할 수 있다. 또한 유아들이 사용하는 음성언어, 신체언어, 표정 등에서 관찰할 수 있는 내용과 의미 등의 특성에 대하여 필요한 내용을 메모나 사진, 동영상 등으로 남기고 기록한다.
이러한 이야기쓰기, 저널쓰기 등의 기록 평가 자료는 유아의 성장의 과정을 파악하는 데 활용할 수 있다. 특히 2019 개정 누리과정에서 강조하는 것은 관찰기록, 유아 평가와 누리과정 운영 평가 등에 지나친 시간과 노력으로 유아놀이 활동에 집중하는 것에 방해가 되지 않아야 함을 강조한다. 즉, 교사는 개별 유아에 대한 집중적 관찰보다는 놀이 활동의 과정 속에서 배움이 일어나는 과정, 즉 친구 간의 상호작용이나 놀이 활동 등 유아들이 놀이하는 자연스러운 상황에서 유아의 성장과정과 특징적인 면을 이해하고 기록하여 평가를 하도록 한다.

15) 출처: 교육부·보건복지부(2019). 2019 개정 누리과정 해설서. p. 54.

라. 평가의 결과는 유아에 대한 이해와 누리과정 운영 개선을 위한 자료로 활용할 수 있다. 16)

유아교육기관에서의 평가의 결과는 유아에 대한 놀이 활동 과정과 그에 따르는 이해를 통해 더 나은 바람직한 성장을 지원하기 위한 중요한 자료가 될 수 있으며, 개정 누리과정 운영 개선과 발전을 위한 자료로 활용할 수 있다. 또한, 개정 누리과정에서 추구하는 인간상과 목적 및 목표 등에 맞게 유아의 특성과 변화과정을 관찰 및 평가하고 유아의 놀이과정을 이해하며 유아의 성장과 배움을 지원하는 데 활용한다.
평가를 위해 관찰 수집된 모든 자료는 유아 개별적인 특성과 성장의 과정을 종합적으로 이해하여 부모상담 및 유아생활지도에 활용할 수 있다.
또한, 유아교육기관에서 기관의 상황과 특성에 맞게 자율적인 방식을 정하여 실시한 기관운영 평가의 결과는 각 유아교육기관에서 유아의 놀이 중심 교육과정의 운영 및 교수·학습방법의 발전 및 바람직한 방향으로 나아가도록 하는 데 활용할 수 있다.

16) 출처: 교육부·보건복지부(2019). 2019 개정 누리과정 해설서. pp. 54-55.

다음으로 현장에서의 교수·학습방법 평가의 예를 제시해 보고자 한다. 본 예시 자료는 각 기관의 상황과 학급의 상황을 고려하여 실시한 평가이다.

사회관계 - 친사회성 관찰한 결과 평가의 예시문 자료(3월·7월)

사회관계–나눔 배려 협력 친사회성 유아의 반응 관찰 내용 | 3월 관찰결과 | 7월 관찰결과 | N=26

구분		관찰내용	유아의 반응								3월 관찰결과	7월 관찰결과
			강한 반응		중간 반응		약한 반응		무반응			
			3월	7월	3월	7월	3월	7월	3월	7월		
사회관계 친사회성	나를 알고 존중하기	나를 알고 소중히 여긴다										
		나의 감정을 알고 상황에 맞게 표현한다										
		내가 할 수 있는 것을 스스로 한다										
	더불어 생활하기	가족의 의미를 알고 화목하게 지낸다										
		친구와 서로 도우며 사이좋게 지낸다										
		친구와의 갈등을 긍정적인 방법으로 해결한다										
		서로 다른 감정, 생각, 행동을 존중한다										
		친구와 어른께 예의바르게 행동한다										
		약속과 규칙의 필요성을 알고 지킨다										
	사회에 관심 가지기	내가 살고 있는 곳에 대해 궁금한 것을 알아본다										
		우리나라에 대해 자부심을 가진다										
		다양한 문화에 관심을 가진다										

출처: 이승복(2012). 유치원 수업명인제 수업실천사례보고서. p. 30. 경기도교육청.

참/고/문/헌

강기섭(2006). 자아존중감과 친사회성 증진을 위한 체험학습활동 연구. 부산교육대학교 교육대학원 석사학위논문.

강인언, 이한우, 정정란(2016). **최신 아동발달**. 서울: 학지사.

고윤희(2011). 어머니 정서표현성 및 영유아 탄력성이 영유아의 사회정서발달에 미치는 영향: 성과 연령을 중심으로. 배재대학교 대학원 박사학위논문.

곽금주(2016). **발달심리학**. 서울: 학지사.

교육부(2019). 유치원교육과정 2019. 12.(교육부 고시 제2019-189호). 누리과정 해설서. 2019+개정+누리과정+고시문+교육부.

교육부(2022). 2022 개정 교육과정. 교육부.

교육부, 보건복지부(2019). 2019 개정 누리과정 고시문.

교육부, 보건복지부(2019). 2019 개정 누리과정 해설서.

교육인적자원부(2007). 교사와 유아를 위한 유아사회교육 활동자료. 교육인적자원부.

권석만(1997). **인간관계 심리학**. 서울: 학지사.

권석만(2017). **성격심리학**. 서울: 학지사.

김다영, 김낙흥(2019). 유아교사의 성역할 정체감에 따른 교사효능감과 행복감의 차이. **교원교육, 35**(4), 393-411.

김미경(2006). 유아경제교육에 대한 교사와 부모의 인식 및 실시현황과 요구. 경성대학교 교육대학원 석사학위논문.

김상균(2005). 비행청소년과 일반청소년의 도덕발달 차이연구. **한국공안행정학회보**, (20), 97-122.

김선희(2014). 유아의 자기통제력과 행동문제 간의 관계에 대한 교사-유아관계의 조절효과. **아동학회지, 35**(3), 31-47.

김수희(2015). 교사-유아 관계와 유아의 친사회적 행동에 관한 연구. **한국유아교육연구, 17**(3), 1-28.

김승주, 김승희(2020). 인성동화를 활용한 협동미술활동이 유아의 친사회적 행동과 자아탄력성에 미치는 영향. **미래유아교육학회지, 27**(2), 235-260.

김신영, 곽승주(2019). 유아 도덕성 관련 학위논문 및 학술지 연구동향 고찰. **유아교육학논집, 23**(6), 177-200.

김영옥(2003). 유아의 친사회적 행동 평가 척도 개발 연구. **아동학회지, 24**(5), 105-118.

김영옥, 김우영(2018). **유아사회교육 사회적 능력과 기술 지원하기**. 서울: 학지사.

김영옥, 엄정애, 최윤정, 박경희(2000). **유아 사회교육의 통합적 운영**. 서울: 창지사.

김영주, 백정언(2018). 영유아교사의 놀이 은유에서 나타난 놀이에 대한 인식. **예술인문사회 융합 멀티미디어 논문지, 8**(1), 211-219.

김은경(2021). 예비유아교사의 도덕교육을 위한 [지장경] 탐색. **인문사회 21, 12**(2), 1475-1489.

김은화, 김영옥(2011). **유아사회교육**. 경기: 양서원.

김재원, 남은영(2018). 부부관계 유대감, 부부공동양육 및 유아 친사회적 행동 간의 관계. **한국심리치료학회지, 10**(1), 97-116.

김재은(1984). **아동발달심리**. 서울: 창지사.

김주환(2011). **회복탄력성**. 서울: 위즈덤하우스.

김현경(2005). 유아의 도덕성 발달을 위한 동화교재 분석-유치원 교육활동 지도자료를 중심으로. **한국영유아보육학, 42**, 135-160.

김현정, 조성현(2021). 그림책을 활용한 인성교육프로그램이 유아의 친사회적 행동 및 자기조절능력 효과에 대한 메타분석. **인문사회 21, 12**(3), 1563-1576.

김현주, 정희정(2018). 앤서니 브라운의 그림책을 활용한 협동미술활동이 유아의 자아존중감과 또래유능성에 미치는 효과. **어린이문학교육연구, 19**(4), 171-197.

단현국(2011). 교사-유아 관계에 따른 유아의 또래 유능성. **한국유아교육연구, 13**(2), 5-33.

단현국(2011). 유아 놀이 지도. 한국교원대학교 종합교육연수원(편), **2011학년도 유치원 원감 자격 연수 교재**(pp. 39-62). 충북: 한국교원대학교 종합교육연수원.

문경주, 오경자(2002). 지각된 부모의 양육행동과 초기 청소년의 우울 및 불안의 관계. **한국심리학회지: 임상, 21**(1), 29-43.

문혁준, 이희경, 권희경, 김정희, 김혜연, 이성복, 강인숙(2016). **유아사회교육**. 서울: 창지사.

문혜련, 하경용(2009). 유아사회교육에 대한 유치원 교사의 인식. **한국교원교육연구, 26**, 439-460.

민혜영(1998). 유아의 사회성 발달에 영향을 미치는 환경변인과 개인 내적변인들에 관한 연구. 이화여자대학교 대학원 박사학위논문.

민혜영(2002). 다변인 사회성 발달 연구모형의 타당화를 위한 연구. **미래유아교육학회지, 9**(9), 52; 58-59.

민혜영(2011). 유아의 사회성 발달에 관한 Sargent의 연구모형 고찰. **영유아교육연구, 4**.

민혜영, 김영희, 유은석, 임경령(2017). **유아사회교육**. 경기: 공동체.

박경자, 권연희(2005). 나레이티브를 통한 유아의 애착 표상 측정의 타당화 연구: 애착 안정성, 어머니-유아 상호작용 행동과의 관계를 중심으로. **아동학회지, 26**(4), 247-262.

박영미(2021). **유아사회교육**. 서울: 동문사.

박정희, 장영애(2004). 유아의 사회성 발달에 영향을 미치는 어머니의 양육 스트레스와 사회적 지원에 관한 연구. **아동과 권리, 8**(2), 325-351.

박주희, 이은해(2001). 아동의 또래 유능성에 관련된 어머니의 양육목표, 양육행동 및 또래관계 관리전략. **아동학회지, 22**(4), 1-15.

박찬옥, 서동미, 엄은나(2020). **2019 개정 누리과정을 반영한 유아사회교육**. 경기: 양성원.

방선욱(2003). **심리학의 이해**. 경기: 교육과학사.

보건복지부(2020). 제4차 어린이집 보육과정 0-2세 고시문.

보건복지부(2021). 2021년 전국보육실태조사-가구조사 보고-. 보건복지부.

서소정(2006). 유아의 친사회적행동에 관한 연구: 유아의 요구전략, 언어발달, 어머니의 친사회성에 관련된 양육신념 및 사회화 전략을 중심으로. **열린유아교육연구**, 11(4), 287-310.

서은숙(2006). 한국 도덕과 교육의 방향: 도덕과 교육과정 개정 방향 일고찰. **도덕윤리과교육연구**, (23), 33-60.

서현아, 고은미, 지은주, 신경민(2005). 유아경제교육에 대한 교사와 어머니의 인식 및 실시현황. **열린유아교육연구**, 10(1), 131-151.

손영숙(1994). **유아의 성역할 개념형성과 교육**. 한국지역사회연구소.

송명자(2008). **발달심리학**. 서울: 학지사.

송유미(2018). 소셜로봇의 사회성 발현 경향에 관한 연구-Sargent의 사회성 발달 모형을 중심으로-. **기초조형학연구**, 19(4), 215-229.

송혜린 외(2012). **놀이지도: 아이들을 사로잡는 상호작용**. 서울: 다음세대.

신은수, 안경숙, 김은정, 안부금(2018). **생활과 환경중심의 영유아 과학교육**. 경기: 양서원.

심성옥(1999). 공감과 친사회적 행동의 관계: 예비연구. **국제여성연구소 연구논총**, 8(1), 141-175.

안연진, 이영미, 이옥자(2020). **유아사회교육**. 서울: 동문사.

오가영(2012). 집단미술치료가 아동의 자아존중감과 친사회성 행동에 미치는 효과. **미술치료연구**, 19, 267-289.

오정림, 이경선(2013). **2세 아이 잘 키우는 육아의 기본**. 서울: 지식너머.

윤치연(2008). 한국 유아 사회성 기술검사 표준화 연구. **정서·행동장애연구**, 24(2), 157-173.

윤혜경, 민하영(2003). **유아사회교육의 이론과 실제**. 서울: 창지사.

이경실, 엄정애(2012). 유아사회교육의 목표, 내용, 수업운영에 대한 교수와 유치원 교사의 인식. **유아교육연구**, 32(1), 229-252.

이경희(2002). **아동발달과 양육**. 경기: 형설출판사.

이기숙(2000). **유아교육과정**. 경기: 교문사.

이돈희(1988). **교육의 기초**. 서울: 서울대학교 출판부.

이동건(2022). **유아교육개론**. 서울: 동문사.

이동건(2022). **이동건의 유아임용 유아교육각론 I**. 서울: 동문사.

이명랑(2017). **심리학개론**. 서울: 더배움.

이명희(2006). 유아기의 역사교육에 대한 유치원 교사의 인식 및 실시 현황. 이화여자대학교 대학원 석사학위논문.

이상명(2002). 초등학생의 인터넷게임 사용과 사회성과의 관계. 이화여자대학교 교육대학원 석사학위논문.

이수연(2017). **상담심리학**. 경기: 양성원.

이숙재, 이봉선(2003). 애착 유형에 따른 유아의 동작성 가족화 연구. **한국영유아보육학**, 32, 191-218.

이승복(2012). 유치원 수업명인제 수업실천사례보고서- <종이접기 속 이야기 놀이로 나눔·배려·

협력의 친사회성 기르기>. 경기도교육청.

이영미, 임민정, 윤재희, 이승하(2021). **영유아 사회교육**. 경기: 공동체.

이영석, 이경영(1989). **유아사회교육의 이론과 실제**. 서울: 창지사.

이영석, 이경영(1993). **유아사회교육의 이론과 실제**. 경기: 형설출판사.

이영자, 유효순, 이정욱(2001). **주제중심의 통합적 접근방법에 의한 유아사회교육**. 서울: 교문사.

이옹(2009). **교육심리학: 학습심리학**. 한국교육기획.

이원영, 박찬옥, 노영희(1993). 유아의 사회성 발달 프로그램 개발 연구. **유아교육연구, 13**(0), 65-91.

이은화, 김영옥(1993). **유아사회교육**. 경기: 양서원.

이은화, 김영옥(2008). **유아사회교육**. 경기: 양서원.

이정애(2018). 부모-자녀 상호작용과 유아 친사회적 행동 및 공감능력과의 관계 연구: 공감능력의 매개효과를 중심으로. **유아교육연구, 38**(4), 5-23.

이정자, 유효순, 이정욱(2001). **주제중심 통합적 접근방법에 의한 유아사회교육**. 경기: 교문사.

이주옥(2009). 유아의 사회·정서발달과 어머니의 양육스트레스. **육아지원연구, 4**(1), 115-132.

이지언(2016). 청소년기 친사회적·반사회적 행동의 발달궤적과 학교 영역 예측요인. 이화여자대학교 대학원 박사학위논문.

이진수(2004). **유아사회교육**. 경기: 양서원.

이화도(2017). **유아인지발달**. 서울: 창지사.

이효림, 박소윤, 배주현, 이지연(2019). **사회 교수내용지식(PCK) 향상을 위한 유아사회교육**. 경기: 공동체.

임현주(2021). 어머니의 양육효능감, 공동양육, 성역할 가치가 유아의 공격성에 미치는 영향. **인문사회 21, 12**(3), 1721-1734.

장선철, 김수영(2007). **유아사회교육**. 서울: 태영출판사.

전하윤(2009). 유아 지리교육에 대한 유치원 교사의 인식 연구. 덕성여자대학 교육대학원 석사학위논문.

전효정, 이귀옥(2000). 유아기 부모와의 애착이 청소년기 애착전이와 외로움에 미치는 영향: 애착전이모형 검증을 중심으로. **대한가정학회지, 38**(1), 185-198.

정명숙(2007). 유아가 지각한 부모와 교사의 기대에 따른 유아의 자아개념의 차이. **유아교육학논집, 11**(2), 47-64.

정미경, 김영희(2003). 어머니의 아동기 양육경험, 우울, 부부갈등 및 양육행동과 학령기 아동의 부적응. **대한가정학회지, 41**(8), 123-137.

정연우(2014). 청소년의 친사회적 행동에 관한 연구: 동기, 도움행동의 심리적 경험, 공감을 중심으로. 강남대학교 대학원 박사학위논문.

정옥분(2002). **아동발달의 이해**. 서울: 학지사

정옥분(2004). **아동발달의 이해**. 서울: 학지사.

정옥분(2013). **아동발달의 이해**. 서울: 학지사.

정옥분(2014). **발달심리학: 전생애 인간발달**. 서울: 학지사.

정옥분(2014). **아동발달의 이해**. 서울: 학지사.

정옥분, 정순화, 황현주(2009). **애착과 발달**. 서울: 학지사.

정옥분, 홍연애(1993). 전형적 비전형적 성역할 VTR 프로그램이 유아의 성역할 고정관념에 미치는 효과. **아동학회지, 14**(1), 39-57.

정정옥, 이경희, 임은숙(2003). **아동의 성장과 발달이해**. 서울: 교육아카데미.

조복희, 도현심, 유가효(2004). **인간발달**. 경기: 교문사.

조성연, 이정희, 천희영, 심미경, 황혜정, 나종혜(2010). **아동발달**. 서울: 신정.

조순옥, 이경화, 배인자, 이정숙, 김정원, 민혜영(2013). **유아사회교육**. 서울: 창지사.

조은진(2022). 유아 도덕교육에 관한 연구동향 분석. **학습자중심교과교육연구, 22**, 547-560.

조은진, 우인해(2019). 유아의 자기조절력이 친사회적 행동에 미치는 영향. **한국보육학회지, 19**(4), 203-216.

조혜진(2004). 유아의 사회·정서발달에 미치는 가족특성, 보육경험 및 기질 변인 분석. 이화여자대학교 대학원 박사학위논문.

조혜진, 이기숙(2004). 유아의 사회·정서발달에 미치는 가족특성, 보육경험 및 기질 변인 분석. **한국유아교육학회, 24**(4), 263-285.

최기영, 우수경, 양진희, 이학선, 이인원(2008). **유아사회교육**. 경기: 교문사.

최명선(2012). **사회성이 부족한 아이 돕기**. 경기: 이담북스.

최석란, 이경희, 이상화, 정정옥(2004). **유아사회교육의 이해**. 경기: 양서원.

최순영, 김수정(1995). **인간의 사회적·성격적 발달**. 서울: 학지사.

최순영, 김수정(1997). **인간의 사회적·성격적 발달**. 서울: 학지사.

최옥주(2016). 어머니의 양육스트레스와 우울, 유아 사회성 간의 종단연구. **유아교육연구, 36**(3), 127-149.

최유진, 김희화(2011). 청소년의 친사회적 행동에 관련되는 또래도움에 대한 정서: 또래 지위를 중심으로. **청소년시설환경, 9**(4), 3-12.

최인경, 김희진(2018). 유아 성역할 학습 지표(SERLI)의 타당도 개선: 생태학적·문화적 타당성을 중심으로. **육아지원연구, 13**(4), 5-24.

최현정, 이금구, 우혜진(2018). **유아사회교육**. 서울: 학지사.

최혜순(1993). **유아사회교육의 이론과 실제**. 경기: 학문사.

최혜순(1994). **유아사회교육의 이론과 실제**. 서울: 동문사.

최혜순(2007). **유아사회교육**. 서울: 동문사.

최혜순(2014). 유아사회교육에 관한 최근 연구동향 분석. **열린유아교육연구, 19**(6), 195-223.

하수연, 신현경, 이해정, 정재은, 김보경, 서영민(2018). **3-5세 연령별 누리과정에 의거한 유아사회교육**. 경기: 공동체.

한국유아교육학회(1996). **유아교육사전**. 서울: 한국사전연구사.

허혜경, 박인숙(2017). **유아교육개론**. 서울: 동문사.

허혜경, 임진경(2018). **영유아를 위한 과학교육의 이론과 실제**. 경기: 문음사.

홍혜경, 김영옥(2001). 유아사회교육과 수학교육의 통합적 접근을 위한 기초 연구. **유아교육연구, 21**(1), 27-49.

황해익, 최미현, 천희영, 서현아, 최혜진, 오경녀(2017). **유아사회교육**. 경기: 양서원.

2022 https://i-nuri.go.kr/main/html.do?menu_idx=121 누리과정 포털 사이트 <학부모누리: 교육부·보건복지부·육아정책연구소>

EBS 특별기획(2006). 아기성장보고서 1부: 세상을 향한 첫 걸음: 자기인식. EBS.

EBS 특별기획(2006). 아기성장보고서 3부: 애착, 행복한 아이를 만드는 조건. EBS.

EBS(2011). 다큐프라임 아이의 사생활 5부 '자아존중감'. EBS.

Adler, A. (1937). *What life should mean to you*. **아들러 인생방법 심리학**. 한성자 역(2017). 서울: 동서문화사.

Ainsworth, M. D. S., Blefar, M., Waters, E., & Wall, S. (1978). *Patterns of attachment*. Hillsdale, NJ: Erlbaum.

Ainsworth, M. S. (1989). Attachments beyond infancy. *American Psychologist, 44*(4), 709-716.

Bandura, A. (1973). *Aggression: A social learning analysis*. Englewood Cliffs, NJ; Prentice-Hall.

Bandura, A. (1977). Self-efficacy: Toward a unifying theory of behavioral change. *Psychological review, 84*(2), 191.

Bandura, A. (1977). *Social learning theory*. Englewood Cliffs, NJ: Prentice-Hall.

Batson, A. (1998). Sustainable introduction of affordable new vaccines: The targeting strategy. *Vaccine, 16*, S93-S98.

Beck, L. E. (2003). *Child development*. Boston, MA: Allyn & Bacon.

Bem, S. L., & Lewis, S. A. (1975). Sex role adaptability: One consequence of psychological androgyny. *Journal of personality and Social Psychology, 31*(4), 634.

Birch, S. H., & Ladd, G. W. (1998). Children's interpersonal behaviors and the teacher-child relationship. *Developmental Psychology, 34*(5), 934-946.

Bowlby, J. (1969). Attachment and loss. V. 3 (Vol. 1).

Bowlby, J. (1973). Attachment and loss. Volume II. Separation, anxiety and anger. In Attachment and loss. Volume II. Separation, anxiety and anger.

Bowlby, J. (1980). By ethology out of psycho-analysis: An experiment in interbreeding.

Animal Behaviour, 28(3), 649-656.

Bowlby, J. (1989). The role of attachment in personality development and psychopathology.

Bretherton, I., & Munholland, K. A. (1999). *Internal working models in attachment relationships: A construct revisited.* New York, NY, US: Guilford Press.

Chapin, J. R., & Messick, R. G. (1999). *Elementary social studies.*

Cohn, D. A. (1990). Child-mother attachment, and the self in six-year-olds. *Child Development, 61*, 152-162.

Crnic, K. A., & Greenberg, M. T. (1990). Minor parenting stresses with young children. *Child Development, 61*(5), 1628-1637.

De Melendez, W. R., & Beck, V. (2018). *Teaching young children in multicultural classrooms: Issues, concepts, and strategies*. Cengage Learning.

Domitrovich, C. E., Cortes, R. C., & Greenberg, M. T. (2007). Improving young children's social and emotional competence: A randomized trial of the preschool "PATHS" curriculum. *Journal of primary prevention, 28*(2), 67-91.

Easton, D., & Hess, R. D. (1962). The child's political world. *Midwest Journal of Political Science, 6*(3), 229-246.

Edwards, C. P., & Lewis, M. (1979). Young children's concepts of social relations: Social functions and social objects. *The child and its family*, 245-266.

Eisenberg, N., & Shell, R. (1986). Prosocial moral judgment and behavior in children: The mediating role of cost. *Personality and social psychology bulletin, 12*(4), 426-433.

Feldman, R., & Eidelman, A. I. (2009). Biological and environmental initial conditions shape the trajectories of cognitive and social emotional development across the first years of life. *Developmental Science, 12*(1), 194-200.

Fergusson, D. M., Boden, J. M., & Horwood, L. J. (2013). Childhood self-control and adult outcomes: Results from a 30-Year longitudinal study. *Journal of the American Academy of Child & Adolescent Psychiatry, 52*(7), 709-717.

Fisher, B., & Tronto, J. (1990). Toward a feminist theory of caring. Circles of care: Work and identity in women's lives, 35-62.

Floody, O. R., & O'Donohue, T. L. (1980). Lesions of the mesencephalic central gray depress ultrasound production and lordosis by female hamsters. *Physiology & Behavior, 24*(1), 79-85.

Foster, S. L., & Ritchey, W. L. (1979). Issues in the assessment of social competence in children. *Journal of Applied Behavior Analysis, 12*, 625-638.

Freeman, H., Newland, L. A., & Coyl, D. D. (2008). Father beliefs as a mediator between contextual barriers and father involvement. *Early Child Development and Care,*

178(7-8), 803-819.

Fronagy, P. (2001). *Attachment theory and psychoanalysis*. **애착이론과 정신분석**. 반건호 역 (2005). 서울: 빈센트.

Grusec, J. E., & Lytton, H. (1988). *Social development.* Springer-Verlag.

Harlow, H. F. (1950). Learning and satiation of response in intrinsically motivated complex puzzle performance by monkeys. *Journal of comparative and physiological psychology, 43*(4), 289.

Hinde, R. A., & Hinde, J. S. (1988). *Relationships within families: Mutual influences*. NY: Oxford University Press.

Holloway, S. D., & Reinchhart-Erickson, M. (1988). The relationship of daycare quality to children's free-play behavior and social problem-solving skills. *Early Childhood Research Quarterly, 3*, 39-53.

Howes, C., Matheson, C. C., & Hamilton, C. E. (1994). Maternal, teacher, and child-care history correlates of children's relationships with peers. *Child Development, 65*(1), 264-273.

Hubbard, J. A., & Coie, J. D. (1994). Emotional correlates of social competence in children's peer relationships. *Merrill-Palmer Quarterly, 40*, 1-20.

Kohlberg, L. (1963). The development of children's orientations toward a moral order: I. Sequence in the development of moral thought. *Vita Humana, 6*(1-2), 11-33.

Kohn, M., & Roseman, B. L. (1972). A social competence scale symptom checklist for the preschool child. *Developmental Psychologist, 6*, 430-444.

Kopp, C. B. (1982). Antecedents of self-regulation: A developmental perspective. *Developmental psychology, 18*(2), 199-214.

Kostelnik,, M., Whiren, A., Soderman, A., & Gregory, K. (2009). **영유아의 사회정서발달과 교육**. 박경자, 김송이, 권연희, 김지현 공역. 경기: 교문사. (원서 2009 출판)

Lamb, M. E. (1988). Social and emotional development in infancy. In, M. H. Bornstein & M. E. Lamb(Eds.), *Social emotional, and personality development*(pp. 359-411). Hillsdale, NJ: Erlbaum.

Laurence, R. S. (1988). Instructional Interventions to Improve Social Competence, *Best Practices in Mental Disabilities*(Robinson, Greg A., Ed., and others), Vol. 2.

Lee, S. B., & Shin. Y. R. (2011). Effects of child, day care, and home variables on physical and relational aggression of preschool children. *Journal of the Korean Home Economics Association, 49*(9), 111-120.

Lewis, M., & Brooks-Gunn, J. (1979). Toward a theory of social cognition: The development of self. *New directions for child and adolescent development, 1979*(4), 1-20.

Lewis, M., Feiring, C., McGuffog, C., & Jaskir, J. (1984). Predicting psychopathology in six-year-olds from early social relations. *Child Development, 55*(1), 123-136.

Maccoby, E. E. (1980). *Social development: Psychological growth and the parent child relationship*. New York: Harcourt Brace Janovich.

Maccoby, E. E. (1990). Gender and relationships: A developmental account. *American psychologist, 45*(4), 513.

Mandler, J. M., & Johnson, N. S. (1977). Remembrance of things parsed: Story structure and recall. *Cognitive psychology, 9*(1), 111-151.

Marsh, H. W. (1997). The measurement of physical self-concept: A construct validation approach.

McGinnis, E., & Goldstein, A. P. (1990). *Skillstreaming in early childhood.* Champaign, IL: Research Press.

Mead, G. H. (1934). *Mind, self, and society*. Chicago: University of Chicago Press.

Mead, M. (1935). *Sex and temperament* (p. 280). Routledge and Kegan Paul.

Michaelis, J. U. (1985). *Social studies for children*. New Jersey: Prentica-Hall. Inc., Englewood Cliffs.

NCSS. (1994). Expectations of Excellence: Curriculum Standards for Social Studies. National Council for the Social studies Board.

NCSS. (2000). National Standards for Social Studies Teachers. The United States of America.

Noddings, N., & Shore, P. J. (1984). *Awakening the inner eye*. Intuition in Education. Teachers College Press, Columbia University, New York, NY 10027.

O'Malley, J. M. (1977). Research perspective of social competence. *Merrill-Palmer Quarterly, 23*, 29-44.

Oliner, P. (1983). Putting "community" into citizenship education: The need for prosociality. *Theory & Research in Social Education, 11*(2), 65-81.

Olson, S. L., Lopez-Duran, N., Lunkenheimer, E. S., Chang, H., & Sameroff, A. J. (2011). Individual differences in the development of early peer aggression: Integrating contributions of self- regulation, theory of mind, and parenting. *Developmental and Psychopathology, 23*, 253-266.

Palmer, S. A. (1993). *Infant-mother and infant-father interactions during caregiving and play: Effects on cognitive and emotional development*. Unpublished Doctoral dissertation. University of California.

Parsons, R. (1955). The specific adsorption of ions at the metal-electrolyte interphase. *Transactions of the Faraday Society, 51*, 1518-1529.

Patrick, H. (1997). Social self-regulation: Exploring the relations between children' social relationships, academic self-regulation, and school performance. *Educational Psychologist, 32*(4), 209-220.

Pellegrini, A. D., Brody, G. H., & Sigel, I. E. (1985). Parents' book-reading habits with their children. *Journal of Educational Psychology, 77*(3), 332.

Perry, D., & Bussey, K. (1984). *Social development*. Englewood Cliffs, NJ: Prentice-Hall.

Piaget, J. (1932). *The moral judgment of the child*. New York: Harcourt Brace Jovanovich.

Piaget, J. (1951). *The child's conception of physical causality* (Vol. 212). Transaction Publishers.

Pierrehumbert, B., Miljkovitch, R., Plancherel, B., Halfon, O., & Ansermet, F. (2000). Attachment and temperament in early childhood; Implications for later behavior problems. *Infant and Child Development, 9*(1), 17-32.

Robles de Melendez, W., Beck, V., & Fletcher, M. (2000). *Teaching social studies in early education*. Cengage Learning.

Rubin, K. H., Burgess, K. B., Dwyer, K. M., & Hastings, P. D. (2003). Predicting preschoolers' externalizing behaviors from toddler temperament, conflict, and maternal negativity. *Developmental Psychology, 39*(1), 164-176.

Saarni, C. (2000). The social context of emotional development. In M. Lewis & J. Haviland-Jones (Eds.), *Handbook of emotions* (2nd ed., pp. 306-322). New York: Guilford Press.

Seefeldt, C. (2005). *How to work with standards in the early childhood classroom*. Teachers College Press.

Sarason, B. R. (1981). The dimension of social competence: Contributions from a variety of research areas, In J. D. Wine and M. D. Smye(EDs.), *Social competence*. New York: Guilford.

Serbin, L. A., Temcheff, C. E., Cooperman, J. M., Stack, D. M., Ledingham, J., & Schwartzman, A. E. (2011). Predicting family poverty and other disadvantaged conditions for child rearing from childhood aggression and social withdrawal: A 30-year longitudinal study. *International Journal of Behavioral Development, 35*(2), 97-106.

Shaffer, D. R. (2000). *Social and personality development(4th)*. Wadworth: Thomson Learning.

Shaw, D. S., Kaneen, K., & Vondra, J. J. (1994). Developmental precursors of externalizing behavior: Age 1 to 3. *Developmental Psychology, 30*, 355-364.

Shultz, J. J., Florio, S., & Erickson, F. (1982). *Children in and out of school: Ethnography and education*. Washington, D. C.: Center for Applied Linguistics.

Slaby, R. G., & Frey, K. S. (1975). Development of gender constancy and selective attention to same-sex models. *Child development*, 849-856.

Strang, R. (1957). Developing an adequate self-concept and philosophy of life.

Tarlow, E. M., & Haaga, D. A. (1996). Negative self-concept: Specificity to depressive symptoms and relation to positive and negative affectivity. *Journal of Research in Personality, 30*(1), 120-127.

Thompson, S. K. (1975). Gender labels and early sex role development. *Child development*, 339-347.

Trawick-Smith, J. (2012). **놀이지도: 아이들을 사로잡는 상호작용**. 송혜린, 신혜영, 신혜원, 조혜진 역. 서울: 다음세대.

Turiel, E. (1983). *The development of social knowledge: Morality and convention.* Cambridge University Press.

Vaughn, S. R., Ridley, C. A., & Bullock, D. D. (1984). Interpersonal problem-solving skills training with aggressive young children. *Journal of Applied Developmental Psychology, 5*(3), 213-223.

Verschueren, K., Schoefs, V., Marcoen, A. (1986). Puppet Interview. Instructions and coding. Adaptation of the Puppet Interview (Cassidy, 1986). Unpublished manual. Center for Developmental Psychology, University of Louvain.

Waters, E., & Cummings, E. M. (2000). A secure base from which to explore close relationships. *Child Development, 71*(1), 164-172.

Waters, E., & Sroufe, L. A. (1983). Social competence as a developmental construct. *Developmental Review, 3*, 79-97.

Watson, J., & Nesdale, D. (2012). Rejection sensitivity, social withdrawal, and loneliness in young adults. *Journal of Applied Social Psychology, 42*(8), 1984-2005.

Woo, S. K. (2007). The effects of gender, temperament, social competences and self-control on young children's emotional and behavioral problems. *Journal of Future Early Childhood Education, 14*(4), 427-451.

Yoon, S. J. (2012). The mediating effects of teacher-child relationships on children's self-control and aggression. *Journal of Early Childhood Education, 32*(5), 145-161.

저자소개

임진경

가천대학교 대학원 유아교육학 전공(박사)
現 한국영유아교육지원학회 편집부 부위원장
생애교육연구소 소장
한국오르프슐베르크협회 평생회원
한국영유아교육보육학회 이사
한국아동중심실천학회 이사
서울아산병원제2어린이집 교원

김희준

가천대학교 대학원 유아교육학 전공(박사)
現 가천대학교 유아교육과 겸임교수
한국영유아교육지원학회 감사
김포 한강유치원 원장

이승복

가천대학교 대학원 유아교육학 전공(박사)
現 해바놀 아동문학 UP 자기표현력 연구소 소장
한국영유아교육지원학회 이사
서영대학교 유아교육과 외래교수
가천대학교 평생교육원 보육교직원 교육 외래교수

정슬기

가천대학교 대학원 유아교육학 전공(박사)
現 가천대학교 평생교육원 보수교육 주임교수
가천대학교 유아교육과 외래교수
강릉원주대학교 유아교육과 외래교수
안동대학교 아동 · 사회복지과 외래교수

영유아 사회교육

초판 1쇄 인쇄 / 2023년 8월 25일
초판 1쇄 발행 / 2023년 8월 31일

•

공저자 / 임진경 · 김희준 · 이승복 · 정슬기
발행인 / 이 중 수
발행처 / **동 문 사**

•

서울특별시 서대문구 홍제원 1길 12
(홍제동 137-8)
Tel : 02)736-3718(대), 736-3710, 3720
Fax : 02)736-3719
등록번호 : 1974.04.27. 제9-17호
가격 : 21,000원

•

ISBN : 979-11-6328-502-1 (93370)
E-mail : dong736@naver.com
www.dongmunsa.com